本书获得北京大学上山出版基金资助,特此致谢!

青年学者文库

心理学视角下的领导—部属关系

任真 / 著

北京大学出版社
PEKING UNIVERSITY PRESS

图书在版编目(CIP)数据

心理学视角下的领导—部属关系 / 任真著. —北京：北京大学出版社，2020.6
ISBN 978-7-301-31218-6

Ⅰ. ①心… Ⅱ. ①任… Ⅲ. ①领导学—研究—中国 Ⅳ. ①C933

中国版本图书馆 CIP 数据核字(2020)第 090492 号

书　　　名	心理学视角下的领导-部属关系 XINLIXUE SHIJIAO XIA DE LINGDAO - BUSHU GUANXI
著作责任者	任　真　著
责 任 编 辑	赵晴雪　陈小红
标 准 书 号	ISBN 978-7-301-31218-6
出 版 发 行	北京大学出版社
地　　　址	北京市海淀区成府路 205 号　100871
网　　　址	http://www.pup.cn
电 子 信 箱	zpup@pup.cn
新 浪 微 博	@北京大学出版社
电　　　话	邮购部 010-62752015　发行部 010-62750672　编辑部 010-62752021
印 刷 者	河北滦县鑫华书刊印刷厂
经 销 者	新华书店
	730 毫米×1020 毫米　16 开本　17.25 印张　290 千字 2020 年 6 月第 1 版　2020 年 12 月第 2 次印刷
定　　　价	59.00 元

未经许可，不得以任何方式复制或抄袭本书之部分或全部内容。
版权所有，侵权必究
举报电话：010-62752024　电子信箱：fd@pup.pku.edu.cn
图书如有印装质量问题，请与出版部联系，电话：010-62756370

序 一

PREFACE I

中国浦东干部学院任真博士的力作《心理学视角下的领导-部属关系》由北京大学出版社正式出版,他邀我为本书写篇序言,我欣然应允。

与任真一是因为北大结缘。任真是北京大学心理学博士,本书又在北京大学出版社出版发行。而我毕业于复旦大学管理学院管理心理学专业,是北京大学管理学的博士生导师,我的《新领导观》和《管理创新与领导艺术》都在北京大学出版社出版发行。

二是因中浦院结缘。任真博士供职的中国浦东干部学院是中国领导力与领导科学的研究重镇,聚集了一批中青年研究人才,任真无疑是其中的佼佼者。该院首任常务副院长奚洁人教授是我多年的兄长、好友,当年曾力邀我去该院任教。我任职的国家行政学院也是国内研究领导力与领导科学的中心,同样聚集了一批骨干。我作为学科带头人虽心向上海,但最终还是留在了北京。多年来我一直参与中浦院的科研和教学工作,其间与任真博士联系颇多,相互就多了一些交流和认同。

三是与任真博士因研究兴趣结缘。我对任真研究的"领导-部属关系"这个课题也一直关注并持续思考。

首先,领导-部属关系既是领导科学研究的基本范畴,无疑具有理论学术上的巨大价值,同时又是领导科学应该面对的基本问题和现实问题,因此具有重要的实践意义。"不识庐山真面目,只缘身在此山中。"我认为,领导力与领导科学研究重点应是领导-部属关系,领导力实际存在于领导-部属关系之中。关系良好可以增强领导力,关系糟糕可以减弱甚至恶化领导力。在职的和潜在的领导者都应关注领导-部属关系。"才下眉头,又上心头。"在中国有多少人受领导-部属关系的严重困扰!

其次，本书聚焦于解读中国人的领导-部属关系。我从事领导力研究近四十年，一直主张要研究中国共产党的领导力、中国化的领导学，一定要用中国话语研究中国语境下的中国的领导问题。任真博士在这方面下了很大功夫，他还特别注重从心理学、历史和文化不同的视角去解读中国人的领导-部属关系。这就使该主题更有价值、更接地气。本书值得大家去读。

最后，领导科学的中国化不是故步自封，自说自话，更不能降低科学化的要求。研究领导力和领导科学，必须有世界眼光，了解国外领导力的研究历史、现状和进展，熟悉他们的研究范式和研究方法。这正是任真博士和中国浦东干部学院一批青年学者的优势所在。本书的质性研究、心理测量学和准实验设计的方法，基于中西文化差异对比的领导-部属关系的结构模型和测量工具构建及检验都显示了作者厚实的理论功底、严谨的学术态度以及务实的问题导向。该书五大模块、七个章节的逻辑架构清晰，使得课题的科学性与实用性较好结合了起来。

作者较多地运用了心理学研究范式和历史文化的视角，其实进一步的探究还可以借用管理学、伦理学、政治哲学的视角。

作为该书最早的读者之一，写出几点感言与读者分享，是为序。

刘　峰

2020 年 4 月 8 日

刘峰，中共中央党校（国家行政学院）一级教授，中国领导力与领导科学研究中心主任，中国领导科学研究会常务副会长兼学术委员会主任，国务院政府特殊津贴专家，第十二届全国政协委员，主要从事领导科学研究，是中国本土化领导力研究的主要开创者。

序 二
PREFACE II

我们生活在一个革故鼎新的时代,更面临着纷繁复杂的挑战,领导力的重要性不言而喻。心理学研究表明,领导力要发挥作用,首先要依托领导-部属关系。当前,社会科学的研究应当注重理论依据和科学方法,而不是心得感受、口号标签和政策诠释。任真老师的领导-部属关系研究,扎根中华优秀传统文化思想,批判西方领导理论,采用心理学的多种实证研究方法,建立中国人领导-部属关系的结构模型及测量工具,理论依据扎实充分,研究方法运用得当。所构建的中国人领导-部属关系的矩形结构模型,有较强的理论创新。本书立足心理学又结合历史文化,揭示中国人领导-部属关系的结构、特点与机制,多角度分析领导-部属关系的"中"与"西"、"上"与"下"、"阳"与"阴",既很有新意,又务实管用。古代君臣观念对中国历代王朝的传承和延续发挥了重要作用,健康向上的领导-部属关系也必然是强盛幸福中国的承重载体之一。

心理学是一门工具强大、理论严谨的实证科学。本书综合运用质性研究、心理测量学、准实验设计等多种研究方法,采用因素分析、方差分析、层次回归等多种统计技术,特别是邀请了多个国家和地区、多种组织类型的一千多名中高层管理者参加研究,积累了大量一手实证资料,相较于纯粹理论研究和单一方法实证研究,实为难能可贵,称得上心理学用于领导研究的优秀之作。同时,心理学不仅是拥有强大工具的实证科学,更是以人为本,倡导积极心态、乐观向上。任真老师将心理健康、工作倦怠、工作满意度、生活幸福感等纳入领导-部属关系研究,体现人文关怀,见思想、有温度。当然,其中的生活幸福感变量还可以设计得更好些。总的来说,本书体现了作者比较出众的心理学研究素养。

文化自信是一个国家、一个民族发展中更基本、更深沉、更持久的力量。我长期从事跨文化心理的研究，所著《文化心理学》是美国多所大学的指定参考书。任真老师从中西方文化差异出发，对领导-部属关系进行文化剖析，开展跨文化直接比较，这一研究比较少见且很有意义。在跨文化比较中，作者没有厚此薄彼，提出中国人的领导-部属关系是"丰满圆润"之美，西方人的领导-部属关系是"骨感挺拔"之美，提出在领导-部属关系上中国内地重"情"、中国香港重"义"、西方重"利"，创见性揭示了中国人和西方人领导-部属关系的不同之处，也表明了两者是和而不同、美美与共。作者把"君臣道合""君臣同志""上下相得""帝者与师处"等，作为中国人领导-部属关系的优秀文化基因，很有见地。同时，从文化角度对"小圈子"和"关系网"进行深刻分析和批判，也很有现实针对性。中国经验，世界瞩目，相信立足中华文化的优秀的心理学本土化研究，也能够影响世界。

人世间最难的学问就是了解和认识我们人类，以及一个人和其他人在一起的社会问题。任真老师坚持十年磨一剑，尝试古今融会、文理贯通，致力于把领导和部属之间的关系问题研究透，并以接地气的语言说明白，是一件了不起的事。清华大学社会科学学院一直倡导永蕴社会情怀、长继科学精神，任真老师的这本专著同样兼具科学精神和社会情怀。本书既有古今中外思想和历史文化分析的纵横捭阖，亦有深度访谈和统计数据的细微求索，相信会让读者从中受益。

是为序。

彭凯平

2020 年 4 月 9 日

彭凯平，清华大学社会科学学院院长、心理学系主任，中共中央组织部"千人计划"专家，美国伯克利加州大学心理学系终身教授，清华大学-伯克利心理学高级研究中心主任，主要从事社会心理学、文化心理学和积极心理学的研究。

目 录
CONTENTS

前 言 ··· 1
　一、背景情况:剪不断,理还乱 ·· 1
　二、主要价值:杀鸡用"牛刀" ·· 4
　三、内容安排:解剖"麻雀" ··· 5

第一章　领导-部属关系的古今中外 ·· 9
　一、西方关于领导-部属关系的理论 ······································ 10
　　(一)核心理论:领导-部属交换理论 ································· 10
　　(二)源头理论:社会交换理论和互惠理论 ······················· 13
　　(三)述评:纷繁争议与刨根问底 ···································· 16
　二、中国古代关于领导-部属关系的传统思想 ······················· 19
　　(一)儒家思想:君仁臣忠 ··· 20
　　(二)法家思想:上下相得 ··· 23
　　(三)道家思想:君臣师友 ··· 25
　　(四)墨家思想:君惠臣忠 ··· 27
　　(五)其他观点 ··· 28
　　(六)述评:发掘优秀"文化基因" ···································· 30
　三、中国现代关于领导-部属关系的研究状况 ······················· 32
　　(一)"关系":中国人的生存法则 ···································· 32
　　(二)领导与部属的"关系" ·· 34
　　(三)述评:跳出"同心圆" ··· 37

第二章　中国人领导-部属关系结构的理论构想 ············ 40

一、领导-部属关系（LMR）的概念 ············ 40
（一）领导-部属关系研究的发展阶段 ············ 40
（二）"新"概念：领导-部属关系（LMR） ············ 41
（三）概念辨析：LMX、SSG 和 LMR ············ 42

二、领导-部属关系的维度与类型 ············ 43
（一）维度观：重新探索本土化维度 ············ 43
（二）类型观：德与才 ············ 44

三、领导-部属关系的质量：岂能没有消极关系？ ············ 45

四、领导-部属关系的评价视角与内容 ············ 47
（一）评价视角：领导和部属各有各的"秤" ············ 47
（二）评价内容：行为、态度还是个体特质？ ············ 48

五、领导-部属关系的结果变量 ············ 48
（一）工作成果：行为指标与态度指标 ············ 48
（二）被忽视的人文关怀：领导-部属关系与心理健康 ············ 50

第三章　中国人领导-部属关系的矩形结构 ············ 54

一、领导-部属关系的"上"与"下"：质性研究的探索 ············ 55
（一）三箭齐发：深度访谈、问卷调查与文学著作分析 ············ 55
（二）上下结构：各七个维度的模型 ············ 56

二、领导-部属关系的矩形结构：心理测量学方法所得 ············ 61
（一）因素分析的技术与来之不易的样本 ············ 61
（二）新的因素结构：探索、验证与简化 ············ 64
（三）矩形结构模型的内涵与贡献 ············ 68
（四）新工具的诞生：LMR 量表 ············ 72
（五）与西方经典 LMX-7 量表一较高下 ············ 73
（六）对工作成果和心理健康的预测成效 ············ 76

第四章　"丰满圆润"与"骨感挺拔"：中国和澳大利亚官员的质性比较 ············ 83

一、半结构化访谈：发现细节，探寻意义 ············ 84
（一）访谈对象：澳大利亚与中国的中层官员 ············ 84
（二）访谈的方式与程序 ············ 85

（三）资料分析：开放式编码、主轴编码与选择性编码 …………… 85
　二、澳大利亚与中国官员的对比 ………………………………………… 87
　　（一）工作关系与私人关系 ………………………………………… 87
　　（二）"德"与"才" ………………………………………………… 88
　　（三）资历与"个人导向" ………………………………………… 89
　　（四）人情和"关系" ……………………………………………… 90
　　（五）关系的建立与维持 …………………………………………… 92
　　（六）关系中的分歧与矛盾 ………………………………………… 95
　三、中澳领导-部属关系的差异 ………………………………………… 97
　　（一）中国人的"丰满圆润"与西方人的"骨感挺拔" ………… 97
　　（二）再审视：西方领导-部属交换理论与本土领导-部属关系矩形
　　　　　结构模型 ……………………………………………………… 100

第五章 "重情重义"与"互惠互利"：西方、中国香港与中国内地的准
　　　　　实验比较 ……………………………………………………… 103
　一、三地管理者在代表性量表评定上的比较 …………………………… 104
　　（一）代表性量表：寻找领导-部属关系典型表现的捷径 ……… 104
　　（二）集体主义文化和个人主义文化 ……………………………… 108
　　（三）一个有趣的准实验设计 ……………………………………… 109
　　（四）新LMR量表与其他量表的比较 …………………………… 112
　　（五）中国内地"重情"、中国香港"重义"与西方"重利" … 115
　二、在文化情境条件下西方、中国香港与中国内地管理者的比较 …… 118
　　（一）文化启动：来自认知神经科学的"先进武器" …………… 118
　　（二）社会赞许性：需要克服的评分者偏见 ……………………… 120
　　（三）改进版的准实验设计 ………………………………………… 121
　　（四）中国人青睐：情感关心、角色义务、工作之外关系 ……… 124
　　（五）再次验证：重情、重义、重利 ……………………………… 125
　　（六）预期之外：中国香港研究对象的领导-部属关系特点 …… 127

第六章 文化价值观对领导-部属关系的影响："关系相处"角度的
　　　　　实证分析 ……………………………………………………… 137
　一、文化价值观：权力距离和中国人的个体传统性 …………………… 138

（一）权力距离：对与领导权力关系的态度 ……………………… 139
　　　（二）中国人的个体传统性：对与权威人物关系的态度 ………… 141
　二、文化价值观对领导-部属关系的调节机制 ………………………… 143
　　　（一）"涌泉相报"：关注更为传统的部属 ………………………… 144
　　　（二）权力距离影响的不同机制：非社会交换的解释 …………… 146
　　　（三）传统性与权力距离的效应分离 ……………………………… 148
　　　（四）领导-部属关系（LMR）对文化价值观更敏感 …………… 149

第七章　总结与反思：中国人领导-部属关系的"阳"与"阴" …… 154
　一、领导-部属关系的"中"与"西" …………………………………… 155
　　　（一）中国人领导-部属关系矩形结构模型的独特性 …………… 155
　　　（二）领导-部属关系的中西方差异 ……………………………… 157
　二、领导-部属关系的"阳"与"阴" …………………………………… 161
　　　（一）领导-部属关系"阴""阳"结构的缘起 …………………… 161
　　　（二）领导-部属关系之"阳"：君臣道合 ………………………… 163
　　　（三）领导-部属关系之"阴"："圈子"流弊 ……………………… 167
　三、"义""情""利""法"：增进领导-部属关系的着力点 ………… 171
　　　（一）领导-部属关系之"义" …………………………………… 172
　　　（二）领导-部属关系之"情" …………………………………… 173
　　　（三）领导-部属关系之"利" …………………………………… 174
　　　（四）领导-部属关系之"法" …………………………………… 176

附录1　领导-部属关系结构质性研究的方法与结果 ………………… 179
附录2　领导-部属关系结构因素分析的方法与结果 ………………… 186
附录3　西方、中国香港与中国内地管理者评定代表性量表的方法与结果 …… 210
附录4　在文化情境条件下西方、中国香港与中国内地管理者比较的方法
　　　　　与结果 ……………………………………………………………… 222
附录5　文化价值观对领导-部属关系调节机制的方法与结果 ……… 236
参考文献 ………………………………………………………………………… 249
后记 ……………………………………………………………………………… 265

前　言

> 君臣道合如鸿鹄遇风，一举千里。
>
> ——《六臣注文选》卷四十七《圣主得贤臣颂》

在中华文化背景下，领导-部属关系是一个相当重要而敏感的议题。如果按社会心理学家翟学伟(2011)所说，中国社会最重要、最值得关注的议题就是"关系"和"权力"，那么领导-部属关系则兼具这两者的性质。《中国青年报》一项1100多人参与的调查显示，83.7%的受访者认为上下级关系最难相处，难处程度位居各种人际关系之首（向楠，2012）。在工作和生活中，很多人的感受确实是这样的，领导-部属关系的处理貌似简单，实则有大学问！在西方，有专家将部属与领导相处比喻为"与象共舞"，即工作场所是一片丛林，您的领导是丛林里的大象，这头大象可以轻易地将您踏死，它可能是有意为之，也可能是无意之举。在中国，古人云："君臣道合如鸿鹄遇风，一举千里。"也就是说，领导和部属志同道合、关系融洽，事业发展就会一举千里。当前，我们常说，工作要上接"天线"、下接"地线"，处理好领导-部属关系就是其中的应有之义。

一、背景情况：剪不断，理还乱

在西方，谈到领导-部属关系，最常用的概念是领导-部属交换(leader-member exchange，LMX)。领导-部属交换是指发生在领导和部属之间的经济性和社会性的交换关系。自Graen和Dansereau等人1972年首次提出领导-部属交换理论(转引自Graen & Cashman, 1975)，它发展至今，一直是西方管理学、领导学的前沿领域和热点问题(Schriesheim, Wu, & Cooper, 2011)。"君臣关系"是传统中国最基本的人际关系之一，位居"五伦"（即君臣、父子、夫妇、兄弟、朋友）之首，广义上主要是指领导和部属的关系。虽然科学的实证研究尚处于起步和发展阶段（任真,王登峰,2008),但中华文化关于领导-部属关系研究的思想却源远流长、博大精深。

领导-部属关系是如西方领导-部属交换理论所说的领导把部属分为"内圈"和"外圈",是按中国传统文化所说的"君仁臣忠",还是像民间流传的那样"一朝天子一朝臣"？这似乎是一个剪不断、理还乱的问题,目前的领导学研究还没有给出一个令人满意的答案。这既是由于西方领导-部属交换理论存在一定缺陷,也是由于领导-部属关系的中国本土研究不够充分。在西方,领导-部属交换理论已有40多年的历史,但是目前对领导-部属交换的概念和结构却尚未有统一的认识。领导-部属交换理论对领导成效和工作成果的预测很有成效（Gerstner & Day, 1997; Ilies, Nahrgang, & Morgeson, 2007),这其实与量表所测量的领导-部属交换,即其操作性概念密切相关,而比较公认的领导-部属交换的操作性概念是"交换的质量"（quality of exchange）。但以往研究几乎没有对领导-部属交换的操作性概念和代表性量表进行深入分析,而这正是本书的一个重要切入点。

同时,更为重要的是,关于领导-部属交换的文化差异性一直鲜有人提及。为此,我们可以追溯领导-部属交换理论的源头——社会交换理论。布劳（Blau）(1964,2012)在《社会生活中的交换与权力》一书中谈道："另一个应当被正视的问题是,所提出的原理是否是受到文化限制的,能否应用到其他社会、其他文化和其他时代。我们的目标当然是提出社会生活的一般原理,这些原理并不局限于当今美国的历史情境。"这似乎一语道出了许多西方研究的"潜台词",无论是社会交换理论,还是领导-部属交换理论,都没有真正正视潜在的文化差异。西方的领导-部属交换理论似乎可以直接套用在中国人的头上,直接阐释中国人领导-部属关系的表现与特征。我们虽然承认西方在社会科学研究上处于一定的优势地位,但优势不等于公理,不能把西方的理论当作公理照搬使用,或经简单修订改进就扩大其解释限度。另一方面,围绕看似简单、实则复杂的领导-部属关系问题,尽管中国学者从心理学、管理学、社会学、政治学等不同学科角度对领导-部属关系均有所研究,但是缺乏较好的整合,仍没有深入到领导-部属关系的本土内涵和结构层次上（任真,杨安博,王登峰,2010)。

> 另一个应当被正视的问题是,所提出的原理是否是受到文化限制的,能否应用到其他社会、其他文化和其他时代。我们的目标当然是提出社会生活的

一般原理,这些原理并不局限于当今美国的历史情境。

——布劳(1964,2012,《社会生活中的交换与权力》)

想将西洋这种东西搬到中国来,这时候全然没有留意西洋这些东西并非凭空来的,却有它们的来源。它们的来源,就是西方的根本文化……他们全然没有留意此点,以为西洋这些东西好像一个瓜,我们仅将瓜蔓截断,就可以搬过来!

——梁漱溟(1921,2010,《中国文化的命运》)

西方的"领导-部属交换"和中国的"领导-部属关系"应该如何比较? Berry(1989)曾提出跨文化比较的两种策略——"强制的一致性"(imposed-etic)和"衍生的一致性"(derived-etic)。前者是指使用某种文化下建立起来的概念和工具去测量另一种文化下人们的特点,再据此比较它们的异同。这在国内的领导-部属交换理论研究中比较常见,但这种方法并没有检验它在另一文化中是否在概念上等值(Smith, Bond, & Kagitcibasi, 2006)。后者是指要比较两种文化下某一心理特点或现象,例如比较中西方领导-部属关系结构的差异,最理想的做法是在中华文化下建立起领导-部属关系的结构模型和测量工具,再与西方的相关测量结果进行比较。后者比前者的优越性已得到中国人的人格等研究的验证(王登峰,崔红,2003a)。Cheung 等人(2011)也提出了文化共通性和特异性相结合的比较方法。据此,本书将从中西方文化差异的视角出发,建立中华文化下领导-部属关系的结构模型及测量工具,并与西方领导-部属交换的概念、结构和量表进行比较,同时检验领导-部属关系与文化价值观、工作成果及心理健康之间的影响机制。

"中西方文化差异"指的是什么? 有必要对中西方文化略做界定和说明。所谓"文化",广义指人类在社会历史实践中所创造的物质财富和精神财富的总和,而我们一般所谓的"文化"是指社会意识形态以及与之相适应的制度、组织机构及其表现形式。"西方文化"的范畴一般是指以古希腊、古罗马和古希伯来文化为渊源的文化,当前西方文化的中心区域主要指欧美地区(刁纯志,2013)。从主流文化角度而言,澳大利亚也属西方文化,它的生活方式与西欧和北美相似(郝国英,2014)。本书讲中西方文化差异,不是笼统地讲什么是中华文化和西方文化,而主要是中华优秀传统文化和西方文艺复兴以来的近现代文化的不同(杨适,易志刚,王晓兴,1992)。当然,现代和传统也不是截然分开的。关于中西文化的差异,人们谈论得很多,如黄色文明与蓝色文明,大陆文明与海洋文明,农业文明与商业文明等。

本书不是要专题探讨中西方文化有何不同,而是基于巨大的文化差异,说明需要立足中华文化来展开领导-部属关系研究,在得到本土研究成果的基础上,再去与西方文化下的领导-部属关系研究做比较,阐明中西方文化环境下领导-部属关系的具体差别,而不能照搬西方研究的理论和工具。

二、主要价值:杀鸡用"牛刀"

"杀鸡焉用牛刀",为什么要用一本书的"牛刀"来解读领导-部属关系这个微观问题?笔者希望能够进一步推动领导-部属关系研究的本土化。建设具有中国特色、中国风格、中国气派的哲学社会科学,坚定文化自信,进一步提升国家文化软实力、中华文化影响力,是当前中国哲学社会科学研究的共识和愿望。在以关系取向和权威取向为特征的中国社会中,对上下级关系的研究具有非常重要的意义(郭晓薇,范伟,2018)。然而,在领导-部属关系研究中,中西方都很少关注中国特色与文化差异。一方面,西方研究看上去权威性强,比如西方领导-部属交换(LMX)理论是国外领导学的代表性理论,似乎"放之四海而皆准",少有研究敢于挑战其权威性,同类研究经常是直接移植使用它。另一方面,本土化研究学科跨度大,比如领导-部属关系研究涉及心理学、社会学、管理学、政治学、历史学,理论依据分散、多元,整合难度较大。相关本土化研究仅处于起步发展阶段,基础较为薄弱。在目前中国经济社会快速发展的背景下,发掘中华文化的优秀"基因",开展彻底的本土化研究,深入发掘中华文化下领导过程的本质非常必要。

笔者希望能够进一步推动领导-部属关系研究的科学化。处理好领导-部属关系既是艺术,更是科学!相信已有不少读者能够很艺术地处理好领导-部属关系,游刃有余、颇有心得,但这并不意味着领导-部属研究的科学化。曾有研究表明,在西方领导问题研究如火如荼进行之时,中国内地在1985—2006年关于领导的实证研究数量只有100篇左右,有关领导-部属关系的实证研究仅10余篇(任真,王登峰,2008;任真,崔红,王登峰,2009)。目前,关于君臣关系的理论分析和如何处理领导-部属关系的思辨探讨着实不少,采用问卷调查和高级统计分析方法研究领导-部属关系的也有一些,但综合运用多种实证研究方法系统分析领导-部属关系的研究,确实凤毛麟角。在集体主义取向和重视"关系"的中国社会文化中,采用科学的方法对领导-部属关系进行系统的理论分析和实证研究十分必要。

笔者希望揭示中国人领导-部属关系的本质结构,帮助读者正确认识和恰当处理领导-部属关系。比如,谈到领导-部属关系,大家要么感到领导-部属关系就是社会上流传的"一朝天子一朝臣",要么津津乐道"小圈子",就像戏谑所说"进班子没有进圈子等于没有进班子",要么干脆讳莫如深,不愿多谈自己与领导的关系。本书不仅会给大家奉上领导-部属关系的理论分析和理论模型,还会提供比较丰富的案例、故事、名言、访谈资料和对策建议。

笔者希望本书有助于提高领导和部属的工作效率和心理健康水平,提升组织机构的整体效能。比如,领导的微笑常常是部属一天的阳光。目前领导-部属关系的大量研究只是关注绩效、公民行为等工作成效,而对心理健康问题很少探究。然而,领导干部的抑郁、倦怠、自杀等问题已引发了社会对干部心理健康问题的强烈关注(仲祖文,2005;何新田,时晓飞,2014)。2018年,中共中央组织部再次提出要做好关心关怀干部心理健康的工作。因此,笔者希望探索领导-部属关系在多大程度上影响心理健康,同时对哪些部属心理健康影响更大,而又对哪些部属几乎没有影响,这事关身在职场的每一个人!

笔者还希望提供领导-部属关系测评的新工具和领导力开发的新思路。新开发的"领导-部属关系量表",能够在人员选拔和考核中提供更加行为化、操作化的指标,完善心理素质评估的方法。本书所揭示的领导-部属关系与文化价值观、心理健康及工作成果变量的关系,对于提升领导力、做好教育培训、改进跨文化沟通也具有一定的应用价值。

三、内容安排:解剖"麻雀"

"麻雀虽小,五脏俱全。"对于领导-部属关系这只"麻雀",本书力图实现从宏观到微观再到宏观、从定性到定量再到定性研究的螺旋上升的效果。本书从中西方文化差异的视角出发,主要采用质性研究、心理测量学和准实验设计的方法,建立中华文化下领导-部属关系的结构模型及测量工具,同时直接比较西方、中国内地、中国香港管理者在领导-部属关系上的文化差异,并检验领导-部属关系与文化价值观、工作成果及心理健康之间的作用机制。最后,再从中国历史和文化的角度,从宏观上对领导-部属关系进行总结和反思。

为此,在内容安排上,本书主要分成5个模块,共7章:一是基础模块,即第1

章和第2章，主要对古今中外的领导-部属关系研究进行分析，在此基础上提出中华文化下领导-部属关系的理论构想。二是核心模块，即第3章，主要对领导-部属关系的结构进行质性研究，提炼领导-部属关系的质性结构模型及其条目库，并在此基础上编制初始的领导-部属关系量表，再通过探索性和验证性因素分析，得到领导-部属关系的因素结构模型，并检验量表的信效度。三是支持模块，即第4章和第5章，采用质性研究和准实验设计两种方法，通过西方管理者和中国管理者的跨文化直接比较，探讨领导-部属关系的中西方差异，并检验领导-部属关系代表性量表和本书所开发量表的内容效度。四是机制模块，即第6章，检验领导-部属关系发挥作用的机制，即如何影响工作成果和心理健康。五是总结拓展模块，即第7章，总结实证研究成果，采用思辨性的历史文化分析，拓展性地探讨领导-部属关系的中西差异、"阴阳"结构和实践应用。五个模块逐步递进，相互支撑，交叉验证。

熊彼特（Schumpeter J. A.）有一句名言："人们可以用三种方式去研究经济：通过理论、通过统计和通过历史。"同样地，本书也希望通过理论、通过统计和通过历史来研究领导-部属关系。本书将综合运用质性研究、心理测量学、准实验设计、案例分析及文献分析等多种方法和技术，对领导-部属关系的结构和机制进行分析，具体研究路线如图0-1所示。总体而言，研究样本横向包括中国内地、中国香港，以及欧洲诸国、澳大利亚等西方国家，纵向涵盖党政机关、事业单位、国有企业、民营企业等不同组织类型，取样具有一定的代表性。而且，各样本主要是各国家和地区、各组织机构的中高层管理者，总计1100多人，虽然请他们参与研究非常困难，但是研究成效远胜于以MBA学生和一般员工为对象的常规研究。笔者希望通过多个侧面、多种方法、多重样本，将领导-部属关系这只"麻雀"，立体、鲜活、系统地呈现给读者。

可以说，本书是首次对领导-部属关系进行全面、系统、立体的阐述。一是理论基础更为扎实，较系统地评述领导-部属关系的古、今、中、外的主要成果，包括西方主流的领导-部属交换理论、社会交换理论和互惠理论，中国古代儒、法、道、墨诸家思想，中国当前领导-部属关系（SSG）代表性理论等。二是理论建构更为全面，涵盖领导-部属关系的概念、维度、类型、质量、评价视角、评价内容等六个方面，构成领导-部属关系结构研究的立体图景。三是研究方法更为系统，综合运用质性研究法、心理测量学方法、准实验方法和历史文化分析，其中质性研究又整合了行为事件访谈、开放式问卷调查、文学著作分析三种方式。四是研究指标更为综合，既包含工作成果的多项行为指标和态度指标,又包含多项心理健康指标,既关注工作效率和领导成效,又体现对研究对象的人文关怀。

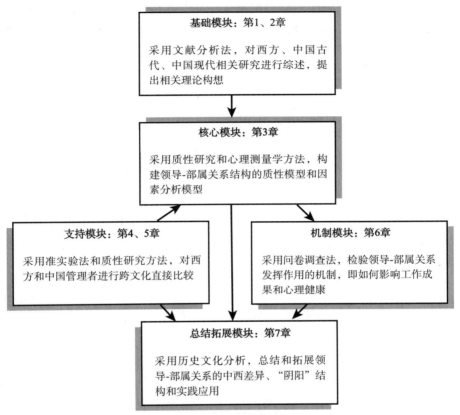

图 0-1　本书的研究路线

科学的实证研究有着严格的学术规范,将实证研究的学术语言、纷繁复杂的统计数据,转换为适合更多读者阅读的通俗语言,的确是一个不小的挑战。因此,需要特别说明的是,笔者将实证研究的"洋八股"(即实证研究报告一般所包含的理论综述、研究方法、研究结果、研究讨论、研究结论等)进行了拆分,将"洋八股"中的"研究方法"和"研究结果"的内容,放在本书"附录"中呈现,供专业读者斧正;在正文部分则直接呈现研究的主要成果,方便更多读者阅读。尽管这样的做法在一定程度上牺牲了学术的规范性,但更有利于研究成果的报告与推广,能为更多读者所接受。

为严谨起见,本书正文的参考文献采用了"著者-出版年制"格式。读者可在正文后的参考文献列表中找到原始出处信息,便于进一步扩展阅读。

应该说，对于领导-部属关系，职场上几乎每一个人都有发言权，而且不乏有人经验丰富、深谙其道。你可能身经百战、阅人无数，或者深谋远虑、运筹帷幄，但我们主要不是在个人经验的范围内进行讨论。接下来，让我们一起汲取古代先贤的智慧，聆听当今管理者的心声，发掘统计数据背后的意义，对比中西方人的差异，从中揭开中国人领导-部属关系的面纱，相信读者能够在本书的细微求索中、纵横捭阖间有所启发和感悟。

第一章 领导-部属关系的古今中外

君使臣以礼,臣事君以忠。

——孔子

君以计畜臣,臣以计事君。

——韩非子

领导,通常被视为实现组织和群体目标至关重要的因素。在英语里,"leadership"与"leader"是两个不同的单词;在汉语里,"领导"既是名词,也可作动词,通常人们习惯把领导者称为领导,把领导者的行为也称为领导。一个组织要提升自身效益和竞争力,其源头和最为长效的战略之一就是持续提升管理者的领导力。赫拉利(Harari)(2012,2017)在《人类简史》中揭示,大约在7万年前,人类发生了"认知革命",人类开始能够使用语言"讨论虚构的事物",这不仅让人类拥有了想象力,而且更重要的是可以"一起"想象,编织出种种"共同的"虚构故事。这样的虚构故事赋予人类前所未有的能力,让我们得以集结大批人力、灵活合作。只要把故事说得成功,就能够使数以百万计的陌生人合力行事,为了共同的目标而努力。现在,我们经常讲的领导和部属的共同愿景,不恰恰是这种共同想象的虚构故事吗?能够一起"讨论虚构的事物",这也许就是人类领导行为和领导-部属关系的起源。

本书开篇首先向读者扼要呈现古、今、中、外的领导-部属关系的研究状况,这也是深入开展领导-部属关系本土研究的扎实基础。所谓领导-部属关系的古今中外,主要是指对围绕这一主题的西方研究、中国古代研究、中国当今学术研究、中国当今实践者的观点进行综合分析。本书的主要立足点在于开展对当今中国实践者的实证研究,也就是说,当今各级各类管理者头脑中或说认知中的领导-部属关系到底是个什么样子。作为开展一系列实证研究的理论基础,本章主要对西方领导-

部属关系的理论、中国古代君臣关系思想、中国"关系"和领导-部属关系的实证研究情况进行分析解读。

一、西方关于领导-部属关系的理论

领导问题的研究历史,可以追溯到约公元前1776年的美索不达米亚——现在的伊拉克与部分的叙利亚和伊朗。巴比伦帝国设立了《汉谟拉比法典》,它规定权力必须遵从法律,也规定领导必须受到尊敬。关于领导问题的现代科学研究,则始于20世纪30年代。

在西方,从20世纪30年代起至今,学者们对领导问题做了比较系统和科学的研究,为领导理论的不断发展做出了贡献,也形成了领导研究的巨大热潮(Gregoire & Agendt,2004)。其中,关于领导-部属关系研究的代表性理论为领导-部属交换(leader-member exchange)理论,简称LMX理论。Gerstner和Day(1997)强调,在领导学的大量研究中,领导-部属交换理论业已成为研究领导过程和结果之间关联的最富成效、最令人感兴趣的理论之一。领导-部属交换关系问题的重要性和领导-部属交换理论的重要地位不言而喻。另一方面,关于人际关系的研究汗牛充栋,领导-部属关系的研究是否在其中独占鳌头?然而实际情况是,西方心理学关于人际关系的研究虽然非常活跃,但往往局限于对依恋关系、友谊形成等领域进行探讨,而对领导-部属关系很少涉及,Duck(1996)主编的《人际关系手册》可以反映这一状况。

下面主要围绕领导-部属交换理论进行分析,同时为认识它的"庐山真面目",还需要对其理论源头——社会交换理论和互惠理论进行追溯探讨。

(一)核心理论:领导-部属交换理论

1.领导-部属交换的概念、维度与测量工具

领导-部属交换,也称领导-成员交换,一般是指发生在领导和部属之间的经济性和社会性的交换关系。领导-部属交换一直是西方管理心理学与领导学研究的前沿和热点领域。该理论始于1972年,最初主要是针对新员工的社会化进行研究(Dansereau, Graen, & Haga, 1975),结果表明,领导的积极关注对于新员工的发展是相当重要的。起初,由于是研究领导和部属的上下关系或垂直二元关系,领

导-部属交换理论被称作"垂直对偶联结"(vertical dyad linkage,VDL)理论,1982年由 Graen,Novak 和 Sommerkamp 正式命名为领导-部属交换理论。

领导-部属交换理论的主要倡导者 Graen 主张,应该把领导行为研究的重点放在领导与部属的相互关系上,特别是领导与不同的部属会有远近亲疏的交换关系。他认为,由于精力、时间有限,领导会自然而然地对不同的部属做出区分,采用不同类型的管理方式对待部属,并分别与部属建立起各不相同的交换关系。在领导-部属交换理论提出早期,研究者认为,领导与一部分部属建立了密切的关系,这些部属会得到更多信任和支持,甚至享有某些特权,比如在工作中会有更大的自主性和更多的灵活性,得到更多的晋升机会和更高的工资待遇,这些部属被称作"圈内部属"(in-group member);相反,其他部属则得到领导的精力和时间比较少,得到晋升和奖励的机会也比较少,与领导的交换关系只能局限在正式的工作关系或劳动合同范畴内,被称为"圈外部属"(out-group member)(Graen & Uhl-Bien,1995)。圈内部属和圈外部属的划分,似乎一下点明了大家心中的困惑,因而获得了领导学研究者和实践者的广泛认可。

然而,与 Graen 二分法的观点不同,Dienesch 和 Liden(1986)认为,从圈外交换到圈内交换,领导-部属交换会根据双方交换内容的不同而有所变化,因此它应该包含多个维度,具体为情感、贡献和忠诚。Liden 和 Maslyn(1998)在 Dienesch 理论构想基础上,采用关键事件访谈的方法,增设了第四个维度——专业尊敬,并开发了测量多维度领导-部属交换的新量表——LMX-MDM 量表。

那么,领导-部属交换 4 个维度的具体含义是什么呢? 一是情感,指领导与部属彼此间基于个人相互吸引(而非工作或专业知识方面)的情感体验。比如,我喜欢我的领导的为人。二是忠诚,指领导与部属中的一方对另一方的目标和个人品质公开表示支持。比如,在我受到别人指责的时候,领导会站出来给我辩护。三是贡献,指领导与部属双方对共同目标所付出努力的数量、方向和质量方面的知觉程度。比如,我觉得我的领导对公司作出了很大贡献。四是专业尊敬,指领导与部属对彼此所拥有的、在工作领域中声誉的知觉程度。比如,我的领导的技术和能力给我留下了深刻印象。这四个维度构成了高质量的领导-部属交换关系。不过,也有研究认为,"专业尊敬"不属于领导-部属"关系"问题的范畴(Sin, Nahrgang, & Morgeson,2009)。

其实,领导-部属交换的概念界定和测量工具一直存有争议。Schriesheim 等人(1999)的元分析表明,20世纪80年代除了Graen把领导-部属交换界定为领导和部属的"交换质量"及其量表之外,关于领导-部属交换还有11种不同定义、35个子维度和16种不同量表！到20世纪90年代末,尽管大部分研究认同领导-部属交换的操作性定义为"交换的质量",仍有许多不同定义和6个内容维度,以及至少12种不同的量表。这既表明了领导-部属交换理论的繁荣兴盛,也表明了其争论不断,莫衷一是。

2.领导-部属交换的影响因素和调节因素

领导-部属交换理论历经40余年发展,经久不衰,主要是因为它对领导成效和工作成果的预测具有明显的优势！实证研究表明,领导-部属交换能够预测部属的任务绩效、工作态度、组织公民行为、离职意向、工作满意度、晋升和薪酬等方面的结果(任孝鹏,王辉,2005)。其中,部属的任务绩效、组织公民行为和工作满意度是领导-部属交换影响最为显著的工作结果变量。例如,领导-部属交换与任务绩效的平均相关系数为0.32(Gerstner & Day,1997),与组织公民行为的平均相关系数为0.37(Ilies et al.,2007)。领导-部属交换与结果变量关系的具体分析,可以参见下一章。

2000年之前,有关领导-部属交换的实证研究大部分集中在探讨前因变量和结果变量上,进入21世纪,领导-部属交换的调节变量研究则备受重视。领导-部属与任务绩效、工作满意度等结果变量之间相关效应的大小在不同条件下是不一致的,这些条件因素或称为调节变量,构成一个神秘的"黑箱",亟待探索和厘清。其实,由于很少关注特定背景因素或情境的影响作用,领导-部属交换研究已经受到一些学者的批评。不少西方学者已在关注相关调节变量研究,比如授权气氛和授权感、主观知觉到的组织支持、领导-领导交换关系等变量在领导-部属交换影响作用中的调节效应。领导-部属交换与调节变量的具体分析,可以参见本书第六章。

3.领导-部属交换理论在国内的沿袭研究

在西方颇具影响的领导-部属交换理论,自然少不了国内学术界和实践领域的追捧、移植与革新。国内关于领导-部属交换理论的研究,涉及概念深化与维度开发、形成机制、前因效应、中介效应、调节效应和衍生类型等多个方面(邓昕才,潘枭骁,董霞,2017)。有些研究将领导-部属交换的概念引入中华文化情境,直接翻译使用西方领导-部属交换量表,或简单修订量表字句,或简单复制量表编制方法,希望验证西方领导-部属交换理论在中华文化下具有普适性,或对其进行微调后即可"阳光普照"。例如,王辉、牛雄鹰和Law(2004)等采用直接翻译的方法修订了领导-部属交换关系多维度量表LMX-MDM量表,人为增加4个量表条目,验证和复制出了Liden和Maslyn(1998)关于领导-部属交换的情感、忠诚、贡献、专业尊敬的四维度结构。再如,刘耀中和雷丽琼(2008)则通过76份开放式问卷独立编制了领导-部属交换量表,施测得到了尊敬、贡献、支持、忠诚4个维度的领导-部属交换结构以及18个条目的量表。另外,还有不少研究则直接翻译搬用西方的LMX-7量表和LMX-MDM量表,背后隐含的前提是西方领导-部属交换理论具有中华文化的普适性,或说基本适用于中华文化情境。然而,这些直接搬用、沿袭西方领导-部属交换理论的研究,往往忽视了中西方的文化差异,缺乏从中华文化出发的理论假设,在研究方法上所使用量表的条目来源和内容效度等也缺乏说服力。

(二)源头理论:社会交换理论和互惠理论

"不识庐山真面目,只缘身在此山中。"国内关于领导-部属交换理论的综述类论文或论著常常局限在领导-部属交换理论本身,而较少去关注领导-部属交换的理论基础,忽视其理论源头和背景的分析,但领导-部属关系的文化差异性及有关争议的根源却恰恰在于其理论基础!因此,对领导-部属交换理论的理论基础——社会交换理论和互惠理论进行分析显得十分必要。由于社会交换理论和互惠理论比领导-部属交换理论更为复杂,这里仅对它们作简要分析。

1.社会交换理论

一般来说,社会交换理论是对人类的社会互动行为以类似于经济交换的观点加以诠释的各种理论的总称。其中,布劳的社会交换理论,形成于20世纪60年代,是在对古典经济学思想加以吸收改造的基础上建构的理论体系。

布劳(1964,2012)认为,社会性交换是指"人们被期望从别人那里得到的并且一般来说确实也从别人那里得到了的回报所激励的自愿行为"。就社会性交换和经济性交换的区别,他指出,"社会性交换在重要的方面不同于严格的经济性交换。基本的和最关键的区别是,社会性交换引起了未加规定的义务","只有社会性交换会引起个人的义务感、感激之情和信任感,而纯粹的经济性交换则不能"。他还谈道:

> 尽管社会性交换的重心落在某种外在价值的利益上,或者至少落在对好处含蓄地讨价还价上——这使它区别于深厚爱情之中的相互吸引和支持,但

是社会性交换对于参与者总是带有内在意义的成分,这一点使它有别于严格的经济交易……因此,社会性交换是纯粹的利益计算和纯粹的爱情表达之间的一种中间情况。

回到领导-部属交换的常规定义——领导-部属交换是指发生在领导和部属之间的经济性和社会性的交换关系。可见,Graen 的领导-部属交换理论主要建立在布劳对社会性交换和经济性交换的二分法之上。Graen 主张,领导与不同部属建立不同质量的领导-部属交换,即与一些部属建立充满信任、相互支持的高质量的社会性交换关系,而对其他部属则仅提供合同和契约中规定的工资待遇,建立质量较低的经济性交换关系(Sparrowe & Liden, 1997; Erdogan & Enders, 2007)。

这里,需要注意的是,社会交换理论的前提假设是"理性行动者",总体认为交换的二人出于对效用的计算而相互往来。古典经济学把社会生活看作是颇具理性的个人之间几乎平等的商品交换。可以说,社会交换理论的兴起与西方文化和社会历史的发展紧密相关。

2.互惠规范和互惠理论

互惠在人类社会行为中司空见惯,用中国人的日常语言来说即"报"。互惠规范(norm of reciprocity),是社会交换持续产生的重要前提(Gouldner,1960;布劳,1964,2012),长期以来在组织行为学的研究中,它被视为社会交换理论的核心特征,被用来解释发生在组织情境中的各种关系,其中自然也包括领导-部属交换关系。这里,"互惠"是指"构筑给予帮助和回报义务的道德规范"(Gouldner, 1960),而"互惠规范"主要指各方在交换过程中一系列被大家所认可的准则,即一方为另一方提供帮助或给予其某种资源时,后者有义务回报给予过其帮助的人(邹文篪,田青,刘佳,2012)。

人类学家 Sahlins(1972)提出了互惠的连续体理论,把互惠分成广义互惠(或译作广泛互惠,generalized reciprocity)、平衡互惠(balanced reciprocity)、消极互惠(或译作负面互惠,negative reciprocity)。该理论认为,交换是一个从消极互惠到广义互惠的连续体,中间的状态被定义为平衡互惠。互惠有三个主要的维度:回报的即时性、回报的平等性和利益性的程度。邹文篪等人(2012)综合 Sahlins(1972)、Sparrow 和 Liden(1997)等人的研究,提出了互惠和交换关系的连续体图,具体如图 1-1 所示。

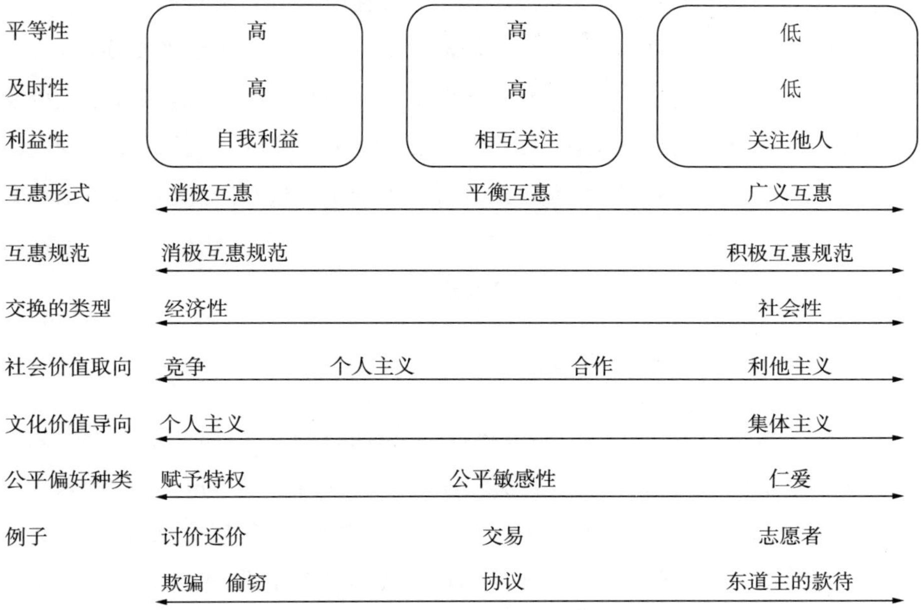

平等性	高	高	低
及时性	高	高	低
利益性	自我利益	相互关注	关注他人
互惠形式	消极互惠	平衡互惠	广义互惠
互惠规范	消极互惠规范		积极互惠规范
交换的类型	经济性		社会性
社会价值取向	竞争	个人主义　　合作	利他主义
文化价值导向	个人主义		集体主义
公平偏好种类	赋予特权	公平敏感性	仁爱
例子	讨价还价 欺骗　偷窃	交易 协议	志愿者 东道主的款待

图 1-1　互惠和交换关系的连续体

志愿者的无私帮助、东道主的热情款待是广义互惠的体现。广义互惠，体现的是以一种利他主义精神，交换各方不会明确说明对方给予报答的时间、回报资源的数量和质量，它体现的是给予者对他人利益行为的关注。广义互惠发生时，交换各方之间遵守的是一种积极的互惠规范，以建立长期的交换关系为目的，并在这一过程中关注对方的利益。

讨价还价、欺骗行为表现出来的是消极互惠。消极互惠，则是交换各方明确规定回报的时间并强调回报资源的平等性，它是一种高度自利的行为，在这种情况下个体的目的是维护自己的利益并尽可能使自己的利益最大化，有时为了达到这种目的甚至会损害他人利益。这种互惠具有高度的即时性和等值性。

商品交易、签署协议行为是平衡互惠的体现。平衡互惠，体现的是交换各方同时给予对方等价的资源，作为接受者要在短时间内偿还赠予者价值相近的资源。在平衡互惠中，双方也不会公开讨论回报的内容和时间，但是双方都会遵守互惠规范，维护对方的利益并及时给予回报，所以也具有高平等性和即时性的特点。

由此，Sparrowe 和 Linden(1997)直接批评了采用布劳(1964)的经济性交换和社会性交换二分法来构建领导-部属交换理论，他们主张根据 Sahlins(1972)互惠连续体理论,把领导-部属交换分为高、中、低三种交换质量,分别对应广义互惠、平衡互惠和消极互惠三种互惠类型。如果领导和部属采用广义互惠来交换,双方会建立质量较高的交换关系;如果采用消极互惠来交换,双方则会形成质量较低的交换关系。需要特别注意的是,Sparrowe和Linden再三强调,领导-部属交换理论忽视了交换的消极形式!此外,邹文篪等人(2012)也指出,目前社会交换理论虽然是组织行为学研究中最有影响力的概念性范式,然而决定社会交换行为的互惠规范却并未获得应有的重视,也缺少相关的检验和论证。

(三)述评:纷繁争议与刨根问底

很多读者从自身工作经验中体悟到,仅仅用西方领导-部属交换理论是无法很好解释和指导中国人的领导-部属关系处理的。一方面,虽然每一位职场人士可能都会重视领导-部属关系的思考和探讨,但应该说是领导-部属交换理论将领导-部属关系的研究纳入了科学定量研究的范围,使其从个人体悟、思辨总结上升为科学研究,使其有了比较科学的理论支撑。另一方面,对待西方领导-部属交换理论,应该是批判地加以吸收。从西方领导-部属交换理论中笔者梳理出如下几点争论和疑惑之处,需要引起我们的关注和思考。

1.单维度论与多维度论之争

领导-部属交换的结构是单维度还是多维度,是西方领导-部属交换理论较早的一个争论点。单维度论的支持者Graen和Scandura(1987)、Graen和Uhl-Bien(1995)等人认为,领导-部属交换是对领导和部属工作关系状况的整体反映,应该是单一维度的结构,即认为领导-部属交换是一个从低质量到高质量的连续体。高质量的交换关系即为圈内交换,是指包括物质的和非物质的,并且超出工作说明书、岗位职责范畴以外的交换;而低质量的交换关系则为圈外交换,是指仅限于根据劳动合同、聘用协议和岗位职责所进行的交换。Graen和Uhl-Bien(1995)主张,即使领导-部属交换可能是多维度的,但是由于这些维度之间高度相关,完全可以用单维度的领导-部属交换来进行测量。单维度论的代表性测量工具是LMX-7量表(Graen & Novak,1982;Graen & Uhl-Bien,1995)。

多维度论的支持者们认为,领导-部属交换关系不能仅仅限定在工作情境之中,它的建立和发展是双方角色的获得过程,因而它应具有多维度的结构。比如,Dienesch和Liden(1986)认为,领导-部属交换主要有3个维度,即情感、贡献和忠诚。Liden 和 Maslyn(1998)在 Dienesch 研究基础上,使用关键事件访谈的方法增加了第四个维度——专业尊敬,并开发了新的多维度量表——LMX-MDM 量表,该量表成为多维度论的代表性测量工具。目前单维度论和多维度论及其代表性量表都各有支持者,并且都在被广泛应用。

2."交换的质量"与"关系的质量"之争

领导-部属交换到底是指"交换的质量",还是侧重指"关系的质量",是 2005 年前后出现的一个重要问题(任真,杨安博,王登峰,2010)。Bernerth(2005)和 Bernerth 等人(2007)认为,领导-部属交换应更加突出对社会交换的测量,并以量表的内容效度为切入点,通过 25 位专家评定发现,LMX-7 量表和 LMX-MDM 量表测评的竟只是"关系的质量",而非真正的社会交换! 他试图回归到布劳(1964)的社会交换理论观点上——社会交换是指接受对方提供的东西而导致己方去完成其所产生的无形义务,并据此编制了单维度的领导-部属社会交换量表(LMSX)。

Bernerth 研究的最大启示在于,学者们自领导-部属交换理论提出以来一直在关注领导和部属的交换问题,却惊奇地发现 LMX-7 量表和 LMX-MDM 量表竟没有哪一个条目在直接测量交换问题(任真,杨安博,王登峰,2010)。也就是说,领导-部属交换理论到底是在研究"交换",还是在研究"关系",竟然自己都没有搞清楚。也许,这对西方人来说无所谓,但对中国人来说却可能很有意义! 同时,随着社会网络理论(social network)和多水平统计分析技术的兴盛,领导-部属交换越来越强调"关系"的作用。甚至一些研究把固定的领导-部属交换概念表达为了"LMX Relationship"(Goodwin, Bowler, & Whittington, 2009)。由此,目前对于领导-部属交换关系,强调"关系的质量"比强调"交换的质量"更有实际意义,这恰好也对了咱们中国人的"胃口"!

3.垂直二元关系与社会网络关系之争

领导-部属交换的早期研究中存在均衡领导风格模型与垂直二元关系模型之争,后来则转变为强调垂直二元关系与强调社会网络关系之争(任真,杨安博,王登峰,2010)。比如,Yammarino 和 Dansereau(2008)归纳了领导学研究的三个视角,即均衡的领导风格,垂直二元关系和个体化的领导(individualized leadership),并指出领导学研究在多水平理论和方法上还研究得很不充分。

从社会网络关系视角开展的研究已由理论分析发展到实证研究的阶段,日益流行和繁荣,相应地也把领导-部属交换关系扩展到领导-领导、领导-团队、部属-部属交换关系乃至更复杂的组织系统中研究。比如，Tangirala,Green 和 Ramanujam(2007)认为领导是联系员工和上级管理机构的枢纽，将领导-部属交换扩展到领导者向上的交换关系，即"领导-领导交换关系"(LLX)。再如，Tse,Dasborough 和 Ashkanasy(2008)研究了领导、部属和同事之间的人际交换关系,把领导-部属交换扩展到了"团队-部属交换关系"(TMX)。此外,还有学者提出"相对交换关系"和"社会比较交换关系"的概念，认为它们是在个体和对偶层次之外对领导-部属交换关系的考察(Vidyarthi et al., 2010)。比如，"相对的领导-部属交换关系",是指个体相对于其他团队成员领导-部属交换的相对质量,对个人而言,部属不仅会考虑自己与上级关系的绝对质量,更会通过与其他团队成员的比较,得到交换关系的相对质量(潘静洲等，2017)。虽然，学术研究上的繁多概念让人眼花缭乱,但万变不离其宗,只有把领导-部属二元关系的意义厘清,才能在此基础上进一步拓展研究。

4.文化共通性和文化特异性之惑

领导-部属交换理论具有中西方文化的共通性,还是仅为西方文化的特异性？这一问题并没有形成争论，因为这不是西方人所关心的问题，但却是潜在的、需要中国人重视的问题！领导-部属交换理论由西方学者提出，大量实证研究也是基于典型个人主义的西方文化背景进行的。

比如，基于布劳(1964)经济性交换和社会性交换划分的领导-部属交换理论，至今都缺乏关于领导和部属之间消极关系或说紧张关系的实证研究。然而,在中国社会的实际中，紧张、冲突的领导-部属关系却更受关注。在职场上，也许你与领导或部下相处和谐没有人会多去关心,但若你们关系紧张了、闹矛盾了，消息则会马上不胫而走！

再如，Gouldner(1960)认为互惠规范存在于每一个人的社会关系中，并且这种现象在人类社会的各种文化中普遍存在。但是,在中华文化情境下互惠所发挥作用的内在机制，却要从儒家文化视角进行解读(邹文篪，田青，刘佳，2012)。"滴水之恩，涌泉相报""知遇之恩"，离开了中华文化去解读领导和部属之间的互惠规范，就会脱离实际，软弱无力。

还有，中华优秀传统文化下的领导-部属关系，或说广义的君臣关系，常常被视为家庭父子关系的延伸。孝道是儒家传统中最重要的概念之一，中国人通常不会把父爱说成是友爱，也很少把父子关系称作朋友关系(杨适，1993)。然而，现在美国的社会文化总体上并不认同孝道,认为成年子女与父母的关系应该建立在友谊基础上(李晨阳,2005)。如果有中国人把自己的父母称为"朋友",将父母对子女的"慈爱"和子女对父母的"孝顺"归到朋友关系的情感中去,大家一定会目瞪口呆,但是这种对中国人而言不可思议的说法,西方人却是习以为常(杨适,1993)。中国人不仅重视孝道,而且自古就有"以孝治天下"之说,这更是西方人难以理解的。

5. 起底领导-部属交换之中的"交换"概念

剖析领导-部属交换理论至此,有必要深挖一下西方文化关于"交换"问题的起源。与古代中国不同,西方文化的发源地——古希腊,当时关于人际关系的观念就已不再只受到家族血缘关系和亲属关系的制约,而发挥主导作用的是人与人之间平等的各种交换活动。而在古代中国,商业和货币虽然已经有了相当的发展,但绝没有像古代希腊那样在社会内获得重要的地位。古希腊人的这种观念,经过了马其顿-罗马时代的扩充、加工和改造,一方面消除了许多民族尚存的父权家族制观念,另一方面诞生了基督教的人际关系观念(杨适,1993)。基督教的发展破坏了西方亲属关系体系,而且亲属关系体系崩溃,被更自愿、更个人形式的团体取代(福山,2012)。基督教伦理在西方占主导地位以后,人对神的爱成为第一重要的事,一方面是把人类之爱扩展到一切人,把人类之爱普遍化,或彻底平等化;另一方面,则贬低亲属之爱的地位和作用,取消了家庭家族的、亲疏远近的界限(杨适,1993)。

与之相反,中国儒家的社会理想却是要像建立和经营好的家庭一样,建立和经营一个好的单位、一个好的社会,人们之间的首要关系不是建立在交换契约基础上,而是建立在彼此施惠受惠的信托关系上(李晨阳,2005)。因此,我们常常会见到领导者希望与部属们营造家庭似的温馨,对部属嘘寒问暖,甚至会关心部属的家庭生活。如果你与你的领导或部下谈"关系"问题,他可能会津津乐道,但你们若要谈"交换"问题,"格调"就马上变低了。由此可见,不像中国人重视"关系",关注基于差序格局的"关系"亲疏远近,西方人重视的是基于平等的经济交换或契约交换,这就为领导-部属关系的中西方文化差异埋下了伏笔!

二、中国古代关于领导-部属关系的传统思想

英国历史学家汤因比(Arnold J. Toynbee)称,中国是世界上"唯一延续至今的

社会"。历史是一面镜子,它照亮现实,也照亮未来。中国古代关于领导-部属关系的传统思想博大精深、源远流长,是当今中国领导-部属关系的"文化基因"。要深入理解本土的领导-部属关系,必须对其传统文化思想进行深入发掘。位居"五伦"(即君臣、父子、夫妇、兄弟、朋友)之首的君臣关系,是传统中国最基本的人际关系之一。虽然现代的领导-部属关系和古代的君臣关系绝不能划等号,但君臣关系广义上可指领导和部属的关系。例如,"君臣关系"在秦汉时期,可用在皇帝和百官之间、诸侯国的君主和封国官吏之间、长官和属吏之间等多种场合(白芳,2003)。从政治、文化、历史等角度阐释君臣关系的研究汗牛充栋,但从领导-部属关系角度系统总结君臣关系的研究却少之又少。下面,尝试对儒家、法家、道家、墨家的君臣关系代表性思想及其演变进行简要梳理分析。

(一)儒家思想:君仁臣忠

儒家代表人物孔子对君臣关系有过经典论述,比如:

定公问:"君使臣,臣事君,如之何?"孔子对曰:"君使臣以礼,臣事君以忠。"(《论语·八佾》)

齐景公问政于孔子,孔子对曰:"君君,臣臣,父父,子子。"公曰:"善哉!信如君不君,臣不臣,父不父,子不子,虽有粟,吾得而食诸?"(《论语·颜渊》)

孔子主张,君主要像为君的样子,尽君道;臣属要像为臣的样子,尽臣道。每一位社会成员都应该恪尽职守,起到自己作为社会一员所应起的作用。君臣要各安其位、各守其职,才可能政治安宁,否则必然会导致国家的混乱。

所谓大臣者,以道事君,不可则止。(《论语·先进》)

孔子认为,君臣关系的基础是义,主张"以道事君"。"以道事君"之"道",即仁道。不像父子之间有血缘亲情关系,君臣关系中的感情因素要少得多。因此,孔子以义作为维护君臣关系的原则,出发点主要是维护良好的社会秩序。

孔子注重君臣之礼,比如"子曰:'麻冕,礼也;今也纯,俭,吾从众。拜下,礼也;今拜乎上,泰也;虽违众,吾从下。'"(《论语·子罕》)君主能依礼对待臣,是臣忠于君主的先决条件。孔子又说:"君命召,不俟驾行矣"(《论语·乡党》),"事君,敬其事而后其食"(《论语·卫灵公》)。为臣者的任务和职责是"事君",即为君服务效劳,而为君服务效劳,应该做到兢兢业业,恭恭敬敬,不能有半点懈怠。

孔子强调,君臣之义应建立在实现个人政治理想和重视个人价值的基础上。孔子并不主张忽视自身的愚忠,或臣属是君主的附庸,而是重视臣属相对于君主的独立性(陈尧,云国霞,2002)。比如,"所谓大臣者,以道事君,不可则止"(《论语·先进》)。再如,"笃信好学,守死善道。危邦不入,乱邦不居。天下有道则见,无道则隐"(《论语·泰伯》)。

对于君主之言,也不能一味服从,而要分析对待,"如不善而莫之违也",那就有"丧邦"的危险(《论语·子路》)。当子路问事君,孔子回答"勿欺也,而犯之"(《论语·宪问》),主张臣属可犯颜谏争。《礼记·檀弓》说,"事亲有隐而无犯","事君有犯而无隐","事师无犯无隐"。意思是讲,对父母要尽孝,不能冒犯顶撞,出于善意对一些事情要有所隐瞒;对老师则既不要隐瞒,也不要顶撞;对君主出于尽忠,则要毫无保留地犯颜直谏(王瑞来,2009)。

此外,虽然孔子自己并没有明确指出父子关系与君臣关系的联系,但其弟子在这一点上代之做了阐述。群臣作乱,就是以下犯上,这种以下犯上正是为人不孝悌的结果。比如:

> 其为人也孝悌,而好犯上者,鲜矣;不好犯上,而好作乱者,未之有也。君子务本,本立而道生。孝悌也者,其为仁之本与?(《论语·学而》)

"亚圣"孟子继承和发挥了孔子的观点。关于领导-部属关系,孟子具有代表性的论述是:

> 孟子告齐宣王曰:"君之视臣如手足,则臣视君如腹心;君之视臣如犬马,则臣视君如国人;君之视臣如土芥,则臣视君如寇仇。"(《孟子·离娄下》)

> 人之有道也,饱食、暖衣、逸居而无教,则近于禽兽。圣人有忧之,使契为司徒,教以人伦:父子有亲,君臣有义,夫妇有别,长幼有序,朋友有信。(《孟子·滕文公上》)

孟子将"君臣有义"与"父子有亲""夫妇有别""长幼有序""朋友有信"相配合,共同组成"五伦",认为对于一个有序社会来说,五者缺一不可。在孟子看来,既然君臣的存在为社会所必需,则"欲为君,尽君道;欲为臣,尽臣道。二者皆法尧舜而已矣"(《孟子·离娄上》)。所谓"君道""臣道"即是对君主和臣属的要求,或者说是为君和为臣的准则。

孟子认为,臣与君固然存在从属关系,臣作为君的辅佐,要为君服务,但另一方面,为臣者也有自己的独立人格和意志,臣不应成为君主的奴才,盲目地为君主服务。他提出"格君心之非"的主张,认为君主的言行一旦出现偏差或错误,臣属有职责予以纠正和批评。他认为,有为之君大都比较开明,听得进臣属的不同意见,"将大有为之君,必有所不召之臣;欲有谋焉,则就之。其尊德乐道不如是,不足与有为也。故汤之于伊尹,学焉而后臣之,故不劳而王;桓公之于管仲,学焉而后臣之,故不劳而霸"(《孟子·公孙丑下》)。君和臣地位有高低,但地位的高低并不意味着道德的高低,相反在道德水准上臣可能高于君。

荀子是先秦时代的思想家,主张性恶论,是儒家思想之集大成者,也是对君臣问题论述最多的思想家之一。他在《荀子·臣道》给君臣关系以更为现实和具体的注解:

事圣君者,有听从无谏争;事中君者,有谏争无谄谀;事暴君者,有补削无挢拂。

从命而利君谓之顺,从命而不利君谓之谄;逆命而利君谓之忠,逆命而不利君谓之篡……传曰:"从道不从君。"此之谓也。

荀子把君主分为圣君、中君和暴君,臣属可以根据君主不同而采取相应的相处方式。"从道不从君,从义不从父"(《荀子·子道》)是"人之大行",即做人的最高境界。关于臣道,荀子强调"忠",他将"忠"分为几种类型:"有大忠者,有次忠者,有下忠者,有国贼者:以德覆君而化之,大忠也;以德调君而辅之,次忠也;以是谏非而怒之,下忠也;不恤君之荣辱,不恤国之臧否,偷合苟容,以之持禄养交而已耳,国贼也"(《荀子·臣道》)。意思是说,以高尚的道德去感化君主,这是大忠;以自身的德行去感动君主进而补救君主的不足,这是次忠;犯颜谏上是下忠。

在继承孔子儒家学说的基础上,荀子提出"贵贱有等"的思想,强调臣属应忠心事君,顺从君主意愿,对君主应当"以礼待君,忠顺而不懈"(《荀子·臣道》)。荀子得出"上者,下之本也"的结论,并提倡君主"利明""利宣",摒斥"利幽""利周",认为"主道明则下安,主道幽则下危。故下安则贵上,下危则贱上。故上易知则下亲上矣,上难知则下畏上矣。下亲上则上安,下畏上则上危。故主道莫恶乎难知,莫危乎使下畏己"(《荀子·正论》)。可见,儒家思想既反映了君臣地位在一定程度上的平等性,又专门强调臣属对君主的服从,更为突出了君主的地位。荀子经常用

"上下关系"来解释君臣关系。

除了代表性人物的论述之外,《春秋公羊传》作为一部解释《春秋》的著作,写定于汉初,也反映了春秋战国时期儒家的思想观念。一方面,它继承和发展了孔子的君臣观念,主张正君臣之义,首先就要"别君臣"(《公羊传·昭公二十三年》),强调君臣的上下分际,明确标示君臣的名分差别。另一方面,又主张君臣以义合,要求君主要率先守礼,礼遇臣属,反映出先秦儒家在君臣观念上的鲜明特色(郑任钊,2010)。它所倡导的君臣关系是双向的,在强调臣属义务的同时,也强调了君主的义务。君主的义务,首要的是率先守礼,推行仁政,这也是臣属尊君的前提。君主的义务,还有就是要礼遇臣属。比如,君主在宗庙祭祀的时候,听到大臣的丧事,应该停止奏乐。这种礼制就是要体现君主对臣属的礼遇和尊重。

儒家思想在宋代得到进一步发展,代表人物之一的程颢主张,"为君者尽君道,为臣者尽臣道,过此则无理","父子君臣,天下之定理"(《河南程氏遗书》卷五)。朱熹则强调:"父子之仁,君臣之义,莫非天赋之本然,民彝之固有;彼乃独以父子为自然,而谓君臣之相属,特出于事势之不得已,夫岂然哉"(《晦庵先生朱文公文集》卷八十二《跋宋君忠嘉集》)。朱熹将君臣关系和父子关系一起作为天赋而不可更改的关系。

宋明理学伦理思想固然属于儒家一系,但与孔孟之道也有很大差异。孔孟提出的君臣关系是一种具有"双向义务机制"的关系模式,通过汉儒的"三纲"(君为臣纲,父为子纲,夫为妻纲),到了理学那里进一步成为单向的绝对服从的关系(朱贻庭,1992),即所谓"君要臣死,臣不得不死"。虽然胡宝华(2008)认为君臣观念从先秦的"君臣之义"到唐宋时期发展为"君臣道合",从偏重维护君尊臣卑、君臣礼仪秩序发展到了君臣共治的合作与支持,但一般认为,先秦原始儒家并没有绝对君权的思想(邵汉明,1998),原始儒家关于君臣关系的诸多论述,即便在今天看来,也仍有合理成分或可取之处,与后儒提出的"君为臣纲"的绝对君权思想不可混为一谈。

(二)法家思想:上下相得

韩非子是先秦时期法家思想的集大成者,他继承了商鞅的"法"、申不害的"术"和慎到的"势",提出君主要综合运用法、术、势来治理国家和管理臣属,善于采用"赏""罚"二柄来防止臣属弄权作奸。相对而言,韩非子对君臣关系的论述似乎更为犀利透彻、细致入微。

在法家看来,儒家所谓"君仁臣忠"之类的说法是虚伪的欺人之谈。韩非子主张,君利与臣利不两立,君臣之利刚好相反,故君利长而臣利消,君利消而臣利长:

> 臣主之利与相异也……主利在有能而任官,臣利在无能而得事;主利在有劳而爵禄,臣利在无功而富贵;主利在豪杰使能,臣利在朋党用私。(《韩非子·孤愤》)

> 上下一日百战。(《韩非子·扬权》)

在肯定"臣利立而主利灭"(《韩非子·内储说下六微》)的基础上,韩非子承认"上下一日百战"(《韩非子·扬权》)。他认为,君臣之间常常会处于不两立的关系之中。

韩非子对人性之恶十分警觉。人皆自私自利,互用计算之心以相待。君臣之间只是纯粹的利益关系与权力关系。韩非子曾以市场关系或称买卖关系来解读君臣关系:

> 臣尽死力以与君市,君垂爵禄以与臣市。君臣之际,非父子之亲也,计数之所出也。(《韩非子·难一》)

卖方是君王,出卖的东西是官爵及其俸禄;买方为臣属,付出的是脑力和劳力。在通常条件下,买卖双方会各得其利,达到双赢而非不两立的局面。韩非子采用市场关系来阐明君臣关系,以"计"来生动地阐释君臣关系,这也是韩非子的一大创举(周炽成,2009)。根据这种解读,君臣关系应是双向而非单向的,比如:

> 君以计畜臣,臣以计事君。(《韩非子·饰邪》)

> 君臣也者,以计合者也。(《韩非子·饰邪》)

韩非子希望君臣关系能够达到"上下相得"的状态,而非君臣"不两立"的关系。他指出:

> 圣王之立法也,其赏足以劝善,其威足以胜暴,其备足以必完法。治世之臣,功多者位尊,力极者赏厚,情尽者名立。善之生如春,恶之死如秋,故民劝极力而乐尽情,此之谓上下相得。(《韩非子·守道》)

在"上下相得"之中,发挥主要作用的是君主。只要君主运用法、术,赏罚分明,掌握威势,臣属自然会为君主尽力,进而实现双赢互利的结果。实际上,对于如何处理上下关系，法家与其对手儒家也有共同的观点，比如，上影响下、上正下直、上斜下歪。韩非子指出，"臣之忠诈，在君所行也。君明而严则群臣忠，君懦而暗则群臣诈。"（《韩非子·难四》）孔子指出，"政者，正也。子帅以正，孰敢不正？"（《论语·颜渊》）"其身正，不令而行；其身不正，虽令不从。"（《论语·子路》）也就是说，他们之间具有精神上的内在一致性。

韩非子主张，君主要综合运用法、术、势来统御群臣，去除君臣关系中的"人情"和"关系"因素，将君臣关系纳入法治的轨道。韩非子说：

> 今申不害言术，而公孙鞅为法。术者，因任而授官，循名而责实，操杀生之柄，课群臣之能者也，此人主之所执也。法者，宪令著于官府，刑罚必于民心，赏存乎慎法，而罚加乎奸令者也，此臣之所师也。君无术则弊于上，臣无法则乱于下，此不可一无，皆帝王之具也。（《韩非子·定法》）

赏罚者，邦之利器也，在君则制臣，在臣则胜君。诚如，"权势不可以借人，上失其一，臣以为百。故臣得借则力多，力多则内外为用，内外为用则人主壅。"（《韩非子·内储说下六微》）韩非子主张，君主要固权势于己手，隐利器于身后，要握权不放，实则也是在指出，作为人臣，应明晰事理，应懂得为臣之道，要做到人主之前，听命服从，人主之后，能行下属事，不能越权（王岫，2011）。

君主之"术"，并非随心所欲的权力艺术，而是以"循名责实"为原则。在君主与臣属的交往过程中，君主不要显露自己的真实意图，不能被自己的好恶支配，更不应被臣属的阿谀奉承所迷惑，而应以确定的规范（循名）提出明确要求，进而做出相应赏罚（责实）。不过，需要注意的是，一方面君王采用"术"来主动防范上下级关系的私人化，另一方面，依靠"术"来实现这一目标，却同时埋伏了通向权谋的隐患。

（三）道家思想：君臣师友

道家代表人物老子主张"以道莅天下"（《老子》第六十章），即要求圣王遵守道的原则，无为而治，顺应自然。他提出，"反者道之动，弱者道之用""不自见，故明；不自是，故彰；不自伐，故有功；不自矜，故长"。老子主张在君臣关系中，君主反倒是需要低调谦恭、卑弱自持，这样才能以柔克刚，并"几于道"。"无为"是指要顺从自然之意，将"无为"运用到君臣关系之中，就是要顺应时事来处理君臣关系，让君臣原则回归自然。

庄子主张以道观天下，也是要求君主循道无为，做到"无欲""无为""渊静"(《庄子·天地》)。

> 君子不得已而临莅天下，莫若无为。(《庄子·在宥》)

儒家面临无道乱世，尤其推重礼的正名分、序君臣、治百官等政治价值。与之不同，庄子则一方面揭露礼的正名分、序君臣所造成人的等级化和不平等，另一方面，强调道治优越于礼治(王新建，2005)，并指出为君者：

> 以道观言而天下之君正，以道观分而君臣之义明，以道观能而天下之官治，以道泛观而万物之应备。(《庄子·天地》)

值得关注的是，庄子认为理想化的君臣关系应当是师友关系。《庄子》一书叙述君臣之间对答的文字有近三十处。其中，《庄子·德充符》中有一个鲁哀公问于孔子的寓言故事。鲁哀公听了孔子的开导后，感慨地讲，"吾与孔丘，非君臣也，德友而已矣。"这里，"德友"就是以德相友，即指一种师友关系。

《庄子》当中的不少寓言故事都描述了师友型的君臣关系，它们大致包括两种类型。一种是由碰撞到相容型，即君主起初对体悟道性的师长抱有轻视或回绝的态度，将君臣关系凌驾于师友关系之上，造成双方的冲突碰撞，经历一番交流之后，君主认可师友关系的存在，表现出谦虚接纳的姿态，双方遂以师友相处，使君臣关系转换为师友关系。另一种是协调型，即君主自始至终认同与体悟道性之人的师友关系，君臣关系与师友关系没有什么矛盾，君臣关系自然融合于师友关系之中。《庄子》寓言中的君臣关系自觉或不自觉地表现为师友型模式，而且大多数归结为以道为师(于雪棠，1996)。

除了老子和庄子的论述之外，《管子·心术》《吕氏春秋》《老子指归》也对君臣关系进行了论述。春秋时期管仲的《管子·心术》是道家稷下学派之作，主张君主要虚静无为而让大臣百官进行分工，相互配合，由此实现国家的治理。《管子·心术上》讲：

> 心之在体，君之位也。九窍之有职，官之分也。心处其道，九窍循理。嗜欲充益，目不见色，耳不闻声。故曰：上离其道，下失其事。

上面的"心"和"九窍"，被用来比喻君和臣，也就是"上离其道，下失其事"之中的"上"和"下"。《管子·心术上》说："心术者，无为而制窍者也。"心术是指君主的治国之术,就是君主以道来管理群臣,让他们按照由道所定的义、礼、法来为人处事,进而治理国家。《管子·心术上》认为"虚无无形谓之道",君主要虚无无形。大臣百官则要讲义、礼、法,即"君臣、父子、人间之事谓之义,登降揖让、贵贱有等、亲疏之体谓之礼,简物、小未一道。杀僇禁诛谓之法。"义决定礼和法,大臣百官遵照义来制定礼和法,然后加以执行来治国理政(陈小华,2012)。

战国末期秦国丞相吕不韦组织编写的《吕氏春秋》,主张辩证和谐的君臣关系。该书列举了鲁君与颜阖、尧舜与四士、魏襄王与史起、魏惠王与公子食我等许多故事来论述,对理想和谐的君臣关系显得十分向往,即表现为臣属能够勇敢、智慧地进谏,能死义尽忠,同时君主也要能知人善任和善听。《吕氏春秋·恃君》讲:"故忠臣廉士,内之则谏其君之过也,外之则死人臣之义也。"意思是说,忠诚和廉政之士,对内就要敢于劝谏自己国君的过错,对外就要敢于为维护臣属的道义而献身。这正是对臣属行为的明确概括(管宗昌,2013)。

汉代严遵的《老子指归》强调"主阴臣阳,主静臣动"。卷三《善建》篇对君臣关系有这样一段描述如下,表明君臣虽职分不同,却守"分"无异。

> 主阴臣阳,主静臣动,主圆臣方,主因臣唱,主默臣言。(《老子指归·善建》)

> 故君道在阴,臣道在阳;君主专制,臣主定名;君臣隔塞,万事自明。故人君有分,群臣有职,审分明职,不可相代,各守其圆,大道乃得,万事自明,寂然无事,无所不克。臣行君道,则灭其身;君行臣事,必伤其国。(《老子指归·民不畏死》)

上面的卷六《民不畏死》篇所言,表明君、臣、民要循"道"而行,各安其"名",各守其"分",才能天下大治(唐少莲,唐艳枚,2010)。西汉初年的无为之治,正是道家无为之治的最好证明。

(四)墨家思想:君惠臣忠

墨家主张,君臣关系要"君惠臣忠",即"为人君必惠,为人臣必忠"(《墨子·兼爱下》)。意思是说,做君主的必须施惠,做臣属的必须忠诚。"兼爱"是处理君臣关系的关键要素,"天下兼相爱则治,交相恶则乱"(《墨子·兼爱上》)。

> 为人君必惠,为人臣必忠。(《墨子·兼爱下》)

视人之国若视其国,视人之家若视其家,视人之身若视其身。是故诸侯相爱则不野战,家主相爱则不相篡,人与人相爱则不相贼,君臣相爱则惠忠,父子相爱则慈孝,兄弟相爱则和调。(《墨子·兼爱中》)

上述的"君臣相爱则惠忠",意思是说,君臣之间相爱,就会君主施惠、臣属效忠。在墨子看来,臣与君地位存在平等的条件,但君臣之间更多的是等级的差别,"无从下之政上,必从上之政下"(《墨子·天志上》)。

与孔子的君仁臣忠不同,墨子的君惠臣忠观念建立在"兼以易别"(《墨子·兼爱下》)的思想基础上。儒家强调爱有等差,注重分别是爱人的基本原则。孔孟之仁的精神实质在于"别",而墨子兼爱的原初含义则在于"兼";孔孟之仁的心理机制是由己及人、层层推进,而兼爱的心理机制则呈现为放射性的释放和平铺;仁在孔孟那里被界定为人生目的和最高价值,而兼爱在墨子那里则是获取利益、实现"交相利"目标的手段(魏义霞,2012)。如果说儒家的仁义观是德治主义,那么墨家的仁义观则是功利主义(赵敦华,2005)。

(五)其他观点

自从秦汉时代君主专制和中央集权制度确立后,君臣关系的性质实际发生了很大变化。君王拥有"君要臣死臣不得不死"的绝对君权,君臣之间形成不平等的纵向隶属关系。总体而言,在业已成为主流文化的儒家思想中,"事君以忠"思想和"君君、臣臣、父父、子子"等级秩序被放大和强化,而"君臣义合"的一面以及前秦思想中与君权对抗的一面却相对被湮没(王瑞来,2009)。下面,主要遴选秦汉以后一些有代表性的君臣关系观点进行分析。

在宋朝,针对五代十国的混乱局面,宋朝选择了重文抑武的政策取向和广泛笼络士大夫的政治策略(王瑞来,2009),逐渐形成了"与士大夫治天下"(《续资治通鉴长编》卷二百二十一)的新型君臣关系,把君主专制下的君臣关系向原始儒学进行了大幅度回归。例如,范仲淹给曾推荐他的晏殊写长信说,"事君有犯无隐,有谏无讪。杀其身,有益于君则为之"(《范文正公集·上资政晏侍郎书》)。此后,明道二年(1033),宋仁宗亲政,范仲淹被招还担任谏官,不久发生宋仁宗废黜郭皇后之事,范仲淹与御史中丞孔道辅率众"伏阁极谏",结果被押解出京城,贬知睦州。即使这样,范仲淹依然不忘劝谏宋仁宗,告诉仁宗:"有犯无隐,人臣之常;面折廷争,国朝盛典"(《范文正公集·睦州谢上表》)。"面折廷争"在宋代成了一种风气。

> 事君有犯无隐，有谏无讪。杀其身，有益于君则为之。(《范文正公集·上资政晏侍郎书》)

> 有犯无隐，人臣之常；面折廷争，国朝盛典。(《范文正公集·睦州谢上表》)

在明清，士人论"君臣"时，认为君臣关系和父子关系是不同的，这在某种程度上动摇了君主家天下的伦理基础，有助于将君主的伦理地位变得相对化。这一时期君臣关系的论述，通常以黄宗羲《明夷待访录·原君》为代表(赵园，2006)。黄宗羲与顾炎武、王夫之，被一起称为明末清初的三大思想家。明朝中叶以后，君主与士人或说臣属关系紧张，黄宗羲指出，"明之病，在君骄臣谄，上下隔绝"(《明文海评语汇辑》)。"君骄臣谄"道出了君臣关系的主要问题。黄宗羲试图重新审视君主在王朝政治结构中的位置，证明君主的地位是历史形成的，追根溯源不过是等级阶梯的一级，并不拥有绝对尊崇。他批评君主"以奴婢之道为人臣之道""一世之人心学术为奴婢之归"(《明夷待访录·奄宦》)。他认为理想的君臣关系应在师友之间，"出而仕于君也，不以天下为事，则君之仆妾也；以天下为事，则君之师友也"(《明夷待访录·原臣》)。黄宗羲形象地说："夫治天下犹曳大木然，前者唱邪，后者唱许，君与臣共曳木之人也"(《明夷待访录·原臣》)。意思是指，君和臣要一起抬"天下"这根大木头，双方只是分工有所不同，而没有高低贵贱之分，只有君臣通力合作才可能完成好任务。君臣之间是"名异而实同"的合作关系，而不是父子关系。

> 明之病，在君骄臣谄，上下隔绝。(《明文海评语汇辑》)

> 出而仕于君也，不以天下为事，则君之仆妾也；以天下为事，则君之师友也。(《明夷待访录·原臣》)

明末清初思想家王夫之说："君臣者，义之正者也，然而君非天下之君，一时之人心不属焉，则义徙矣；此一人之义，不可废天下之公也。"(《读通鉴论》卷十四)王夫之反复强调君臣关系的相对性。同时，他强调，君臣关系的相互性，绝不可理解为"交换"，尤以非"贾"、非"货利"(即交易关系)为君臣关系的原则，也被作为士自守而不辱的条件，反对"货贿""交为饵"的利益交换(赵园，2006)。对于君臣关系的维系，他主张君臣"名与义相维，利与害相因，情自相依于不容已"(《读通鉴论》卷二七)。

> 君臣者,义之正者也,然而君非天下之君,一时之人心不属焉,则义徙矣;此一人之义,不可废天下之公也。(《读通鉴论》卷十四)

明朝正德名臣王鏊,在其《时事疏》中说:"古者君臣一体,如家人父子,唯诺一堂之上。降至后世,堂陛尊严,而君臣之分隔;礼节繁多,而上下之情疏。"(《明经世文编》卷一二〇)明朝万历名臣于慎行也说:"本朝承胜国之后,上下之分太严,二祖、仁、宣时犹与侍臣坐论,英庙冲年即位,相接颇希,以后中贵日倨,堂陛日隔,即密勿大臣,无坐对之礼矣。"(《谷山笔麈》卷一〇《谨礼》)所谓"堂陛",在士人看来,就是君臣之间的空间距离和伦理距离。无论是"堂陛尊严",还是君臣"无坐对之礼",都表明了君权过大,导致君臣隔阂、"上下之情疏"。

> 古者君臣一体,如家人父子,唯诺一堂之上。降至后世,堂陛尊严,而君臣之分隔;礼节繁多,而上下之情疏。(《明经世文编》卷一二〇)

> 君臣以义合;合则为君臣,不合则可去,与朋友之伦同道,非父子兄弟比也。(《吕晚村先生四书讲义》卷三七)

明末清初思想家吕留良说,秦之后,"君臣师友之谊不可复见,渐且出宦官宫妾之下"(《吕晚村先生四书讲义》卷六)。他重申原始儒学命题,提出"君臣以义合;合则为君臣,不合则可去,与朋友之伦同道,非父子兄弟比也"(《吕晚村先生四书讲义》卷三七)。说明在专制环境下,出现臣道的沦丧,士人精神的蜕变,渐由师友蜕变为仆妾。明清之际对于臣道的讨论,是对君臣关系和士文化的一种检讨和反思。

(六)述评:发掘优秀"文化基因"

中国是有着悠久历史文化的国家。对于延绵至今、没有中断的中华优秀传统文化,我们不能"身处其外",简单认为传统文化思想有可取之处,而是要把自己摆进来,以"身处其中"的态度,寻找领导-部属关系的优秀"文化基因"和思想源泉。上述中华优秀传统文化思想,对当今领导-部属关系的处理与研究,至少有如下三点启示:

1.要注重历史文化分析,而不能脱离具体的政治、经济和社会文化环境

西方的领导-部属关系主要是建立在商品交换和市场经济环境下的。追根溯源,早在古希腊,商品经济和货币的普遍发展,深入到氏族、家族和贵族平民关系内部,使古希腊人在很大程度上摆脱了看重亲属关系的观念,而以平等的人与人交往

中产生的新感情,特别是对城邦的休戚与共的感情为基础(杨适,1993)。近现代以来,西方资本主义社会由于充分商品化、市场化,而形成了"契约式"的人际关系模式。西方的领导-部属交换,是用来保证契约的履行以实现双方各自利益的工具!它具有交换双方地位相对平等的一面,但又具有强烈的功利主义色彩。

中国古代社会结构的宗法等级制形式和土地所有制的"王有",以及同居共财、家庭共享的方式,规定了中华优秀传统文化与西方,特别是西方近现代文化相区别的一系列特点。比如,"双向义务"的伦理模式,"推己及人"的心理模式,高扬道义的"重义精神",家族群体的"人和精神",道德认识的"理性精神"(朱贻庭,1992)。时至今日,家国共同体仍是中华文化和大一统国家的一个重要支柱,是实现繁荣兴旺的关键所在(姜义华,2011)。儒家所倡导的"孔孟之道",也就是说"责任伦理",恰与这一家国共同体结构相契合。

2.要融合各家君臣关系思想,而不能偏废一家

关于领导-部属关系的古代各流派思想具有鲜明的互补性。比如,秦以后的中国古代政治糅合了孔孟为代表的儒家学说与韩非为代表的法家学说,称为"外儒内法"或"儒法互补"(赵敦华,2005)。其实,儒、墨、道、法各家之间,可以说,"儒法互补"是历代帝王和统治者双重性的理论写照,"儒道互补"反映了中国传统的知识分子或士大夫阶层的思想意识,"儒墨互补"则反映了中国历史上普通劳动者阶层的矛盾性格(杨适,易志刚,王晓兴,1992)。

在笔者看来,各家君臣关系思想都对当今领导-部属关系有或隐或显的重要影响。儒家认为领导和部属的关系是"君仁臣忠",强调上下、亲疏有别(陈抗行,任伟礼,2007),对领导-部属之间的积极关系及差序格局的观点有重要影响。法家认为领导和部属之间是利害关系,讲求"趋利避害",对领导-部属之间的消极关系及利益权力斗争有重要影响。道家倡导师友型的领导-部属关系,对尊重人才、建立平等的领导-部属关系有着重要影响。墨家认为领导和部属的关系是"君惠臣忠",对领导和部属之间要获得必要利益、达到"交相利"有重要启示。虽然儒家思想在传统文化中占据主流地位,也有学者提出过"儒家关系主义"(黄光国,2006),但仅仅以儒家思想作为领导-部属关系研究的思想源泉,会给研究带来一定偏颇。

3.要弘扬"君臣道合""君臣之义"的道义精神,而不能过于突出"交换"色彩

君臣一伦或说君臣对偶双方,更多强调的是互补关系,而非平等关系。要充分肯定"君臣之义""君臣道合""从道不从君"所蕴含的道义原则,而不能过于强调领

导-部属之间的市场色彩的利益交换。"道"和"义"先于契约交换而存在！中国古代的君臣关系，作为家庭父子关系的延伸，是一种具有主从性质的"双向义务模式"，它显然有别于西方的契约交换模式。君臣双方各以对方在宗法等级关系中的地位决定自己的伦理义务，也就是《礼记·礼运》所概括的"君仁臣忠"。双向义务式的关系模式突出的是双方之间的义务关系。当然，在中国古代，"双向义务模式"体现为上下尊卑的主从形态，具有宗法性和等级性的特征。君臣上下、等级尊卑都是维护封建统治的必然手段，生活在这一时期的圣贤和各流派代表人，不可能从根本上否定等级制。因此，应当充分肯定传统的"双向义务式"的关系模式和角色义务的互补特点，也应辩证地摒弃其中主从等级关系的历史形态。

三、中国现代关于领导-部属关系的研究状况

> 办事都得凭关系，有了关系靠关系，没有关系找关系，难找关系买关系，办事一定要找关系，找不到关系就大有关系，找到了关系就没关系。
>
> ——民间顺口溜（王自亮，陈洁琼，2016）

"关系"是理解中国社会结构和中国人心理与行为的一个核心概念。在中国社会中，人际关系具有压倒性的影响力。"关系"反映了儒家文化中的社会行为模式，它与西方个人主义的行为模式构成鲜明对照（何友晖，彭泗清，1998）。比如，有追踪调查表明，2002—2015年，江西农民的人际关系仍然呈现明显的由亲到疏、由内到外递减的差序格局，其中自己家的人、亲戚、朋友在十余年间稳居最信任的前三项，构成差序人际关系的内圈（余泓波，2017）。翟学伟（2011）指出，绝大多数中国人以关系为生存第一法则，掌握关系原理成了一个人进入社会、一个官员走马上任、一个学子取得成功、一个商人生意兴隆、一个西方CEO进入中国市场的第一课。由此，要深刻理解中国人的领导-部属关系，就要对"关系"问题及其在组织行为领域的延伸进行分析。

（一）"关系"：中国人的生存法则

广义上，"关系"是指人与人之间的互动与交往，而作为一个特指概念，则主要指基于"关系"基础的特殊连带，英文表述为"Guanxi"。即使作为特指概念，"关系"的内涵也是多种多样的，比如，两者的特殊关系、特殊连带、实际联结、互惠交换、资

源、历程和网络等(Fan,2002)。特指概念的"关系"研究可能是中国新文化运动的产物,可以追溯到胡适(1919)的《中国哲学史大纲》、梁漱溟(1935)的《中国文化要义》、费孝通(1948)《乡土中国》的有关论述。直到约20世纪70年代末和80年代之后,"关系"才逐渐成为本土研究者建构理论的重点。

著名社会学家、人类学家费孝通指出,传统中国的社会结构是一种"差序格局"——即以自己为中心,像石子投入水中,和别人所有联系成的社会关系,不像团体中的分子一般大家都在一个平面上,而是像水的波纹一般,一圈圈推出去,愈推愈远,也愈推愈薄。差序格局一般以血缘、亲缘、地缘等为纽带,形成"人情"与"关系"社会的多个同心圆。费孝通虽然没有给"差序格局"一个明确的定义,但他使用的投石入水的水波纹比喻却极有洞见,产生了深远的学术影响。

Chen,Chen和Huang(2013)综合分析了过去20年的200多篇"关系"研究文献,他们提出"关系"研究有宏观和微观两个层次,理论视角包括自我-实用的视角、团体-伦理的视角、儒家关系的视角三种。也有学者从学科立场进行分类,提出关系研究大致可以分成儒家社会理论的立场、社会学的立场和人类学的立场等(翟学伟,2007)。最为关注"关系"概念和理论建构的是一些本土化的社会心理学和管理心理学研究,下面主要对它们的代表性理论和观点进行分析。

黄光国(1988)依据费孝通的差序格局概念,按照情感和工具两个关系维度,将资源支配者与请托者之间的关系,分为情感性、工具性和混合性三种关系,这三种关系又分别对应需求、公平、人情的人际互动法则。例如,孩子与父母的关系是长久稳定的社会关系,属于情感性关系,遵循"需求法则";销售员与顾客是利益交换关系,属于工具性关系,遵循"公平法则";师生、同事等交往双方彼此认识并具有一定的情感联系,但又不像亲密的家庭成员,属于混合性关系,遵循"人情法则"。在此基础上,黄光国(2006)进一步提出了"儒家关系主义"。根据这一理论,君臣关系、领导-部属关系则属于一种混合性关系,同时包含情感性和工具性的成分。

杨国枢(1993)提出了中国人社会取向中的"关系取向"概念,认为中国人的人际关系依照亲疏程度,分为家人关系、熟人关系和生人关系三类(转引自杨国枢,黄光国,杨中芳,2008)。家人关系相互讲"责任",遵循低回报性,不太期待对方做出对等的回报。熟人关系相互讲"人情",遵循中回报性,它以双方以往积累的既有人情为基础、以自我感觉合适的方式,进行后续的人情往来。生人关系相互讲"利害",遵循高回报性,对给和取的平衡与公道更加敏感。

徐淑英和樊景立（Tsui & Farh，1997）在杨国枢研究基础上进一步指出，不同关系基础的人所进行的人际互动类型与互动法则是不同的。一是对亲人而言，遵循的是角色义务与责任的法则；二是对熟人而言，遵循的是"人情"的法则；三是对具有类似身份的生人而言，遵循的是带有一些情感的功利法则；四是对没有共同身份的生人而言，则遵循没有情感的功利法则。根据这四种人际互动法则，不同关系的互动对象，会得到不同程度的信任与不同的待遇。

杨中芳认为，中国人的人际关系存在三种关系成分，即既定成分、工具成分和感情成分（转引自杨国枢，黄光国，杨中芳，2008）。其中，既定成分是指两人关系中在某一时间点，经由社会既定或认可的一些连带而形成的一个交往基础。既定成分以及工具成分引起的义务性人情，突破了西方领导-部属交换理论强调互惠、互助、牺牲的交换框架。根据这一理论，君臣关系、领导-部属关系的应有情感为仁和忠，应尽的情感义务包括紧急援助、礼尚往来、互惠互助、不斤斤计较等。

（二）领导与部属的"关系"

表1-1 "关系"和领导-部属交换的比较

"关系"	领导-部属交换
先天决定的	通过给予和索取而建立起来，是选择性的
忠诚	能力
个人的网络	组织的网络
超越或优先于道德	讲究道德
基于家庭	基于雇佣关系

领导-部属关系（supervisor-subordinate guanxi，SSG），也称作主管-下属关系，既是"关系"研究在组织行为领域上的延伸，也是西方领导-部属交换理论本土化研究的延伸。那么，领导-部属关系（SSG）和领导-部属交换（LMX）之间应该有什么区别和联系呢？早在1997年，Hui和Graen就尝试将中国"关系"概念和西方领导-部属交换之间的关联进行分析，指出它们有共同的应用，又有不同的文化表现，具体如表1-1所示。他们试图让中国的"关系"和西方的领导-部属交换能够变得"兼容"，建议领导和部属之间应当建立工具性的关系——既指向个人发展也指向组织发展的一种关系，领导要与有能力的部属建立长期的高质量的关系。下面主要从关系的类型观和维度观两个方面，对领导-部属关系（SSG）概念的内涵、结构与测

量的实证研究进行梳理。

1.领导-部属关系(SSG)的类型

费孝通的差序格局理论将自家人和外人进行区分,按照"关系"对象的亲疏远近区分为不同类别,并给予区别对待,从而发展出了"关系"的类型观。其中,与领导-部属交换理论关联最为密切的是郑伯埙的员工归类模式。郑伯埙(1995)从中国人的关系取向出发,在理论分析和临床研究基础上,提出了华人企业主的员工归类模式。郑伯埙通过对华人家族企业的日常观察发现,与西方企业的领导-部属关系不同,家族企业主对员工的分类在本质上是差序格局的,会依照"关系"、忠诚和才能三个标准,把部属分成八种类型并区别对待。这里,"关系"是指对于具有血缘或姻亲关系的部属、以及一些虽不具亲属关系但具备特殊社会连带(如同乡、同学、师生等)的部属,家族企业主会与之形成较紧密的关系。"忠诚"是指要求部属牺牲奉献、服从不二和完全认同。"才能"是指部属的才智、能力和工作绩效表现,也包含努力达成工作目标的动机。"关系"可以通过新关系的建立——比如结婚、认领、结拜等,也可以通过关系的经营——比如认老乡、拉关系、攀关系、做人情、送礼物等,由疏远转变为亲密。

Hu,Hsu和Cheng(2004)等人还用假想情境实验的研究方法,验证了上述三个分类标准的存在。不过,它们的重要性排序与最初的假定正好相反,即"关系"最不重要,重要性由第一位变为第三位。此外,郑伯埙等人也对忠诚进行了本土化研究,忠诚的内涵由听话和认同,到后来增加了认同和责任感的维度,并将忠诚又区分为情感性忠诚和义务性忠诚(role-based loyalty)两类(Jiang & Cheng, 2008)。对领导的义务性忠诚,是指部属的社会角色要求其对领导保持忠诚,这会让部属产生忠诚的义务感和责任感。在中华文化下,工作单位通常期望部属对领导保持忠诚。义务性忠诚的概念,尽管其测量方法需改进,但在理论上解决了公忠与私忠的问题,具有一定中华文化的特点。不过,员工归类模式与西方领导-部属交换理论的关联上尚需进一步研究。

郎艺和王辉(2017)也尝试将领导区分圈内、圈外部属的标准分为能力、相似性、私人关系三种。他们设置了对圈内人的三组模拟情境,比如,给能力组提供的情境为"王明的工作能力给领导留下了很深的印象,王明也因此受到了领导的特殊关注,成为领导信任的助手";给相似性组提供的情境为"领导觉得王明性格、爱好都和自己十分相似,王明也因此受到了领导的特殊关注,成为领导信任的助手";给私人关系组提供的情境为"领导的上级介绍了王明到这里来工作,王明也因此受到了领导的特殊关注,成为领导信任的助手"。研究发现,若领导根据部属的能力来区分圈内人和圈外人,部属会对属于领导圈内人的同事持有比较积极的态度;若领导根据部属与自己的相似性或私人关系来区分圈内人和圈外人的话,部属则会对圈内同事持有相对中立的态度。

此外,Farh等人(1998)还曾用八种特殊关系来测量领导-部属关系(SSG)。这八种"关系"包括亲戚关系、相同姓氏、老乡、老同学、以前同事、以前老师、以前领导和部属、以前邻居等。在测量方式上,如果主管与下属之间存在着上述八种特殊关系中的一种,则作为存在领导-部属关系(SSG),反之则不存在领导-部属关系(SSG)。Farh等人的研究主要基于"关系基础",但目前的主流研究一般着眼于关系的成分或称维度。

2.领导-部属关系(SSG)的维度

与领导-部属交换理论类似,领导-部属关系(SSG)的研究也有单维度和多维度之分。Law等人(2000)的研究把"领导-部属关系"操作化地界定为工作之外的交换关系,而把领导-部属交换作为与工作有关的交换关系。他们依据这一领导-部属交换(SSG)的概念界定,编制了单维度的领导-部属关系量表,成为测量单一维度领导-部属关系(SSG)的常用工具。

Chen等人(2009)依据Fiske(1992)的社会关系理论,把领导-部属关系(SSG)从合同契约关系转换为团体共享关系,把工作关系转换到类似家庭关系上。他们通过理论推导,认为领导-部属关系(SSG)应该包括三个维度,即情感依附、个人生活融入、对主管顺从。这里,情感依附是指主管与下属双方的情感联结、理解,一方在任何情况下都愿意关心另一方;个人生活融入是指主管和下属对彼此私人生活或家庭生活的融入程度;对主管顺从是指下属对主管的顺从和贡献程度。依据这一概念的界定和三个维度的构想,Chen等人(2009)编制了三维度的领导-部属关系量表,成为测量多维度领导-部属关系(SSG)的重要工具。

姜定宇(2005)根据杨中芳的关系三成分理论,采用理论演绎的方法,编制了三维度的领导-部属关系形式量表,这三个维度分别为人际情感、利益关系、角色义务。姜定宇发现,领导-部属的关系形式能够影响对主管的忠诚,其中又以角色义务维度的影响为最大。郭晓薇和范伟(2018)也根据杨中芳的关系三成分理论,提出了领导-部属关系(SSG)的四维度结构,分别为义务性、情感性、人情交换和正规交换,并开发了整合性领导-部属关系(SSG)量表。其中,义务性,指部属在与领导的互动过程中,在多大程度上愿意遵循顺从、服从、敬畏领导的行为规范;情感性,指上下级关系中彼此关心、情感分享的成分,表现为朋友之情或类似亲人间的感情;人情交换和正规交换由工具性交换分化而来,主要指上下级双方在多大程度上希望通过与对方的互动,获得所需资源。研究发现,义务性和正规交换维度对中等或较为疏离的上下级关系可以进行更为精确地描述。

对于领导-部属交换(LMX)和领导-部属关系(SSG)的不同作用,Law 等人(2000)发现,领导-部属交换直接影响领导对部属的绩效评估和工作分配,领导-部属关系(SSG)则直接影响奖金分配和晋升。Chen 和 Tjosvold(2006,2007)发现,领导-部属交换比领导-部属关系(SSG)的效果更加显著,在中国上下级之间领导-部属关系(SSG)会有积极效应,但在美国领导和中国部属之间则没有效应;高质量的"关系"和领导-部属交换都有助于进行部属与领导之间的开放而建设性的争辩,从而有利于部属获得重要工作机会和晋升机会。郭晓薇和范伟(2018)则发现,与领导-部属交换相比,领导-部属关系(SSG)在预测追随力、组织公民行为、反生产行为、职业倦怠等方面具有更好的效果。

(三)述评:跳出"同心圆"

"关系"到用时方恨少,很多人都希望自己手里"有关系",但更多人却厌恶别人"靠关系"!"关系"是中国社会和文化不可忽视的特殊元素,"关系"的研究为更深刻地理解中国人的领导-部属关系提供了很好的背景和扎实的基础。但是,"关系"研究和由此延伸出来的领导-部属关系(SSG)研究,它们的局限性似乎也越来越明显。

"关系"的研究主要采用差序格局的"同心圆"框架和"后门"框架,很少把组织中的上下级关系作为研究对象,而且研究思路只是把"关系"作为个体层面的、组织之外的因素,由于"关系"对领导者、资源分配者有重要影响,从而通过某些中介因素影响到了工作成果。仅有少数研究把"关系"由个人关系扩展到了工作关系进行研究。一个人满脑子想的是经营工作之外的"关系",而不是处理好工作之中的"关系",肯定不会是好领导、好员工。只重视研究工作之外的"关系",而忽视工作之中"关系",岂不同样是本末倒置的研究?因此,当前迫切需要以组织中的"工作关系"为研究对象,开展多层次的本土研究。

"关系"研究常带有价值关联倾向,特别会引发道德上的焦虑,导致人际关系的积极价值甚至是正常作用被严重忽略。尽管确实存在庸俗的"关系营销"现象和"熟人好办事"的情况,但也应该看到追求人与人之间的和谐关系本身就是中国人生活的目的,良好的领导-部属关系不仅是一种工作的资源,而且本身就是一种工作的目的!其实,中国人普遍追求良好的人际关系——包括良好的领导-部属关系(relationship),但不会普遍追求是特殊的"关系"——包括特殊的领导-部属关系(Guanxi)。同时,现有的不少"关系"研究,把理论建立在儒家的"尊尊"法则和"亲亲"法则上,过于强调和放大"关系亲疏"和"地位尊卑"的作用,反而对"君臣之义""君臣道合"等中华优秀传统文化思想及其当前的创造性转化发掘不足。

"关系"研究虽然突出了关系的"义务性"特征,但这种义务性既不是西方所讲的权利和义务,也不是儒家思想所倡导的"君子喻于义,小人喻于利"(《论语·里仁》)的仁义和道义,而是一种满足个体利益的无选择地服务和服从。这种义务性更多地表现为江湖义气,比如,对"好朋友"的义务就一定要互相关照和帮助,如果一方一次没有给予帮助和利益满足,就可能推翻其好朋友的"友谊小船"。更进一步看,"关系"的研究难以解释为什么儒家"重义轻利"的价值体系会转化成为社会个体的一种利益驱动的捷径,正统的儒家思想被扭曲异化,沦为了编织私人关系网络的借口和工具!

在实证研究中,"关系"的概念如何操作化定义存在两难困境。比如,在员工归类模型中,具有"关系"基础的对偶双方在目前的政府和企业组织中比例恐怕并不高。"关系"到底是指血亲、拟血亲还是指熟人,其操作性定义并不够清晰。"关系"与忠诚的作用机制在实证中也难以分离。比如,杨中芳等(2008)的"关系"三成分理论如同西方的经济性和社会性交换难以用量表测量一样,与之对应的工具性、情感性和义务性关系也面临着测量上的同样困境。再如,各研究中存在多种侧重点不同的测量工具,导致领导-部属"关系"概念在采用不同量表的研究中所代表的内涵差异较大,给不同研究之间的"对话"带来困难,而且这一问题的严重性将随研究总量的增加越来越凸显。

测一测

请您用下列量表,自我评估一下您与现任直接领导的互动情况。本量表采用Likert 5点计分,1代表"很少知道""完全不可能""完全不同意"等,5代表"非常清楚""完全可能""完全同意"等。计分采用计算平均分方式,计分范围为1～5分。该量表为Graen和Uhl-Bien(1995)开发的LMX-7量表,由吴荣先、朱永新等译校(诺恩豪斯,2000,2002)。

领导-部属交换 LMX-7 量表

1 您是否知道您和您的领导处于一种什么位置,您是否知道您的领导对您所做的工作是否满意?

很少知道	偶尔知道	有时知道	大多时候知道	非常清楚
1	2	3	4	5

2 您的领导对您的工作问题和需要的了解程度?

完全不了解	了解很少一点	一般	比较了解	完全了解
1	2	3	4	5

3 您的领导对您的潜力的了解程度?

完全不了解	了解很少一点	一般	比较了解	完全了解
1	2	3	4	5

4 不考虑他的正式权力有多大,您的领导用他的权力帮助您摆脱困境的可能性有多大?

完全不可能	可能性很小	不知道	可能性较大	可能性非常大
1	2	3	4	5

5 不考虑您的领导的正式权力大小,他牺牲他的利益来使您摆脱困境的可能性有多大?

完全不可能	可能性很小	不知道	可能性较大	可能性非常大
1	2	3	4	5

6 即使我的领导不在实施现场,我也对他的决策有信心,并且会维护他的决策?

完全不同意	不同意	不知道	同意	完全同意
1	2	3	4	5

7 您觉得您与您的领导的工作关系有什么特点?

效果极差	效果较差	一般	效果较好	效果非常好
1	2	3	4	5

第二章
中国人领导-部属关系结构的理论构想

　　领导力从本质上来说是一种关系,是一种人与人之间的关系,是领导者与其追随者或称部属之间的关系。

——美国领导学专家库泽斯(Kouzes,J. M.)

　　君臣之利异,故人臣莫忠,故臣利立而主利灭。

——韩非子

　　诚如熊彼特的名言"人们可以用三种方式去研究经济:通过理论、通过统计和通过历史",在前面理论分析基础上,本书接下来要通过质性研究、心理测量学等定量研究的方法,对中国人的领导-部属关系结构开展定量分析,进行理论模型的建构和验证。以往关于领导-部属关系结构的研究,有的侧重领导-部属关系的概念辨析,有的从关系的维度观出发,有的从关系的类型观出发,有的从关系的质量出发,强调领导和部属不同分析视角,立足行为、认知和特质不同分析内容。可以说,领导-部属关系的概念界定、关系的维度观、关系的类型观、关系的质量以及分析的视角和内容,构成了领导-部属关系结构研究的立体图景。下面,就尝试从这一图景较为系统地提出中国人领导-部属关系结构的理论构想。

一、领导-部属关系(LMR)的概念

(一)领导-部属关系研究的发展阶段

　　根据西方领导-部属交换(LMX)理论,比较公认的领导-部属交换的操作性概念是"交换的质量"。然而,近十多年来出现的一个重要疑问是,领导-部属交换的内核是"交换的质量"还是"关系的质量"? 比如,Bernerth(2005)和Bernerth等人

(2007)发现,常用的单维度 LMX-7 量表和多维度 LMX-MDM 量表评估的竟只是关系的质量,而非真正的社会交换。同时,随着社会网络理论和多水平分析的发展,领导-部属交换越来越强调"关系"的作用。由此,当前强调"关系的质量"比强调"交换的质量"更有意义,领导-部属交换理论的重心又回归到领导-部属关系的研究上来。

中国领导-部属关系的定量研究,大致分为两个阶段或称模式(任真等,2010)。第一个阶段是移植西方领导-部属交换概念和量表的阶段,这种模式在中国内地相关研究中比较常见。如王辉、牛雄鹰和 Law(2004)采用直接翻译的方法修订了 LMX-MDM 量表,复制出由 Liden 和 Maslyn(1998)发现的领导-部属交换的四个维度。这种模式直接移植西方理论,缺乏从中华文化出发的理论假设,往往会忽视文化差异。第二个阶段是开发研究本土化"领导-部属关系"(supervisor-subordinate guanxi, SSG;也称作 leader-member guanxi, LMG)的阶段,这种模式在港澳台相关研究中较为常见。领导-部属关系(SSG 或称 LMG)是中国"关系"研究在组织行为领域的延伸,与西方领导-部属交换研究形成了一定的互补。比如,Law 等人(2000),Chen 和 Tjosvold(2006,2007),Cheung 等人(2009),在"关系"和领导-部属交换概念基础上,发展出"领导-部属关系"(SSG)的概念,将之界定为非工作的交换关系,比如在工作时间之外通过家访、聚会等活动进行的社会互动,而把领导-部属交换作为与工作有关的交换关系。这种模式虽然对西方领导-部属交换理论有所突破,但是缺乏系统的本土化研究框架,而且领导-部属关系的概念也被大为窄化。

(二)"新"概念:领导-部属关系(LMR)

"领导-部属关系"这个概念貌似简单,但要给出一个明确的定义却不容易。界定好领导-部属关系,首先要合理界定"关系"。"关系"的内涵多种多样,如两者的特殊关系、特殊连带、实际联结、互惠交换、资源、历程和网络等(Fan,2002)。如果"关系"研究仅限于差序格局的同心圆框架、类家庭关系框架和"后门"框架,只从"自己人""拉关系""走后门"的角度思考,要么容易导致过度的自家人和外人的区分,要么容易导致把"关系"的作用消极化。探讨中国人的领导-部属关系,既要跳出差序格局,又不能抛弃差序格局!因此,领导-部属关系界定中的"关系"(relationship)应主要指两者以工作为纽带的互动和联系,而非特指的基于"关系基础"

的特殊连带。

笔者主张，"领导-部属关系"（leader-member relationship，LMR）主要指在组织中领导和部属之间基于工作而建立起来的上下关系。操作上，它主要是指"上下关系"的质量。它以工作关系为主，也包括由此延伸的非工作的关系。

如上一章所述，这一领导-部属关系概念与中华优秀传统文化关于君臣关系的主流思想具有一定程度的相似性。比如对于"五伦"之首的君臣关系，儒家认为是"君仁臣忠"（《礼记·礼运》），法家主张为"君臣之间，犹权衡也"（《慎子》），都指基于工作的上下关系。再如，领导-部属的"上下之分"是儒家、法家的共同主张，司马谈就在《论六家要旨》中将"序君臣父子之礼"（儒家）、"正君臣上下之分"（法家）看作真理。同时，中华文化通过角色规范影响上下级关系，使这种"关系"不单纯是交换关系，还包含角色义务、道德修养、人情等内容。

（三）概念辨析：LMX，SSG 和 LMR

一个"领导-部属关系"的概念，由于中英文语言表达和文化差异的原因，竟可以有 LMX，SSG（或 LMG）和 LMR 等几种表述，可能让有的读者头晕眼花了，不过这不是在炒作概念。与笔者提出和倡导的 LMR 相比，"关系"的核心在基于关系基础的特殊连带，LMX 的核心在于工作中的交换，SSG 或 LMG 的核心在于工作之外的社会交换和个人关系。

笔者的领导-部属关系（LMR），不是要构建出一个全新的概念，而只是力图基于中华文化环境，讨论领导和部属之间关系的现实内涵。西方研究的 LMX 和本土化的 SSG 与 LMR 三者相比，LMX 的核心内涵在工作中的交换，SSG 的核心内涵在工作之外的社会交换和个人关系，SSG 和 LMX 之间是互补关系（Law et al.，2000）或交叉关系（Chen et al.，2009；Chen，Chen，& Huang，2013）。LMX 是一个基于"交换"的概念，主要表现为基于平等互惠的契约交换（郭晓薇，2011），LMR 则是一个基于"关系"的概念，更多表现为基于上下位身份的角色责任。可以说，LMR 是一个体现中华文化的内涵更宽的概念。

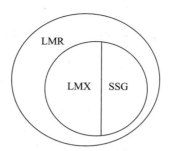

图 2-1　LMX,SSG 和 LMR 的概念关系示意

二、领导-部属关系的维度与类型

(一)维度观:重新探索本土化维度

在西方领导-部属交换理论中,领导-部属交换关系有单维度观和多维度观之分。单维度观认为,领导-部属交换是一个从低质量到高质量的连续体,强调工作中交换关系的整体质量,代表性量表是 LMX-7 量表。多维度观则主张,领导-部属交换包括情感、忠诚、贡献和专业尊敬等多个维度,代表性量表是 LMX-MDM 量表。不过,西方理论缺乏对领导-部属交换文化契合性的研究,中华文化下的"关系"原则是对不同"关系"对象的互动方式不同,这远比强调公平交换的互惠规范——西方领导-部属交换的理论基础——更为复杂(Farh, Hackett, & Liang, 2007)。

对"关系"的本土化研究,也有关系的维度观(或称成分观)研究模式——它是领导-部属交换的间接本土化的研究模式之一(任真,杨安博,王登峰,2010)。它主要强调研究"关系"的内容维度或成分构成,比如,杨中芳提出"关系"具有既定成分、工具成分和感情成分的三成分论。姜定宇(2005)据此三个维度编制了"领导-部属关系形式量表"。Chen 等人(2009)依据 Fiske(1992)的社会关系理论,预先设定领导-部属关系(SSG)的三个维度——情感依附、个人生活融入、对主管顺从,编制了三个维度的领导-部属关系量表。不过,这些研究没有从中华文化出发提出理想架构,预设维度的全面性和代表性有一定不足。总体而言,"关系"的研究提出一定的本土化理论,验证了西方领导-部属交换理论不适用于中华文化,但是它们多从差序格局的同心圆框架或"后门"框架出发,只是把"关系"作为个体层面、组织之外的变量,而很少把工作关系作为研究对象。

本书研究领导-部属关系(LMR)的结构,核心工作就是要获得中国人领导-部属关系的维度。按照上述领导-部属关系的概念界定及其在中华文化下的复杂性,可以预期,领导-部属关系是一个多维度的结构,提出研究假设2-1。同时,西方领导-部属交换理论忽视文化差异,重才而轻德,重亲密的自发感情而轻"人情",重关系的人口背景信息(如年龄、教育程度)而轻文化角色规范(如责任义务);另一方面,本土化的"关系"三成分观点(杨中芳,2008)缺乏实证证据,而且如同西方的经济性和社会性交换难以用量表测量一样,与之对应的工具性、情感性和义务性关系也面临测量上的同样困境。因此,笔者将按照Berry(1989)"衍生的一致性"跨文化比较策略,采用本土化研究的思路,重新探索领导-部属关系(LMR)本土化的维度并检验之,而不像先前研究那样,在研究前就预设了领导-部属关系的结构维度。

研究假设2-1:领导-部属关系是一个多维度的结构。

(二)类型观:德与才

西方领导-部属交换理论在早期研究中把部属分为圈内部属和圈外部属(Graen & Uhl-Bien, 1995)。类型观也是"关系"研究的一种模式——它是领导-部属交换的间接本土化的另一种模式。关系的类型观主要是继承了费孝通差序格局中自家人和外人的观点,将"关系"对象依照亲疏远近区分为不同类别,并给予区别对待,比如黄光国(1988)、杨国枢(1993)的"关系"分类(详见第一章)。目前,领导-部属关系最有代表性的类型观是郑伯埙的员工归类理论。它认为领导会依照关系、忠诚和才能三个标准区分员工,并将忠诚又区分为情感性忠诚和义务性忠诚两类。然而,该理论提出的差序格局框架下的"关系"存在一定困境,比如,具有关系基础的对偶双方在目前的政府和企业(非家族企业)组织中比例相当低;再如,"关系"与忠诚的作用机制在实证中难以分离。

笔者在员工归类理论基础上提出,在中华文化下领导-部属关系的分类应有两个判断标准,即"德"与"才"。把员工归类理论的关系和忠诚合并入"德"似乎更具合理性,比如,凌文辁等人提出的CPM领导理论——C代表个人品德、P代表工作绩效、M代表团队维持,就把"拉关系""搞宗派"归入德的因素(凌文辁,陈龙,王登,1987;高日光,王碧英,凌文辁,2006)。

这一假设有一定的现实基础和历史文化渊源。比如,从现实基础看,中国共产党作为执政党用人标准上倡导"德才兼备,以德为先",其中政治忠诚又是"德"中最重要的方面。从历史文化渊源看,中国古人大多重德轻才,作为中华文化基础的儒家思想最具有代表性(周桂钿,2000)。同时,从相关实证研究看,许多研究都发现了德在中国领导行为中的重要性。比如,王登峰和崔红(2006a)发现,党政领导干部对上下级的绩效评价表现出德和才的二阶因素;再如,CPM领导理论的个人品德、工作绩效和团队维系的三因素结构,同样蕴含着德与才的划分(高日光,王碧英,凌文辁,2006)。因此,笔者提出研究假设2-2,期望通过统计学中因素分析的方法,在领导-部属关系结构中发现明显的德和才的维度。

研究假设2-2:领导-部属关系的结构包含"德"的维度和"才"的维度。

中国人的领导-部属关系结构包含德与才的划分,那么有人可能会问,难道西方人就不以德和才来划分领导-部属关系了吗?应该说,关于德与才标准的划分及其文化差异还有待深入的实证研究。比如,在西方研究中,Cuddy,Fiske和Glick(2008)提出,热情(warmth)和能力是社会知觉的两个基本维度,并在17个国家和地区得到了验证。其中,热情维度包括道德、信任、真诚、友好等特质,对它的判断也先于能力。热情维度和中国"德"的维度的联系与区别有待于进一步研究。

三、领导-部属关系的质量:岂能没有消极关系?

西方领导-部属交换理论认为,领导-部属交换分为低质量交换和高质量交换,它们分别对应布劳提出的经济性交换和社会性交换。应该说,西方领导-部属交换研究深受布劳社会交换理论的思维定势影响,这直接导致关于消极关系界定的研究报告凤毛麟角!比如,Dunegan(2007)的实证研究发现传统的领导-部属交换量表存在正向偏差,而不适用于领导和部属之间的消极关系。也许,道理非常简单——人际关系不可能只有和谐正面的关系而没有矛盾冲突,但是西方研究者却是选择性失明。其实,Sahlins(1972)提出过互惠的连续体理论,把互惠分成广义互惠、平衡互惠和消极互惠,Sparrowe和Liden(1997)则主张根据这一理论,把领导-部属交换分为高、中、低三种质量,分别对应这三种互惠类型。但是,并没有研究真正重视和开发了领导-部属消极关系的工具！仅见的由 Wu 等人（2006）开发的 Sahlins 三种互惠量表，它也只能测量个人与组织之间的消极关系，而不是测量领导和部属之间的消极关系。

无论高质量还是低质量的领导-部属交换关系，无论变革型领导还是交易型领导，研究的起点都源自经济交换或称劳资关系，这是资本主义生产的雇佣关系的体现。更进一步来看，如果这是起点，那就存在先验的、先于雇佣关系的文化传统的影响，文化通过社会角色义务或某种行为的原型、固化的认识来影响领导和部属的关系。由低质量至高质量的领导-部属交换关系反映了由雇佣关系、生人关系向合作关系、亲密关系的转变，也必然受到先于资本主义生产关系产生的文化传统的影响。

众所周知，中国传统文化的基调是"外儒内法""阳儒阴法"。儒家认为，领导和部属的关系是"君仁臣忠"，强调上下、亲疏有别；法家认为，领导和部属之间是利害关系，讲求"趋利避害"，主张用"法、术、势"的思想处理领导-部属关系（李剑宏，2009）。儒家对领导-部属之间的积极关系及差序格局的观点有重要影响，而法家则对领导-部属之间的消极关系及利益权力斗争有重要影响。根据中华文化"外儒内法"的结构以及法家传统思想，比如，韩非子主张的"君臣之利异，故人臣莫忠，故臣利立而主利灭"（《韩非子·内储说下六微》），那么，除了平等交换和积极关系之外，"交换"和"关系"都应当有消极水平的界定，消极水平会表现为领导和部属互不信任、利益冲突、关系紧张。这一观点也得到 Han 和 Altman（2009）的领导-部属关系（SSG）质性研究的一定支持。

目前"关系"的研究大多关注关系的类型，而相对忽视考察关系的质量（Chen, Chen, & Huang, 2013）。其实，关注"关系"的质量，把"关系"作为一种连续变量，更有利于对领导-部属关系的有效测量。因此，笔者主张从关系质量角度研究领导-部属关系的结构，并提出研究假设 2-3，"关系质量"的评价应包含积极和消极两个水平，以经济性或工具性交换为中间状态。

> 研究假设 2-3：领导-部属关系的结构包括领导-部属积极关系和领导-部属消极关系。

四、领导-部属关系的评价视角与内容

(一)评价视角:领导和部属各有各的"秤"

领导-部属关系的好坏优劣,应该由谁说了算?领导和部属"人人心里有杆秤",但这杆"秤"是同一杆秤吗?由当事的领导一方,或是部属一方,或是第三方进行评价,结果很可能会见仁见智、莫衷一是。其实,领导视角和部属视角评价领导-部属交换的一致性较低,始终是困扰西方领导-部属交换理论的难题之一。为了实践中操作便利,领导-部属交换量表一般多从部属视角进行描述,即由部属来评价自己的直接领导。另一方面,Graen 和 Uhl-Bien(1995)、Greguras 和 Ford(2006)则分别开发了领导视角的 LMX-7 和 LMX-MDM 量表,但是实质上,它们只是像原测验的镜子一样——即镜像测验。比如,"我非常喜欢我主管的为人",从领导视角则被表述为"我非常喜欢我部属的为人"(Greguras & Ford, 2006)。也就是说,在西方领导-部属交换研究中,所谓领导-部属评价一致性问题,只是领导和部属使用同一领导-部属交换测量工具,即同一种标尺来评价对方时,两者之间的知觉有差异(Sin, Nahrgang, & Morgeson, 2009)。现有研究只是从领导-部属交换量表条目的内容和用词上寻找评价一致性低的原因(Schriesheim, Wu, & Cooper, 2011),并没有考虑领导视角和部属视角的结构可能就有差异!也就是说,领导思考问题的方式和部属思考问题的方式,可能根本不一样。

对于西方领导-部属交换理论,领导评价和部属评价一致性问题的理论前提为,领导-部属之间的交换是公平的交易。也就是说,若有双方感知上存在不一致,只是对交易公平性感知的程度差异罢了。然而,中国传统文化重视纵向的等级差异,领导作为上位者和部属作为下位者拥有不同的权利与义务(阎云翔,2006),领导-部属关系的突出特点是具有不对等性(任真,杨安博,王登峰,2010),也有的称非对称性(边燕杰,2011)或偏正结构(翟学伟,2005),更多强调领导的权威和部属的义务,比西方文化下的交换关系在内容和形式上表现更为复杂。例如,有研究者提出,虽然在早期儒家看来,君臣之间原本是双向相对的、相互制衡的关系,但随着秦汉大一统,历代皇朝集权专制不断强化,君臣关系也逐渐成为君权至上的单边体系(陈抗行,任伟礼,2007)。因此,笔者提出,领导-部属关系从领导视角和部属视角

分别有不同的结构,也就是说领导和部属各自使用了自己的标尺来评价对方。

研究假设 2-4:领导-部属关系从领导视角和部属视角分别有不同的结构。

(二)评价内容:行为、态度还是个体特质?

在职场上,一个人的表现往往有多种元素构成,比如最外显的是行为,行为背后是与之关联的态度与认知,还有一个人的性格特质。大部分的领导-部属关系量表在内容上都是侧重行为的评定,比如 LMX-7 量表。也有的量表侧重态度的知觉和认知结构的评定,比如领导-部属关系形式量表(姜定宇,2005)、领导-部属关系图式量表(Huang et al.,2008)。领导-部属关系图式量表主要对领导和部属关系的认知图式进行测量,是基于认知而非行为的量表。

然而,中国人的行为往往是社会取向的,一个人的表现常常是由工作中承担的社会角色所决定的。中华文化会通过角色规范影响上下级关系,而角色规范的内容往往是以特质的形式体现(Jiang & Cheng, 2008),领导-部属关系也应体现在特质上。例如,领导应该表现出对部属的宽容和仁慈,这不见得是因为社会交换的关系,而是来自领导的角色内化,认为英明的领导理当如此(郑伯埙,黄敏萍,2008)。如果西方的领导-部属交换是由于领导和部属之间具有清楚的交换意识,而逐渐发展出来的互动(Graen & Scandura, 1987),那么在中华文化下,领导和部属之间的上下关系则可能是根据彼此间的角色义务而建立起来的(郑伯埙,1995)。尽管 Han 和 Altman(2009)的质性研究发现,领导-部属关系(SSG)的构成包含有领导的积极特质和部属的积极特质,但一直未见到包含特质内容的领导-部属关系量表。

因此,笔者认为,领导-部属关系应不仅会体现在行为和态度上,而且会在特质上表现,并预期在所开发的领导-部属关系量表条目中存在特质内容的条目。

研究假设 2-5:领导-部属关系的结构包含行为的、态度的和特质的内容。

五、领导-部属关系的结果变量

(一)工作成果:行为指标与态度指标

人们之所以高度重视领导-部属关系,是因为它事关组织利益和个人利益。领导-部属关系会对组织和个人产生非常重要的影响,它的工作成果变量大致分为工作行为和工作态度两类。要构建领导-部属关系的新概念、新理论,就必须检验新概念、新理论的实践效果。也就是说,要统计新概念、新理论对重要结果变量的预测效度或称效标关联效度。

1. 与工作成果行为指标的关系:绩效和组织公民行为

对一个组织或单位而言,首要的就是要完成工作任务。大部分与领导-部属关系有关的实证研究,都会涉及领导-部属关系与工作绩效的关系。大量的研究表明,领导-部属交换与绩效具有稳定的相关关系。比如,相关系数(用字母 r 表示)是研究变量之间线性相关的统计量,r 的值在 -1 与 1 之间,越接近"1"说明正向相关的程度越高。Gerstner 和 Day(1997)通过元分析发现,领导报告的领导-部属交换与部属绩效的平均相关系数为 0.41,部属报告的领导-部属交换与部属绩效的平均相关系数为 0.28,领导-部属交换与客观绩效的平均相关系数为 0.10。总体而言,领导-部属交换与绩效的平均相关为 0.32,表明领导-部属交换与绩效有密切关联。

同时,组织公民行为越来越被作为绩效评估的一部分。组织公民行为,主要是指有益于组织,但在组织正式的薪酬体系中尚未得到明确或直接确认的行为,比如主动帮助新员工、下班时主动关闭电器为单位省电等。Rotundo 和 Sackett(2002)整合了大量关于工作绩效维度的研究,提出工作绩效主要包括三个领域:任务绩效、公民绩效和反生产行为。Ilies,Nahrgang 和 Morgeson(2007)的元分析表明,领导-部属交换与组织公民行为具有稳定的相关,平均相关系数为 0.37;与以组织为目标的公民行为相比,领导-部属交换对以个人为目标的公民行为的预测更强($\rho = 0.38$ vs. $\rho = 0.31$)。在国内,王震、孙健敏和赵一君(2012)的元分析研究也得到了类似的统计结果。

在我国党政机关和事业单位中,由于绩效的评定相对缺乏客观的标准,绩效评估可能更多地受到领导-部属关系的影响,因此领导-部属关系与绩效的关联更加受到人们关注。然而,这方面的实证研究仍较为缺乏。因此,提出如下假设:

研究假设 2-6:领导-部属关系能够显著预测工作成果的行为指标,包括任务绩效和组织公民行为。

2. 与工作成果态度指标的关系:情感承诺与离职意向

组织承诺和离职意向是领导-部属关系常用的结果变量。作为组织承诺的组成部分之一,情感承诺一般是指组织成员对组织的情感依赖、认同和投入,包括价值目标认同、员工自豪感、对组织作出牺牲和贡献等。比如"我很乐意在本单位中长期工作,直至退休""我在单位中有那种大家庭一员的感觉"等。离职意向,一般是指个体在一定时期内变换其工作的可能性。比如"我常常想辞去目前的工作""我在明年可能会离开本单位另谋它就"等。组织成员的主动离职,常会对组织或单位造成不良影响,因而离职意向是组织的实践者和研究者关注的一个重要问题。

组织承诺与领导-部属交换的正向相关关系,已经被很多实证研究证明,离职意向与领导-部属交换的负向相关也同样有许多研究支持。Gerstner 和 Day (1997)的元分析表明,领导-部属交换与组织承诺的相关系数为 0.35,与离职意向的相关系数为－0.28。王震、孙健敏和赵一君(2012)的元分析表明,领导-部属交换会影响员工的积极性态度,包括工作满意度、情感承诺和留职意愿等,而且在对这些部属态度的影响上,领导-部属交换的作用最强,变革型领导次之,破坏型领导最弱。由此,领导-部属关系对工作态度指标的重要性可见一斑。以往研究中,对组织承诺的测量多集中在情感承诺维度上。高质量的领导-部属交换会让领导和部属相互信任、喜欢和尊敬,从而导致组织承诺的提高和离职意向的降低。由于情感承诺和离职意向是常用的领导-部属关系工作成果态度变量,因此,将之用于检验本土领导-部属关系(LMR)概念的作用,提出如下假设:

> 研究假设 2-7:领导-部属关系能够显著预测工作成果的态度指标,包括部属的情感承诺和离职意向。

(二)被忽视的人文关怀:领导-部属关系与心理健康

领导干部的心理健康问题曾广受社会关注。比如,中共中央组织部曾在《求是》杂志刊文《要重视和关心干部的心理健康》,要求重视和关心干部的心理健康,指出确有少数干部因心理负担过重而出现焦虑、抑郁问题,甚至有个别干部心理严重失调(仲祖文,2005);2018 年,再次要求做好关心关怀干部心理健康工作。对心理健康的界定有各种不同的看法,比较一致的观点是把心理健康界定为"在良好的生理状态基础上的自我和谐及与外部社会环境的和谐所表现出的个体的主观幸福感"(王登峰等,2003b)。心理健康包括不存在心身症状(从消极方面进行界定)和存在积极的心理品质(从积极方面界定)两个方面(Rousseau et al.,2008)。据此,笔者根据心理健康在工作环境中的表现,将工作满意度和生活幸福感作为考察工作和生活中心理健康积极方面的指标,将与压力相关的心理健康和工作倦怠作为考察心理健康消极方面的指标。

1. 心理健康的积极方面:工作满意度和幸福感

在职场上,"阳光心态"备受关注、广受欢迎。工作环境中的积极心理健康,基本地就是要表现出具有较高的工作满意度和幸福感。研究表明,领导-部属交换与工作满意度、幸福感都有着比较强的相关。例如,Gerstner 和 Day(1997)的元分析表明,总体工作满意度与领导-部属交换之间的相关系数为 0.46。Epitropaki 和 Martin 发现,领导-部属交换与工作满意度之间的相关系数高达 0.56－0.71,与工作有关的幸福感的相关系数为 0.46－0.64(Epitropaki & Martin, 1999, 2005)。Hooper 和 Martin(2008)还发现,虽然领导-部属交换与满意度和幸福感呈现中度的正相关,但个体对所在团队中领导-部属交换多样性的知觉却与工作满意度、工作中的幸福感呈现负相关。Sparr 和 Sonnentag(2008)把工作抑郁、工作满意度和离职意向作为部属幸福感的指标,发现领导-部属交换与它们具有显著相关。因此,笔者提出如下假设:

> 研究假设 2-8:领导-部属关系能够显著预测部属的积极心理健康指标,包括工作满意度和生活幸福感。

2. 心理健康的消极方面:与压力相关的心理健康与工作倦怠

谈到领导-部属关系,人们一般联想到的是领导成效、工作成果,而较少会想到心理健康的问题。有研究揭示,虽然领导-部属关系与心理健康之间存在关联,但两者关系的直接研究并不多。Harris 和 Kacmar(2006)发现,领导-部属交换与知觉到的压力呈现非线性的 U 型关系;Lawrence 和 Kacmar(2012)也发现,领导-部属交换与压力呈现负相关,但高质量的领导-部属交换通过提高工作卷入度也会导致压力增加。Epitropaki 和 Martin(1999, 2005)研究表明领导-部属交换与心理健康的结构有关联,也有研究表明领导的支持可以提高部属的自尊等积极心理状态,缓解焦虑、抑郁、倦怠等消极心理状态。Rousseau 等人(2008)则发现,领导-部属交换与部属的主观幸福感正相关,与心理苦恼负相关。

在日新月异、快速发展的中国,在很多单位特别是大型组织中,一般员工和管理人员的工作倦怠问题是比较常见的。工作倦怠,是指个体因为不能有效地应对工作上延续不断的各种压力,而产生的一种长期性反应,包括情绪衰竭、玩世不恭和成就感低落等三个维度。然而,领导-部属关系对工作倦怠的影响只受到了非常有限的关注。Jiang 和 Law(2007)曾提出领导-部属交换与工作倦怠的双路径模型,即高质量的领导-部属交换会带来高的工作要求,增加工作压力,从而造成倦怠;低质量的领导-部属交换会导致工作资源减少,导致员工的玩世不恭,从而导致倦怠的出现,但这一理论尚缺乏实证研究的支持。Thomas 和 Lankau(2009)把领导-部属交换作为社会支持的重要因素,发现高质量的领导-部属交换是缓解情绪衰竭维度的重要资源,领导-部属交换与情绪衰竭维度呈现负相关。Graham 和 Witteloostijn(2010)提出,领导-部属交换既是工作资源,也会改变工作需求,发现领导-部属交换与工作倦怠的三个维度均呈现负相关。

由于中国社会人与人之间的互动有强烈的"关系取向"(佐斌,2002),对中国人而言,社会行为最有力的决定因素并不是个体本身,而是个体以外的人际关系因素。中华文化的一个重要特征就是以"关系"为中心,这带来了对"关系"的两种认识:一是"关系"是(最有用的)资源,比如有人提出"关系就是生产力";二是"关系"是(最大的)压力源,人们常常为"关系"所累。对人际关系的重视,还造成了"经营"关系的现象(庄贵军,席酉民,2003),以有意识地建立、影响、改变和控制"关系"。

由此,对领导而言,为实现工作目标,一方面会通过扩充与部属的工作关系来争取部属支持,提高部属忠诚度和贡献度,例如领导通过关心部属的家人来增加其与部属的个人化的联系。另一方面,会防备自己的潜在反对者和竞争者,他们是领导的重要压力源,尤其是在不能够自主选择部属的情况下。对部属而言,如前文所述,上下位的角色义务并不是对等的,部属居于被动地位,承担更多义务,为获得工作资源、晋升和加薪,常会主动通过扩充与领导的工作关系,拉近与领导的关系。同时,领导也是部属的压力源,与领导关系疏远,难以获得相关资源,会引发部属的焦虑。此外,在中国的大型组织中,特别是党政机关体系中,工作变动相对较小,离职率比较低,部属既不能选择自己的领导,领导也往往难以选择自己的部属,由此领导-部属关系对心理健康和工作倦怠的影响会更为突出,与部属的工作满意度和幸福感的关联也会更为密切。因此,笔者提出假设:

> 研究假设 2-9:领导-部属关系能够显著预测部属的消极心理健康指标,包括工作倦怠、与压力有关的心理健康。

综上,本章主要对中国人的领导-部属关系(LMR)进行本土的理论建构。一方面,围绕领导-部属关系的本土概念、维度、类型、质量、评价视角、评价内容六个方面进行逐一分析,分别提出研究假设,构成领导-部属关系结构研究的立体图景。领导-部属关系(LMR)的构念从维度、类型、质量、视角和内容等各方面,都与西方的领导-部属交换(LMX)概念具有显著的文化差异。另一方面,提出检验本土领导-部属关系(LMR)新构念的研究指标,既包含工作成果的行为指标(任务绩效和组织公民行为)和态度指标(情感承诺和离职意向),又包含积极心理健康指标(工作满意度和生活幸福感)和消极心理健康指标(工作倦怠和与压力相关的心理健康)。这些指标较为综合全面,既关注工作效率和领导成效,又体现对研究对象的人文关怀。

本章研究假设汇总

2-1:领导-部属关系是一个多维度的结构。

2-2:领导-部属关系的结构包含"德"的维度和"才"的维度。

2-3:领导-部属关系的结构包括领导-部属积极关系和领导-部属消极关系。

2-4:领导-部属关系从领导视角和部属视角分别有不同的结构。

2-5:领导-部属关系的结构包含行为的、态度的和特质的内容。

2-6:领导-部属关系能够显著预测工作成果的行为指标,包括任务绩效和组织公民行为。

2-7:领导-部属关系能够显著预测工作成果的态度指标,包括部属的情感承诺和离职意向。

2-8:领导-部属关系能够显著预测部属的积极心理健康指标,包括工作满意度和生活幸福感。

2-9:领导-部属关系能够显著预测部属的消极心理健康指标,包括工作倦怠、与压力有关的心理健康。

第三章 中国人领导-部属关系的矩形结构

> 帝者与师处，王者与友处，霸者与臣处，亡国与役处。
> ——《战国策》
>
> 君之视臣如手足，则臣视君如腹心；君之视臣如犬马，则臣视君如国人；君之视臣如土芥，则臣视君如寇仇。
> ——孟子

赫拉利（2012，2017）在《人类简史》中谈道："现代科学没有需要严格遵守的教条，但研究方法有一个共同的核心：收集各种实证观察（可以用感官感受到的），并以数学工具整理。"人类早期的知识体系常常是用"故事"构成理论，而现代科学用的则是"数学"。同样，要科学地研究中国人的领导-部属关系结构，不能只靠讲"故事"、凭经验，而是要运用数学工具开展现代科学研究。

本章的前半部分，主要采用质性研究的方法，着力建立全面而有代表性的领导-部属关系的条目库，构建基于条目分类的领导-部属关系结构质性模型，以及探索影响领导-部属关系的主要因素。本章的后半部分，则将在理论建构和质性研究基础上，采用心理测量学的方法，探索和验证领导-部属关系的因素分析结构，编制本土的领导-部属关系量表（LMR 量表），检验 LMR 量表的信度和效度，并与西方经典 LMX-7 量表一较高下。

然而，讲"故事"总是引人入胜，讲"数学"常常枯燥乏味。无论是质性研究，还是心理测量学的方法，基本都有一套"理论综述-方法-结果-讨论-结论"的学术"洋八股"。为了适合更多读者，笔者将学术性很强的研究方法、统计数据的内容放在本书"附录"中呈现，供专业读者斧正；在正文中，则尽量简化或略去研究方法和统计表格，更加直接地呈现研究结果，与更广大的读者分享。

一、领导-部属关系的"上"与"下":质性研究的探索

质性研究和量化研究,是社会科学研究的两种不同范式。一般而言,质性研究是由研究者参与到自然情境之中,采用观察、访谈、实物分析等方法收集资料,对社会现象进行整体性探究,采用归纳的思路来分析和形成理论。扎根理论的研究方法是质性研究方法中最常用的方法之一,它是一项由人的经验开始、又回归人的经验的探索过程,它植根于系统收集技术和分析资料之中,可被用于理论的探索和发展(陈向明,2000;曹爱华,2007)。在这个过程中,资料的收集、分析和理论本身相互处于一种彼此互惠的状态,研究者本人不仅是收集资料的工具,而且是对研究过程中各种暧昧状况的评判者。

根据本章质性研究的主要目的——建立描述领导-部属关系的全面而有代表性的条目库,这里适当简化了常规资料分析的三级编码(开放式编码、关联式编码和核心式编码)的程序,同时增加了开放式问卷调查和文学著作分析的内容。

(一)三箭齐发:深度访谈、问卷调查与文学著作分析

1.对管理者的深度访谈

通过与不同层级管理者的深入访谈,可以深入细致、互动式地收集领导-部属关系的典型表现和影响因素。笔者访谈了19位党政机关、企业、事业单位的管理者,具体包括中央和国家部委司局长、地级市市长、大学校长和党委书记、乡镇党委书记和镇长、县市职能局局长、企业总经理,分别来自北京、上海、重庆、黑龙江、河南、江苏、江西等7个省市。他们大部分是所在部门、所在地区、所在单位的"一把手"。

访谈采用行为事件访谈(BEI)和360°深度访谈的技术,每位访谈对象访谈时间为60—90分钟,由笔者和访谈对象一对一单独进行。在访谈中,访谈对象会讲述自己与直接部属和领导从相识到默契的过程,也会详细描述发生冲突和矛盾的经历及原因,若访谈对象确实忌讳谈论与当前领导的矛盾,还可以讲述与前任领导的冲突经历。

2.广泛的开放式问卷调查

通过开放式的问卷调查,可以大样本、快捷广泛地收集领导-部属关系的各种

表现和影响因素,为建立领导-部属关系的典型表现样本库打下基础。那么,向不同层级的管理者提出哪些问题呢？开放式问卷主要涉及三个方面,即领导和部属建立和谐的工作关系的因素和表现、部属为领导付出额外工作努力的因素和表现、双方关系紧张的因素和表现。请调查对象逐一提供三个其认为最重要的因素,例如"领导对下属放下架子、平易近人""领导对下属施以知遇之恩""下属挑战领导的权威"。

问卷调查的对象为284位党政机关、企业、事业单位的管理者,包括地厅级、县处级、乡科级等不同级别,也包含东部、中部、西部等不同地区。其中,厅局级86人,占30.3%,县处级109人,占38.3%,乡科级53人,占18.7%,企业管理者36人,占12.7%。尤为不易的是,其中还包括了来自全国12个地级市的市长或副市长和43个县的县长。

3.文学著作分析

好的文学著作对社会现实的揭露,常常比很多"科学研究"和统计数据入木三分。因此,把文学著作分析作为访谈和开放式问卷调查的补充方法,从文学著作中析取领导-部属关系的信息。其实,叙事研究也是质性研究的方法之一,在访谈中笔者发现研究对象有时忌讳谈论自己的领导和紧张的上下级关系,而优秀的文学著作通过感性的表达方式,往往能够鞭辟入里、全息化地反映所要探讨的社会现实问题。

由此,选择了流行的职场小说《杜拉拉升职记》(李可,2007)作为分析材料。它讲述了主人公杜拉拉没有特殊背景,受过较好的教育,靠个人奋斗,历经各种职场磨炼,最终成为一名外企人力资源负责人的故事。一般的书籍销售量达到5万册就称为畅销书,超过10万册就非常畅销,年销售量超过100万册的屈指可数,而《杜拉拉升职记》至少有350万册以上的销售量,在社会上有较好的反响(肖伟,2010)。从该书中提取的领导-部属关系条目有"领导担心下属会威胁自己的权威和地位""下属会明里暗里和领导对着干"等。该文学著作的分析,既可以弥补访谈和问卷调查的不足之处,也可以弥补外资企业和民营企业取样的相对不足。

(二)上下结构：各七个维度的模型

通过"三箭齐发"的研究方法,研究收集到了关于领导-部属关系的大量珍贵的描述性条目。对这些条目的汇总归类有一套科学的方法,本研究主要是采用基于条目内容相似性的分类方法,进行三轮分类,详见附录1。在领导-部属关系条目的汇总归类中,笔者观察到,每个类别下面都会出现两个区分：一是领导视角和部属视角的区分。以领导为条目主语（领导视角）和以部属为条目主语（部属视角）之间存在内涵上和结构上很大的差异，而且领导视角的条目要远多于部属视角的条目。二是积极关系和消极关系的区分。在条目的表述和内涵上，一部分是积极关系的表述，如"领导关心部属的晋升和进步"；一部分是消极关系的表述，如"部属担心领导会冷不防给自己下绊子"；还有少部分难以判断为积极关系或消极关系，如"领导保持对部属的威严"。

经三轮分类处理后，领导视角的领导-部属关系条目共有 182 个，可以归为 7 个类别，同时，部属视角的领导-部属关系条目共 102 个，也是归纳为 7 个类别。具体类别、条目数与举例见表 3-1。

表 3-1 经三轮分类后领导-部属关系条目的类别与举例

视角	类别	条目数	举例
领导视角		182	
	1—提供利益与机会	33	领导关心部属的晋升和进步
	2—关爱体谅与情感交流	46	领导帮助部属解决家庭生活中的困难
	3—提供支持与保护	23	领导主动承担部属过失的责任
	4—保持权威与控制	20	领导保持对部属的威严
	5—关心背景与划分派系	25	领导把部属划分小团体，区别对待
	6—信任	17	领导器重部属，交予重要的任务
	7—尊重和认可	18	领导不当众大声批评部属
部属视角		102	
	1—尊敬、认同与敬畏	25	部属学习领导的为人处世和工作风格
	2—支持和贡献	9	部属为领导分忧，让领导省心
	3—忠诚	16	部属在公开场合维护领导威信
	4—迎合和逢迎	11	部属投领导所好
	5—顺从和服从	7	部属愿接受和服从领导
	6—抵触和反对	27	部属暗地与领导较劲
	7—信任	7	部属愿意跟自己领导讲真话、心里话

已有领导-部属关系量表，如 LMX-7 量表、LMSX 量表和 Law 等人的领导-部属关系（SSG）量表，编制过程中普遍存在的突出问题就是缺乏全面而有代表性的量表条目库。而本章的质性研究，通过全面取样（不同地域、层级和机构的研究对象）和多种方法（访谈、开放式问卷和文学著作分析），收集到了大量的领导-部属关系条目，并经过三轮分类筛选，建立起全面而有代表性的条目库，为整个研究奠定了坚实基础。

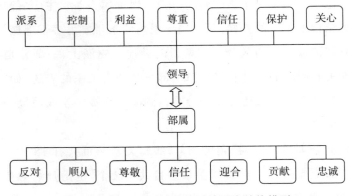

图 3-1 领导-部属关系的质性研究结构模型

通过对领导视角和部属视角的领导-部属关系条目库的分类，可以得到领导-部属关系的上下结构、14 个维度，结构分析图如图 3-1 所示。这一模型是对领导-部属关系纷繁复杂现象的描述和提炼。简单地说，就是先全面地描述领导-部属关系的现象或表现——即建立全面而有代表性的条目库，再通过条目分类概括出各个类别——即 14 个维度，最后探索寻找各类别之间的内在联系。这一模型体现出如下几个特点：

第一，领导视角和部属视角具有不同的结构。在西方研究中，所谓"领导视角"只是领导采用 LMX-7 量表等工具评价与自己部属的关系，所谓"部属视角"只是部属采用 LMX-7 量表等工具评价与自己领导的关系。然而，本章研究却发现，领导视角和部属视角有着相关却不同的结构。这一中西方的差异反映出了深层次的社会文化差异。传统中国差序格局的社会结构造成了重视纵向的等级差异的文化，领导作为上位者和部属作为下位者拥有不同的权利与义务、掌握着不同的资源、有着非正式的礼俗和正式的制度来约束（阎云翔，2006），反映到领导-部属关系上自然有着不同的结构，而这在以往西方领导-部属交换研究中和本土化领导-部属关系（SSG）研究中却是被忽视的。我们常说要"换位思考"，质性研究的结构模型确实证实了"上位"和"下位"思考角度的不同。

第二，领导-部属关系包括积极关系和消极关系。中华优秀传统文化讲求"为尊者讳，为亲者讳，为贤者讳"（《春秋公羊传·闵公元年》），人们不愿意公开谈论自己领导，特别是与领导紧张的关系。一方面，西方研究忽视了对领导-部属之间的消极关系的研究。另一方面，在中国，消极关系的重要作用似乎又"一切尽在不言中"。然而,不研究、不谈论并不代表不存在、不重要!本研究在访谈和文学著作分析中,发现领导-部属消极关系的表现非常明显。

那么,在什么情况下容易产生领导-部属之间的消极关系呢?通过深入访谈,笔者发现,一般在两种情况下特别容易产生领导和部属的消极关系:一种是领导和部属都没有权力选择对方的情况。领导一方和部属一方都不得不调整自我以适应对方,这就像不是自由恋爱的婚姻,容易导致"强扭的瓜不甜"。领导是"空降"来的、下属不是自己招募来的、团队不是自己带出来的等,领导和部属都无法选择对方的情况,在现实中是比较常见的。另一种是部属在年龄、经验、资历上要优于领导的情况。新任领导面对"老资格"的自以为是的下属,常常比较"头痛",若不能激励和感化,把这样的下属"晾在一边"常常是无奈的选择。

案例　张廷玉与乾隆

清朝重臣张廷玉(1672—1755),1700年得中进士,在雍正朝高升,成为清朝军机处的创建人之一。雍正驾崩前曾答应张廷玉让他死后配享太庙,对于一个既非皇室成员又非满族人的人来说,可谓前所未有的殊荣。张廷玉曾辅佐过三位皇帝,声名显赫。

然而,1749年,已经致仕的张廷玉恳求乾隆"颁手诏",保证他死后配享太庙。乾隆虽不高兴,但还是勉强同意了这个在他看来非常不当的请求,甚至还写了首诗以安张廷玉之心。然而,次日上午,因77岁的张廷玉没有亲自进宫谢恩,而是委派儿子前往,乾隆大怒:"伊近在京邸,即使衰病不堪,亦应匍匐申谢。乃陈情则能奏请面见,而谢恩则竟不亲赴阙廷。"第三天,张廷玉最终亲自进宫谢恩,乾隆更加不悦,意识到有人向张廷玉泄露了消息。乾隆极为严厉地斥责了张廷玉,并称他"如鼎彝古器"。此后,君臣二人之间即生芥蒂,乾隆似乎无法原谅张廷玉对他的不尊重。他甚至削去了张廷玉的爵位,没收了他在京城的府邸和大部分家产。

此后不久,张廷玉去世,享年83岁。只是因为忠于雍正的承诺,乾隆在张廷玉死后,将其灵位配享太庙。直到自己步入老年之时,乾隆才重新感念起张廷玉的好处。(来源:欧立德(Elliott, M.C.). 2014.乾隆帝.青石,译.北京:社会科学文献出版社.)

第三,领导-部属关系的结构维度体现明显的文化特色。如图 3-1 所示,领导视角的 7 个分类维度可以进一步简化概括为:"派系""控制""利益""尊重""信任""保护""关心"。部属视角的 7 个分类维度可以进一步简化概括为:"反对""顺从""尊敬""信任""迎合""贡献""忠诚"。它们似乎是一个由反对到忠诚,由派系、控制到保护、关心的连续体!领导在关系结构中处于上位,相对主动,部属在关系结构中处于下位,相对被动。该结构模型与 Han 和 Altman(2009)对中国情境中领导-部属关系(SSG)的质性研究的部分维度相类似,如领导关心、支持、保护以及部属迎合维度,但比它更为系统全面,特别是在消极关系的维度上。同时,该结构模型与西方在互惠规范基础上建立的领导与部属要相互给对方提供"情感""忠诚""贡献""尊敬"明显不同,与 Bernerth(2005,2007)所提出的强调领导与部属之间要互惠地"交换"更是大相径庭。

质性研究所得领导-部属关系的上下结构、14 个维度,虽然系统翔实,但也略显复杂,不要说读者们,就算是笔者要把这些维度全部背诵出来也非易事。因此,这一模型还需要进一步压缩和检验:一是各维度之间存在内容交叉,有的条目在归类时可以同时归入不同的类别;二是维度数目比较多,领导和部属的维度合计有 14 个,维度越多,分类难度就越大;三是类别或维度的划分主观性比较强,有的条目归类或维度命名是仁者见仁智者见智,受到研究者自身经验的影响比较大。因此,有必要通过因素分析的统计方法,对质性研究得到的结构维度做进一步压缩和检验,这将在下一节中展开研究。

此外,在接受访谈的管理者的头脑里,他们没有明确区分什么是领导-部属关系的典型表现,什么是领导-部属关系走向和谐或恶化的原因。借助专家的判断,根据条目是否能直接描述和反映领导-部属关系,可以将质性研究所得的全部条目分成三个大类:一是领导-部属关系内容的条目,如"领导帮助部属解决家庭生活中的困难",借助这些条目建立起了领导-部属关系的结构模型;二是领导-部属关系影响因素的条目,如"领导没有权力选择部属";三是与领导-部属关系有关的角色义务的条目,如"领导知人善任"。

领导-部属关系的影响因素,共归纳出了六个类别。一是领导的工作方式与艺术:主要指领导如何管理和对待部属,包括愿景式、命令式、民主式、指导式等。二是部属的处事方式:主要指部属如何为人处事,例如部属及时报告自己的工作进展、部属之间相互合作等。三是工作环境和氛围:主要指领导和部属所在团队或部门的工作环境和工作氛围，例如和谐、宽容的工作氛围。四是工作制度和体制：主要指工作制度和体制层面的规定性，例如领导所拥有的对部属奖惩权的大小、对领导和部属的工作职能的界定等。五是领导-部属的匹配度：主要指领导和部属在年龄、能力、个性、价值观和志向方面相一致的程度。六是领导或部属的社会资本：主要是领导或部属所拥有的社会资本情况，例如领导有广泛的人脉资源，部属有一定社会关系背景。此外，本研究对与领导-部属关系有关的角色义务条目也进行了归类。其中，有关领导的特质共归纳出了四个类别，即品德、知识与能力、性格、作风；有关部属的特质，共归纳出了类似的五个类别，即品德、知识与能力、性格、作风和责任心。

二、领导-部属关系的矩形结构：心理测量学方法所得

上一节采用质性研究的方法，通过19名中高层管理者的访谈、284人的开放式问卷调查和1部文学著作的分析3种途径收集领导-部属关系条目，并经3轮条目分类，建立起领导视角和部属视角各7个维度的领导-部属关系结构模型。建立的相对全面而有代表的领导-部属关系条目库，可用于编制本土的领导-部属关系量表和开展领导-部属关系条目的跨文化比较。下面，将在理论建构和质性研究基础上，采用心理测量学的方法，探索和验证领导-部属关系的因素分析结构，编制本土的领导-部属关系量表（LMR量表），检验LMR量表的信度和效度，并比较其与西方经典LMX-7量表的预测效度。

（一）因素分析的技术与来之不易的样本

如果你请十位素有声望的专家或富有经验的管理者讲解领导-部属关系到底由哪些重要的维度构成，尽管他们说得头头是道，但很可能会见仁见智、不尽相同。与其依靠个人的经验来作出判断，还不如让统计数据说话，这时就需要用到因素分析的统计方法。因素分析，又称因子分析，是多元统计分析技术的一个分支，其主要功能有两个——寻求基本结构和进行数据简化。它通过研究众多变量之间的内部依赖关系，探求观测数据中的基本结构，并用少数几个假想变量来表示基本的数据结构。这些假想变量被称为因素或因子。

简单地说，因素分析就是运用数学方法，进行由表及里、去粗取精、去伪存真的

过程，就是以最少的信息丢失，把众多的观测数据浓缩为少数几个因子的过程。因素分析包括探索性和验证性两种因素分析。探索性因素分析，一般是研究者事先对观察数据背后存在多少个因子一无所知，因素分析被用来探索因子的维数。验证性因素分析，是研究者根据某些理论或知识对因子的个数或因子的结构做出假设，因素分析被用来检验这个假设。

1. 来之不易的研究样本

本书所研究的领导-部属关系，不是中国历史文献或西方领导学著作中的领导-部属关系，而是当前中国各级各类领导头脑中的领导-部属关系。同时，这种领导-部属关系不是完全由领导自我陈述、自我剖析的领导-部属关系，而是可以预测工作成果各类指标的、相对客观评价的领导-部属关系。这一研究目标带来了一个巨大的挑战，即要以各级各类领导为研究样本，并且领导及其直接下属要能够一一匹配、相互客观评价！为此，这里选取了两类研究样本，即各级各类领导的样本和领导-部属一一配对的样本。

样本 1：领导样本。选取地方党政机关、事业单位、企业的高中层管理人员参加研究，因此将该样本称为"领导样本"。共计 391 位各级各类管理人员参与问卷调查研究，他们具有全国东、中、西部地域上的代表性，涉及全国 8 个地区，在管理层级上兼顾了从副科级至正厅级的 6 个层级、企业的中层与高层。岗位性质上几乎囊括了教育、交通、经济、人事、公安、法院等目前大部分的党政机关和部分的事业单位、企业。

样本 2：领导-部属匹配样本（或称部属样本）。在山东某市 5 个区县各 20 个具有代表性的党政机关和事业单位选择领导-部属匹配样本，领导和部属一一对应各 98 人，涉及教育、交通、农业、公安、妇联等。同时，为兼顾各种类型的组织机构，从上海某一民营企业选择领导-部属匹配样本，其中领导 9 人，部属 35 人，领导为公司办公室、策划、人事、保安等各部门的负责人，部属为对应部门的员工。上述领导-部属匹配样本合计 133 对领导-部属，部属和其直接领导的平均相处年限为 3.76 年，适合进行领导-部属关系的相互评价。

样本 3：因素分析的补充样本。由于因素分析的统计方法对样本数量有较高的要求，为补充用于因素分析样本的数量，又从新疆某市党政机关选取了基层部属 72 人。该样本仅用于补充因素分析的样本数量。

国内的领导学实证研究，常见的是以大学生、MBA 在校学生、公司的基层员工为研究对象。为什么常见的是以他们为研究对象？因为这种取样方法最简单。要在全国各地选取各级管理者作为研究对象，还要做领导和部属一一配对，这恰恰是本研究的可贵之处。上述三个样本共计596个数据点，将它们混合后随机分半，其中294人的数据用于探索性因素分析，302人的数据用于验证性因素分析。

2.初始的领导-部属关系量表编制

要对中国人的领导-部属关系开展本土的实证研究，就需要编制适用于中国人领导-部属关系的测量工具，即本土的LMR量表。在上一节质性研究基础上，利用三轮分类后所得的领导-部属关系条目库，选择有代表性的条目组成初始的LMR量表。借鉴Farh等人(2004)、李超平和时勘(2005)的条目筛选方法，根据上一章中领导视角条目和部属视角条目的数量和分布比例，经由3位心理学工作者反复讨论，在领导视角的7个维度下，各选择7个条目组成领导视角关系问卷；在部属视角的7个维度下，原则上各选择4个条目组成部属视角关系问卷。由于部属视角条目7个维度条目分布不均匀，因此条目多的"抵触和反对"和"尊敬、认同与敬畏"维度各选择6个和5个条目，条目少的"顺从和服从"和"支持和贡献"维度各选择2个和3个条目。

同时，根据上一节质性研究和Han、Altman(2009)质性研究的结果，考虑到领导-部属关系可能是根据彼此间的角色义务而建立起来的(郑伯埙，1995)，笔者拟考察与领导-部属有关的特质能否进入领导-部属关系的结构，并表现为角色义务的成分。因此，经工作小组反复讨论，在领导特质条目中选择了7个条目进入领导视角关系量表，如"领导胸怀宽广，为人正派""领导独断专行，搞'一言堂'"；在部属特质条目中选择了4个条目进入部属视角关系量表，比如"部属在工作中'不用扬鞭自奋蹄'""部属创造性地开展工作和解决问题"。

最终，初始的领导视角关系量表有56个条目，部属视角关系量表有32个条目，合计组成88个条目的领导-部属关系量表，简称LMR量表，详见本章结尾部分。所有条目按维度交叉混合排列，使用Likert 7点量表评分，1为"从未"出现该行为或表现，7为"一贯"出现该行为或表现。

3.用于问卷调查的测量工具

本章不仅要探索和验证领导-部属关系的因素结构，编制本土的领导-部属关系量表，而且要检验领导-部属关系的新结构是否实用有效，检验新的LMR量表与西方经典LMX-7量表孰优孰劣。为此，根据上一章的理论分析，选取了表3-2中的变量、测量工具开展问卷调查,详细内容参见本书的附录2。

表 3-2 问卷调查的变量与测量工具

指标	变量	量表	量表来源	内容举例
领导-部属关系	领导-部属关系(LMR)	领导-部属关系(LMR)量表		他关心我的晋升和进步。
	领导-部属交换(LMX)	LMX-7量表	Graen和Uhl-Bien(1995)	不考虑他的正式权力有多大,您的领导用他的权力帮助您摆脱困境的可能性有多大?
工作成果行为指标	任务绩效	任务绩效单维度量表	Tsui, Pearce, Porter和Tripoli(1997)	工作质量的标准高于该工作的通常标准。
	组织公民行为	中国组织公民行为量表	Farh, Zhong和Organ(2004)	当同事工作负荷过重时,自愿提供协助。
工作成果态度指标	情感承诺	组织承诺量表的情感承诺分量表	Meyer等人(1993)	我觉得感情上舍不得离开这家单位。
	离职意向	离职意向量表	Farh, Tsui, Xin和Cheng(1998)	我常常想辞去目前的工作。
心理健康指标	工作倦怠	工作倦怠通用量表(MBI-GS)	李超平和时勘(2003)	下班的时候我感觉精疲力竭。
	与压力有关的心理健康	工作压力检测量表(ISO-2)的心理健康分量表	Lu, Cooper, Kao和Zhou(2003)	您总是担心过去所犯的错或所做的事吗(例如决策)?
	工作满意度	工作压力检测量表(ISO-2)的工作满意度分量表	Lu, Cooper, Kao和Zhou(2003)	您对主管所使用的领导方式满意吗?
	生活幸福感	面部表情量表	汪向东、王希林和马弘(1999)	每幅画的下面有一个数字,哪幅人脸最接近您对生活(总体的)感受?

(二)新的因素结构:探索、验证与简化

1.因素的析取与命名

由于领导视角和部属视角的条目来源、表达方式和理论假定均有所不同,因此,对领导视角的56个条目和部属视角的32个条目分开进行探索性因素分析。

采用主成分分析法和最优斜交法(promax),将 294 人在 LMR 量表的数据进行探索性因素分析。

经 56 个领导视角条目的因素分析,析取 2 个因素。其中,因素一主要内容包括领导关心部属的诉求和生活,维护部属的利益,体谅部属的困难;支持部属开展工作,给予资源,提供保护等,把这一因素命名为"关心支持",简称 L1(L 表示 leader)。因素二主要内容包括领导要保持对部属的控制和权威,揽功推过,不主动培养和提拔部属;对部属进行划派,区分远近亲疏,看重部属的关系背景等,把这一因素命名为"控制划派",简称 L2。

经 32 个部属视角条目的因素分析,析取 2 个因素。其中,因素一主要内容包括部属忠诚于领导,愿意讲真话,善于领会领导意图,公开表示支持领导;部属能够为领导做出贡献,加班加点,创造性开展工作,是领导的得力助手等,把这一因素命名为"忠诚贡献",简称 M1(M 表示 member)。因素二主要内容包括部属抵触领导,担心领导欺压自己,给自己下绊子;部属反对领导,背后议论和当面顶撞领导等,把这一因素命名为"抵触反对",简称 M2。

为进一步对 L1、L2、M1、M2 四个因素的关系进行分析,继续将这四个因素的分数进行因素分析,析取 2 个二阶因素,用 G1 和 G2 表示,G1 和 G2 保持中度负相关($r = -0.47$, $p < 0.01$)。因素 G1 的内容包括 M2 和 L2,主要从消极方面描述领导和部属之间的关系;因素 G2 的内容包括 M1 和 L1,主要从积极方面描述领导和部属之间的关系。因此,G1 二阶因素命名为"消极关系",G2 二阶因素命名为"积极关系"。

表 3-3　二阶因素载荷表

	因素名称	共通度	二阶因素 G1	二阶因素 G2
M2	抵触反对	0.91	0.98	0.05
L2	控制划派	0.92	0.93	−0.05
M1	忠诚贡献	0.93	0.12	1.01
L1	关心支持	0.90	−0.16	0.86
	特征根		2.70	0.96
	解释的方差变异量		67.49%	23.93%
	内部一致性系数		0.89	0.91

2.因素的结构与验证

根据验证性因素分析样本 302 人对 LMR 量表的评定,使用 Lisrel 8.7 统计软件进行验证性因素分析。经统计检验,领导-部属关系的二阶四因素模型是最优模型($\chi^2 = 3637.34, df = 1480, \chi^2/df = 2.46$, RMSEA $= 0.07$, NNFI $= 0.96$, CFI $= 0.96$),也就是说,LMR 全量表由 L1、L2、M1、M2 四个维度组成,同时 L1 和 M1 聚合为积极关系的二阶因素,L2 和 M2 聚合为消极关系的二阶因素,具体如图 3-2 所示。

3.矩形模型:双视角、二阶四因素结构的简化

通过对代表性样本(领导样本和部属样本)进行探索性因素分析和验证性因素分析发现,在中华文化背景下,领导-部属关系是一个双视角、二阶四因素的结构。这里,"双视角"是指领导视角和部属视角,"二阶"是指领导-部属的积极关系和消极关系,"四因素"是关心支持、控制划派、忠诚贡献、抵触反对四个维度或称因素。

虽然图 3-2 直接反映了领导-部属关系的数据结构和统计路径,但非专业人士要看懂它却非易事——是的,它看上去像"天书"。比如,因素或称因子为什么是假想变量,二阶因素与一阶因素区别是什么,这些统计学术语可能没有多少人能够搞清楚,甚至"双视角、二阶四因素"的称谓本身就让人一头雾水!因此,有必要将数学的语言转换一下。

其实,如果将双视角、二阶四因素的结构更加直观地概括,可以得到图 3-3 的矩形结构。实证的数据模型和理论简化的矩形模型之间主要的差异在于现实中的看似两极的维度其实存在较强的相关。比如,积极关系维度 G1 和消极关系维度 G2 之间保持中度负相关($r = -0.47$)。其实,这也并不难理解,在真实的职场上,"关心支持"与"控制划派"是密切关联的,而不完全是一个连续体。例如,领导关心部属,可能是因为领导把部属划为自己一派;领导支持部属工作,可能是因为领导想要更好地控制部属。

那么,质性研究得到的上下结构模型(如图 3-1 所示)和这里的二阶四因素结构模型之间是什么关系呢?两者相比较,前者侧重表达领导和部属的上下关系和双视角差异,后者则侧重表达积极关系和消极关系的二阶因素;前者的大部分维度都融合进入后者模型的四个维度中,比如迎合、信任也是"忠诚贡献"的内容表现。其实,从质性研究的上下结构模型到二阶四因素结构模型,再到矩形结构模型,是一个逐步递进、简化与抽象的过程。

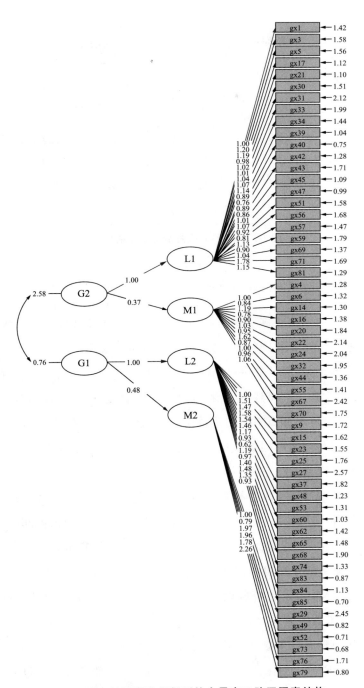

图 3-2　验证性因素分析得到的全量表二阶四因素结构

图中"gx"和序号是指入选 LMR 量表的 56 个条目的编号

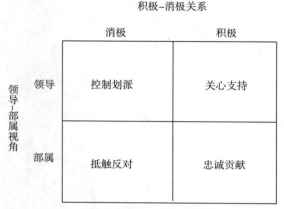

图 3-3　领导-部属关系的矩形结构模型

(三) 矩形结构模型的内涵与贡献

新的矩形结构模型或称双视角、二阶四因素的结构模型，具有哪些内涵、意义和价值？下面进行简要的阐释，并辅以两个案例进行说明。

矩形结构模型验证了"领导-部属关系"(LMR)的本土概念——指在组织中领导和部属之间基于工作而建立起来的上下关系。笔者所强调的"上下关系"在 LMR 量表领导视角和部属视角的条目构成、因素分析的结构中都有明显体现。领导视角和部属视角之间不同的维度很好地说明了上与下之间的不同，这与西方研究强调基于互惠规范的关系大不一样。

矩形结构模型验证了领导视角和部属视角的差异，验证了积极关系与消极关系的划分。领导-部属关系(LMR)的结构是多维度的，领导视角和部属视角分别有着内容不同的结构，支持假设 2-1"领导-部属关系是一个多维度的结构"和假设 2-4"领导-部属关系从领导视角和部属视角分别有不同的结构"。积极评价与消极评价在模型中是二阶因素，支持假设 2-3"领导-部属关系的结构包括领导-部属积极关系和领导-部属消极关系"。

矩形结构模型验证了领导-部属关系的内容构成。无论是质性研究的条目库，还是最后在 LMR 量表中保留下来的 56 个条目，领导-部属关系既包括行为的和态度的内容，也包括特质的内容，支持假设 2-5"领导-部属关系的结构包含行为的、态度的和特质的内容"。例如，"他帮助我解决家庭生活中的困难"是对行为的描述，

"他担心我会威胁其权威和地位"是对态度的描述,"他具备人格魅力"是对特质的描述。

不过,假设 2-2,即领导-部属关系的结构包含"德"的维度和"才"的维度,在本研究中没有得到明显支持。上述两个结构模型都是以"德"的范畴为主,这里对德的关注与 CPM 理论(高日光,王碧英,凌文辁,2006)、家长式领导理论(郑伯埙,周丽芳,樊景立,2000)等本土化的领导学研究相一致。但是,"才"的内容表现并不明显,仅表现为贡献维度和少量条目,如"我能够创造性地开展工作和解决问题",也没有像王登峰和崔红(2006a)的研究一样发现"德"和"才"的二阶因素。究其原因,一方面可能是因为中国儒家文化传统是重德轻才(周桂钿,2000),由部属来评价领导更是这样;另一方面,领导-部属关系的最重要评价是关系的亲疏好坏,即积极与消极关系的划分,而非德与才的划分。

矩形结构模型虽然不是以中华优秀传统文化思想为理论推导所得,但与之有出人意料的一致性。一方面,从儒家思想来看,孔子主张"君仁臣忠"(《礼记·礼运》),"君使臣以礼,臣事君以忠"(《论语·八佾》)。这里,领导视角的"关心支持"维度和部属视角的"忠诚贡献"维度恰好基本对应了孔子的"仁"与"忠"、"礼"与"忠"的结构。另一方面,从法家思想来看,法家认为君臣地位不同,利益也不同,甚至是对立的(王威威,2012)。如韩非子提出,"君臣之利异,故人臣莫忠,故臣利立而主利灭"(《韩非子·内储说下六微》);慎子也认为,"君臣之间,犹权衡也"(《慎子》)。这种消极关系和利益不同,也直接反映在领导"控制划派"和部属"抵触反对"的维度及其条目中。因此,本研究的模型较好地融合了儒家和法家的思想。再者,《黄帝四经·称》提出,君臣关系是"师""友""宾""庸""虏"逐次下降;《战国策·燕策一》提出,君臣关系是"帝者与师处,王者与友处,霸者与臣处,亡国与役处",即"师""友""臣""役"逐次递减。矩形结构模型既有积极关系,也有消极关系,恰恰反映了这一思想,无非儒家、道家主张积极的一面——"师""友"的关系,而法家关注消极的一面——"庸""虏""役"的关系。

案例 萧何与刘邦

西汉初创之时,汉高祖刘邦一方面马不停蹄地带兵东征西讨,另一方面他又十分担心"后院起火"。后来,萧何出谋划策帮助吕后除掉了韩信,解除了刘邦的一大心腹之患。刘邦大喜，便封萧何为相国，加赐食邑五千户。萧何很高兴，文武百官也纷纷向他祝贺，邵平却暗地里对萧何说："您快要大祸临头了。圣上在外征战，您掌管国家政事。圣上提高您的薪俸，增加您的食邑，这并不是对您的宠信。之前淮阴侯韩信谋反，让圣上现在还惊魂未定，他对您也不放心。您最好能推掉封赏，再变卖家产去资助圣上扫灭叛军、平定天下，这才能使圣上消除对您的猜忌。"萧何认为邵平的话很有见地，就按照他所说的变卖家产以充军资。刘邦果然欣喜异常，对萧何的猜忌之心大减。

有一年的秋天，淮南王英布造反，刘邦亲自率军征讨。其间，刘邦曾数次派人刺探萧何的活动。派去的人回报说："萧相国正鼓励百姓出钱出物支持军队作战。"在这个当口上，萧何的一个门客对他说："用不了多久您就有被灭族的危险，您已经一人之下万人之上，不可能再向上升了。可自从进入关中以来，您一直深得百姓爱戴，皇上数次派人来刺探，显然是害怕您得到关中百姓的拥护而生异心。您现在为什么不多买田宅，对百姓不再体恤，以自损名声呢？这样圣上一定会消除疑心的。"萧何从来就没有想到这一层，不由得吓出了一身冷汗，急忙按这个建议去做。刘邦平定叛乱，班师回朝，一些百姓便拦路哭诉，说相国萧何如何不体恤百姓。谁知刘邦不但没有生气发火，反而特别高兴，当然更没有责罚萧何。

矩形结构模型更加侧重对纷繁现象的集中概括和对关系状况的精准描述。如前面的质性研究所得，关于领导-部属关系状况的描述条目有成百上千，而矩形模型正是对这些纷繁现象的集中概括，也是领导-部属关系状况的精确写照。

对读者而言，LMR 量表的总分可以比其他量表更加精确地告诉你，你与自己直接领导的关系状况如何。也就是说，你可以在一条"直线"上——一头是关系好、另一头是关系差，判断自己与领导的关系状况。不仅如此，矩形模型的 L1、L2、M1、M2 等四块结构，可能不会反映你与自己领导的情感、利益、义务等成分如何，但能够直接描述你们工作中的具体关系状况和水平。也就是说，你可以在一个"平面"上或一个象限里，定位与自己领导的关系状况。

案例　领导如何改善与部属的关系

下面分享一个笔者在访谈一位企业总经理（姑且称他"王总"）时了解到的一个小故事，用以进一步说明矩形结构模型。当时，这位王总刚刚到一家法国独资公司担任中国区总经理。这家公司在一年里换了两任总经理，第一任是一位海归博士，第二任是从法国总部派来的外国人，而王总是公司的第三任总经理。他到公司之后，发现公司内部管理比较混乱。公司人事总监徐经理告诉他，有一位部门负责人李经理非常重要，但是脾气不太好，让他多留心。王总了解到，这位李经理是第一任老总专门从外地高薪聘请来的，他也对第一任老总非常敬重，两人关系特别好。但是，第二任老总来了以后，他们两人的关系却不怎么好，比如，在开会的时候，总经理说东，李经理就说西，甚至在领导班子会议上李经理当众顶撞他。几次以后，第二任总经理对他也有看法，甚至在某种程度上不要这个人了，但是人事经理又感到好不容易找到这样一个技术型的专业人才，不能让他离开公司。

王总发现，李经理对他也有明显的抵触情绪，比如，他请李经理吃饭时，李经理不愿意坐在自己身边，而是坐在较远的位置；向李经理询问工作的时候，他只是提交书面工作材料，不愿意主动回答问题或当面交流情况。不过，王总也私下了解到，李经理和其他同事相处得都不错，因此，王总感到李经理人品并不坏。王总感到，如果李经理除了跟自己关系不好，与其他人的关系也不好，说明他不适合这个团队，他能力再强也只能放弃。但是，王总发觉其他同事都觉得李经理挺好的，所以判断李经理只是在心理上有个过不去的坎。因此，下班后，王总主动邀请李经理去喝啤酒，他知道李经理是广东人，爱喝啤酒。酒一喝就聊开了，不聊工作上的事，就聊广东的事情，在聊天的过程中讲了许多小笑话。这么一来两人关系就近了。然后，就聊到两位前任总经理，王总说他对前两任都不了解，对他来说这一页翻过去了，希望一切从头开始。王总还发觉，李经理不在乎你给他多少钱，也不在乎安排多少事，而是很在乎你跟他的沟通，是不是跟第一任总经理一样非常火热。通过明确的沟通，双方关系改善了不少。后来，王总还动用自己在当地的人脉，帮助李经理家属调动工作，实现了家庭团聚,让李经理非常感动。王总说,李经理全家人都搬过来,家庭稳定了,对企业也有好处,不然的话,搞不好什么时候就跑了。家过来了,这个人就"卯住"了。后来,李经理确实工作很卖力,人际关系也不错。

这个访谈的案例,可以简要说明领导-部属关系的矩形结构模型。我们来看领导和部属关系紧张的表现,既有会议上部属对领导的公开反对,也有部属态度和行为上的暗暗抵触。在如何改进领导-部属关系上,一方面要进行工作中的正式沟通,另一方面,更为重要的是,需要采用生活中沟通、注重感情交流的方式,甚至领导要动用自己的资源帮助部属解决生活困难。这在一定程度上折射出了中华文化背景下领导-部属关系的特殊表现。

(四)新工具的诞生:LMR 量表

通过探索性和验证性因素分析,在初始 88 个条目精简的基础上,得到了新的中国本土领导-部属关系量表(简称 LMR 量表),它由关心支持(L1)、控制划派(L2)、忠诚贡献(M1)、抵触反对(M2)四个因素,以及积极关系和消极关系两个二阶因素构成,四个因素的条目数分别为 22、16、12、6,共计 56 个条目。计分方法是求量表各条目的平均分,总量表和各分量表的计分范围都为 1 至 7 分。在计算总量表分数时,L2 和 M2 两个分量表都是反向计分。

西方领导-部属关系量表的编制存在两个突出问题,即忽视文化差异和忽视心理测量学上的规范性(Schriesheim et al.,1999;任真,杨安博,王登峰,2010)。在 LMR 量表编制和检验过程中,我们充分考虑了中华文化因素和心理测量学上的规范性。

首先,LMR 量表的编制建立在全面而有代表性的条目库基础上。在上一节介绍的质性研究中,笔者在全国选取了有代表性的样本,采用三种资料获取途径,建立起数量充足的条目库,确保了条目的全面性。接着,通过三轮的条目分类筛选和初始量表条目的筛选,确保了条目的代表性。

其次,LMR 量表的编制在取样上具有代表性。以往领导-部属关系相关量表的编制,多采用企业样本、学生样本、基层员工样本,而对于中高层管理者的样本、公共管理部门样本比较忽视。本研究在取样上，选择了领导样本和部属样本，两者相互支持、交互验证。领导样本的特点在于具有全国地域、管理层级、组织性质上的代表性，部属样本的特点在于进行了领导和部属——对应的匹配。其实，在国内选择领导-部属匹配样本的难度较大，受文化因素影响，多数组织和研究对象不愿意开展这样的调查研究，尤其是公共管理部门，这样的样本比较少见。

再次，LMR 量表的结构得到充分地探索和验证。常用的 LMX-MDM 量表在编制时，尽管是通过访谈获取量表条目，但是量表的主要维度却是继承他人研究而来（Liden & Maslyn, 1998），假定它具有先验的合理性，而非归纳研究后得出。笔者没有先验地继承某个现成的结构，而是通过探索性因素分析得出基本维度，并通过验证性因素分析来验证。同时，不仅对领导视角和部属视角的两个结构分别进行了验证，而且提出了它们整合后的验证性因素分析模型，通过相互比较得到了最优模型。这样的因素分析过程确保了量表的结构效度。

最后，LMR 量表具有较好的信度和效度指标。LMR 量表和分量表的内部一致性信度都在 0.80 以上，超过了一般心理测量学所要的 0.70 标准。项目分析表明，量表条目在因素载荷和共通度上都是比较好的。相关分析和层次回归分析则表明，领导-部属关系及其维度与工作成果行为指标（领导任务绩效、部属组织公民行为）、工作成果态度指标（离职意向、情感承诺）、心理健康指标（工作倦怠、心理健康、工作满意度）都显著相关。即使在控制了年龄、性别、教育程度、单位工作年限、领导-部属相处年限和级别等诸多与结果变量存在关联的变量之后，领导-部属关系各维度在整体上都对上述结果变量有着显著的预测作用。

可见，LMR 量表是一个信度和效度均较好的量表，研究所得领导-部属关系的结构模型具有重要理论意义。后续要进一步分析的问题有：一是 LMR 量表在实用性上存在不足，后续可以根据量表结构和因素载荷进一步删减条目，使之更方便施测；二是 LMR 量表与其他代表性的领导-部属关系量表之间缺乏相互比较，笔者将在第五章对这一问题开展研究；三是领导-部属关系如何具体影响结果变量，影响机制问题将在第六章中进行探讨。

（五）与西方经典 LMX-7 量表一较高下

为比较 LMR 量表和 LMX-7 量表在预测结果变量上的成效，将 LMX-7 量表分数在层次回归的第二步纳入回归方程，然后在第三步纳入 LMR 量表分数，考察

LMR 量表是否还有新的效度增益(即表格中的 ΔR^2)。这里,需要说明的是,在回归分析中,R^2 表示回归模型中自变量 X 对因变量 Y 的解释程度,取值在 0 至 1 之间,越接近 1,表明方程中 X 对 Y 的解释能力越强。例如,R^2 等于 0.85,表示因变量 Y 的变异中有 85% 是由自变量 X 引起的。ΔR^2 则表示在两个或多个回归模型间比较 R^2 的变化量。

表 3-4　领导样本 LMR 量表和 LMX-7 量表的层次回归结果($n = 391$)

变量	领导任务绩效	工作倦怠	心理健康	工作满意度	生活幸福感
第 1 步					
年龄	0.00	−0.09	0.18*	0.13†	−0.04
性别	0.05	0.00	−0.07	−0.01	−0.07
教育程度	−0.09†	0.06	−0.04	0.06	−0.07
单位年限	0.04	0.08	−0.09†	−0.02	0.06
相处年限	0.02	0.04	−0.05	0.07	0.01
级别	0.02	0.05	0.08	−0.02	−0.02
F 值	0.74	1.59	2.04†	2.30*	0.82
R^2	0.01	0.02	0.03†	0.03*	0.01
第 2 步					
LMX-7	0.54***	−0.33***	0.29***	0.44***	−0.06
F 值	23.45***	8.05***	6.98***	16.15***	0.87
ΔR^2	0.29***	0.10***	0.08***	0.19***	0.00
第 3 步					
L1	0.32***	0.14†	−0.23**	0.13	−0.06
L2	−0.19**	0.06	−0.27**	−0.16*	0.02
M1	0.13*	−0.25***	0.18*	0.01	−0.09
M2	−0.03	0.21**	0.01	0.03	−0.01
F 值	30.62***	8.53***	6.40***	12.08***	0.98
ΔR^2	0.17***	0.07***	0.04***	0.03***	0.01

注:①† $p < 0.10$,* $p < 0.05$,** $p < 0.01$,*** $p < 0.001$,全书同。②表中回归系数为标准化的回归系数(β)。

表 3-4 表明,在领导样本中,LMR 量表在领导任务绩效、工作满意度、工作倦怠、心理健康等 1 个工作绩效指标和 3 个心理健康指标上有显著的效度增益(即有显著的 ΔR^2)。也就是说,在 5 个指标中有 4 个有显著增益,而对余下的生活幸福感指标,LMX-7 和 LMR 量表都缺乏预测力。

表 3-5　领导-部属匹配样本 LMR 量表和 LMX-7 量表的层次回归结果($n = 133$)

变量	部属任务绩效	组织公民行为	工作倦怠	心理健康	工作满意度	生活幸福感	离职意向	情感承诺
第 1 步								
部属年龄	−0.07	−0.09	0.07	0.15	0.15	−0.01	−0.16	0.08
部属性别	−0.23**	−0.12	0.07	0.00	−0.04	−0.05	0.01	−0.01
教育程度	−0.12	−0.07	0.05	0.01	−0.08	0.15	0.18†	−0.07
单位年限	0.14	0.13	0.06	−0.15	−0.14	−0.08	0.06	0.21†
相处年限	0.16†	0.21*	−0.14	0.06	0.18†	−0.03	−0.11	0.08
F 值	3.62**	2.67*	0.64	0.55	1.08	1.12	1.49	2.89*
R^2	0.12**	0.10*	0.02	0.02	0.04	0.04	0.06	0.10*
第 2 步								
LMX-7	0.16†	0.24**	−0.26**	0.38***	0.51***	−0.23**	−0.49***	0.48***
F 值	3.64**	3.67**	2.01†	3.81**	8.10***	2.06†	8.01***	9.48***
ΔR^2	0.02†	0.05**	0.06**	0.13***	0.24***	0.05**	0.22***	0.21***
第 3 步								
L1	−0.17	−0.07	0.21	0.21	−0.14	−0.09	−0.06	−0.11
L2	−0.13	0.00	0.20	−0.19	−0.35**	0.15	0.12	0.05
M1	0.18	0.15	−0.43**	0.16	0.43**	0.01	−0.06	0.18
M2	−0.03	−0.09	0.09	−0.07	0.08	−0.01	0.09	−0.16
F 值	2.42**	2.33**	2.60**	4.35***	8.19***	1.54	5.60***	6.04***
ΔR^2	0.02	0.01	0.09**	0.11***	0.12***	0.02	0.04	0.02

表 3-5 则表明,在领导-部属匹配样本中,LMR 量表在工作倦怠、心理健康、工作满意度等 3 个工作中的心理健康指标的预测效度上有显著增益。两个样本之间交互验证表明,与经典的 LMX-7 量表相比,LMR 量表在预测工作中的心理健康指标(工作倦怠、心理健康和工作满意度)上优势明显。

此外,在领导样本中,LMR 量表对领导任务绩效的预测要明显优于 LMX-7 量表($\Delta R^2=0.17$);在领导-部属匹配样本中,LMR 量表虽然在部属任务绩效上 ΔR^2 略高于 LMX-7 量表,但可能受到样本容量较小的影响而没有达到显著水平,需要在今后研究中进一步检验。

其实,在理论上,如图 2-1 所示,领导-部属关系(SSG)和领导-部属交换(LMX)之间类似于并列关系,可能更加容易发现领导-部属关系(SSG)的效度增益,而领导-部属关系(LMR)和领导-部属交换(LMX)之间类似于包含关系,发现 LMR 效度增益本身就较为困难。不过,从增益效度值(ΔR^2)来看,即使是表 3-4 和表 3-5

中较低的增益值 0.03 和 0.04,在同类研究中也比较常见。总之,通过比较 LMR 量表与西方 LMX-7 量表对结果变量的预测作用,可以发现,LMR 量表整体上要优于 LMX-7 量表,特别是在心理健康指标的预测方面效果更好。

(六)对工作成果和心理健康的预测成效

1.对工作成果的预测

本研究选取了工作成果的 2 个行为指标(任务绩效和组织公民行为)和 2 个态度指标(情感承诺和离职意向),其中部属的任务绩效和组织公民行为采用他评的方式,即由直接领导来对部属的绩效做出评估。

相关系数(用字母 r 表示)是研究变量之间线性相关的统计量,r 的值在 -1 与 1 之间,越接近"1"说明正向相关的程度越高,越接近"-1"说明负向相关的程度越高。从相关分析结果看,在部属样本(领导-部属匹配样本)中,L1(关心支持)、L2(控制划派)、M1(忠诚贡献)和 M2(抵触反对)四个维度与工作成果的四个指标几乎全部相关,相关系数的绝对值在 0.18～0.46 之间。LMR 量表总分与工作成果的四个指标全部相关,相关系数的绝对值在 0.25～0.49 之间。在领导样本中,研究对象只对自己直接领导的任务绩效进行了评估,它与领导-部属关系四个维度的相关系数绝对值在 0.39～0.63 之间,与 LMR 量表总分的相关系数则高达 0.67。这些结果与 Gerstner 和 Day(1997)报告的对应的相关系数相比,在行为指标上结果一致,在态度指标上则相关系数更高。

从层次回归分析看,在排除控制变量的效应后,在部属样本(领导-部属匹配样本)中,L1、L2、M1、M2 四个维度整体上对工作成果的 3 个指标(除部属任务绩效之外)都有显著预测,ΔR^2 值在 0.06～0.22 之间。在领导样本中,L1、L2、M1、M2 四个维度整体上对领导的任务绩效有显著预测,ΔR^2 值则高达 0.44。

上述结果表明,领导-部属关系能够显著预测工作成果的行为指标和态度指标,除在部属样本中没有显著预测部属任务绩效之外,两个样本的结果都支持在第二章中提出的研究假设 2-6"领导-部属关系能够显著预测工作成果的行为指标,包括任务绩效和组织公民行为"和研究假设 2-7"领导-部属关系能够显著预测工作成果的态度指标,包括部属的情感承诺和离职意向"。这表明,领导-部属关系(LMR)概念,在中国的组织环境中是重要而有效的。此外,领导-部属关系对于部属对领导的绩效评估的影响,要远大于领导对部属的绩效评估。

2.对心理健康的预测

本研究设计上的一个特点是将心理健康的积极和消极指标整合在一起,强调心理健康在工作环境中的表现,将与压力相关的心理健康和工作倦怠作为考察消极心理健康的指标,将工作满意度和生活幸福感作为考察工作和生活中积极心理健康的指标。

从相关分析结果看,在部属样本(领导-部属匹配样本)中,L1(关心支持)、L2(控制划派)、M1(忠诚贡献)和 M2(抵触反对)四个维度与心理健康的四个指标几乎全部相关,相关系数的绝对值在 0.17~0.53 之间。LMR 量表总分与心理健康的四个指标全部相关,相关系数的绝对值在 0.26~0.58 之间,特别是与工作满意度的相关系数为 0.58,与压力有关的心理健康的相关系数高达 0.48,与工作倦怠的相关系数为 0.36。在领导样本中,L1、L2、M1 和 M2 四个维度与心理健康的三个指标(排除生活幸福感)全部相关,相关系数的绝对值在 0.16~0.36 之间。LMR 量表总分与心理健康的四个指标全部相关,相关系数的绝对值在 0.10~0.41 之间,特别是与工作满意度的相关系数为 0.41,与工作倦怠的相关系数为 0.34。这些相关系数指标均与西方有关研究结果相当,甚至高于它们。

从层次回归分析看,在排除控制变量的效应后,在部属样本(领导-部属匹配样本)中,L1、L2、M1、M2 四个维度整体上对与心理健康的四个指标都有显著预测,ΔR^2 值在 0.07~0.35 之间,特别是对工作满意度、心理健康、工作倦怠预测作用比较大。在领导样本中,L1、L2、M1、M2 四个维度整体上对心理健康的三个指标(排除生活幸福感)都有显著预测,ΔR^2 值在 0.10~0.16 之间。

上述结果表明,领导-部属关系能够显著预测领导和部属的心理健康各指标(排除生活幸福感),两个样本的结果都支持在第二章中提出的研究假设 2-9 "领导-部属关系能够显著预测部属的消极心理健康指标,包括工作倦怠、与压力有关的心理健康",并部分支持研究假设 2-8 "领导-部属关系能够显著预测部属的积极心理健康指标,包括工作满意度和生活幸福感"。其中,研究假设 2-8 关于生活幸福感的假设证据不充分,只在部属样本得到验证,而不受领导样本数据的支持。

这样的结果可以从中华文化对"关系"的重视上找到原因。对中国人而言,社会行为最强有力的影响因素并非个体本身,而是个体以外的"关系"因素。在组织环境或工作环境中,一方面,"关系"是(最有用的)工作资源,领导-部属关系的质量是领导和部属工作满意度的重要来源;另一方面,"关系"是(最大的)压力源,会造成领导和部属的工作倦怠,使之心理健康受到很大影响。此外,在中国的党政机关行政体系中,工作变动相对较小,离职率比较低,领导和部属往往都不能对对方做出选择,领导-部属关系对心理健康各指标的影响就更为突出了。

测一测

初始的领导-部属关系(LMR)量表

请回忆一下您的现任某位直接领导,并评估他在与您的工作互动中,下列行为(表现)的出现频率。请仔细阅读每一个描述,圈选后面对应的数字,代表出现的频率。例如,如果从未出现该行为(表现),请圈选1。注意:数字越大,代表该行为(表现)出现的频率越高。

		从未	很少	较少	有时	较多	频繁	一贯
		···1···	···2···	···3···	···4···	···5···	···6···	···7···
1	他关心我的晋升和进步	1	2	3	4	5	6	7
2	我对他心服口服	1	2	3	4	5	6	7
3	他把我当作自己的兄弟姐妹或子女一样来对待	1	2	3	4	5	6	7
4	我是他的得力助手	1	2	3	4	5	6	7
5	他不计或牺牲个人利益来发展和保护我	1	2	3	4	5	6	7
6	我公开表示对他的支持,即使他不在跟前	1	2	3	4	5	6	7
7	他保持着对我的威严感	1	2	3	4	5	6	7
8	我通过祝贺生日、拜年等拉近与他的距离	1	2	3	4	5	6	7
9	他看重我的关系背景	1	2	3	4	5	6	7
10	我愿意接受和服从他的管理	1	2	3	4	5	6	7
11	我做事,他放心	1	2	3	4	5	6	7
12	我当众推托他安排的工作	1	2	3	4	5	6	7
13	他认可我的为人	1	2	3	4	5	6	7
14	我愿意跟他讲真话和心里话	1	2	3	4	5	6	7
15	他独断专行,搞"一言堂"	1	2	3	4	5	6	7
16	我能够创造性地开展工作和解决问题	1	2	3	4	5	6	7

17	他会向上级推荐我……………………………………	1	2	3	4	5	6	7
18	我敬佩他的能力和业务素质……………………………	1	2	3	4	5	6	7
19	他跟我有工作之外的个人交往………………………	1	2	3	4	5	6	7
20	我为了他加班加点地工作……………………………	1	2	3	4	5	6	7
21	他对我的工作给予有力指导…………………………	1	2	3	4	5	6	7
22	我感到对领导要"士为知己者死"……………………	1	2	3	4	5	6	7
23	他对我端着领导架子,彼此有高低之分 …………	1	2	3	4	5	6	7
24	我关心他的个人生活…………………………………	1	2	3	4	5	6	7
25	他把部属划分类别,区别对待 ………………………	1	2	3	4	5	6	7
26	我对他说话冲,提不同意见且不顾及他的面子 …………	1	2	3	4	5	6	7
27	他从负面理解我主动接触的愿望或举动……………	1	2	3	4	5	6	7
28	他赏识我的能力………………………………………	1	2	3	4	5	6	7
29	我暗地与他较劲………………………………………	1	2	3	4	5	6	7
30	他具备人格魅力………………………………………	1	2	3	4	5	6	7
31	他在加薪和福利上维护我的利益……………………	1	2	3	4	5	6	7
32	我与他在工作时间之外是朋友………………………	1	2	3	4	5	6	7
33	他和我交谈住房、婚姻和子女等问题 ………………	1	2	3	4	5	6	7
34	他主动承担我工作过失的责任………………………	1	2	3	4	5	6	7
35	我在工作上不顾疲劳连续作战………………………	1	2	3	4	5	6	7
36	他会和我保持一定距离………………………………	1	2	3	4	5	6	7
37	他对不同部属有远近亲疏之分………………………	1	2	3	4	5	6	7
38	我学习他的为人和工作风格…………………………	1	2	3	4	5	6	7
39	他器重我,交予我重要的任务 ………………………	1	2	3	4	5	6	7
40	他对我的工作给予充分肯定…………………………	1	2	3	4	5	6	7
41	我认为应该把工作做好,而不是追求领导的赏识和关注 …	1	2	3	4	5	6	7
42	他具有战略眼光,看问题长远 ………………………	1	2	3	4	5	6	7
43	他关心我个人所关注的利益诉求……………………	1	2	3	4	5	6	7
44	我在公开场合维护他的威信…………………………	1	2	3	4	5	6	7

45	他了解我的需求和苦恼	1 2 3 4 5 6 7
46	我投他所好	1 2 3 4 5 6 7
47	他会在我遇到困难的时候帮我说话	1 2 3 4 5 6 7
48	他对我有戒备之心	1 2 3 4 5 6 7
49	我当面顶撞他	1 2 3 4 5 6 7
50	他对我一视同仁,一碗水端平	1 2 3 4 5 6 7
51	他对我充分授权,让我放手去干工作	1 2 3 4 5 6 7
52	我对他有抵触情绪	1 2 3 4 5 6 7
53	他对我颐指气使	1 2 3 4 5 6 7
54	他率先垂范,以身作则	1 2 3 4 5 6 7
55	我能够心领神会他最在意什么	1 2 3 4 5 6 7
56	他给我在培训和发展方面以优先照顾	1 2 3 4 5 6 7
57	他帮助我解决家庭生活中的困难	1 2 3 4 5 6 7
58	我在工作中"不用扬鞭自奋蹄"	1 2 3 4 5 6 7
59	他动用自己的资源帮助我解决工作难题	1 2 3 4 5 6 7
60	他给我"穿小鞋"	1 2 3 4 5 6 7
61	我对他有敬畏	1 2 3 4 5 6 7
62	他给有背景的部属特殊待遇	1 2 3 4 5 6 7
63	他感觉我可靠,不会给他惹麻烦	1 2 3 4 5 6 7
64	我虚心接受他的批评	1 2 3 4 5 6 7
65	他在背后议论评价我的好坏	1 2 3 4 5 6 7
66	他胸怀宽广,为人正派	1 2 3 4 5 6 7
67	我主动告他可能出现的错误,尽管他会难以接受	1 2 3 4 5 6 7
68	他不肯主动培养和提拔我	1 2 3 4 5 6 7
69	他将我看作朋友	1 2 3 4 5 6 7
70	我了解他的个人习性和爱好	1 2 3 4 5 6 7
71	他在公开场合表示对我的支持	1 2 3 4 5 6 7
72	他维护与我之间的纲常关系	1 2 3 4 5 6 7

73	我感觉他整人、欺压我 ………………………………	1 2 3 4 5 6 7
74	他和部属的关系是"一朝天子一朝臣"…………	1 2 3 4 5 6 7
75	他对我以诚相待 ……………………………………	1 2 3 4 5 6 7
76	我忍不住在背后议论他,以表不满 ………………	1 2 3 4 5 6 7
77	他允许我充分表达意见,尊重我的意见 …………	1 2 3 4 5 6 7
78	他和部属打成一片 …………………………………	1 2 3 4 5 6 7
79	我担心他会冷不防给我下绊子 …………………	1 2 3 4 5 6 7
80	他利用机会给我更多的津贴或好的经济待遇……	1 2 3 4 5 6 7
81	他设身处地体谅我,将心比心 ……………………	1 2 3 4 5 6 7
82	我发自内心为工作着急,对工作负责 ……………	1 2 3 4 5 6 7
83	他把工作成绩留给自己,把问题的责任推给我 ……	1 2 3 4 5 6 7
84	他担心我会威胁其权威和地位 ……………………	1 2 3 4 5 6 7
85	他对我打击报复 ……………………………………	1 2 3 4 5 6 7
86	他让我帮助办他的私事 ……………………………	1 2 3 4 5 6 7
87	他不当众批评我 ……………………………………	1 2 3 4 5 6 7
88	他知人善任 …………………………………………	1 2 3 4 5 6 7

测一测

工作倦怠量表

请您根据自己的感受和体会,判断下列情况在您所在的单位或者您身上发生的频率,并圈出相对应的数字。

1	2	3	4	5	6	7
从不	极少	偶尔	经常	频繁	非常频繁	每天
一年几次或更少	一个月一次或者更少	一个月几次	每星期一次	一星期几次

| 1 | 工作让我感觉身心疲惫 | 1 2 3 4 5 6 7 |

2	下班的时候我感觉精疲力竭	1 2 3 4 5 6 7
3	早晨起床不得不去面对一天的工作时,我感觉非常累	1 2 3 4 5 6 7
4	整天工作对我来说确实压力很大	1 2 3 4 5 6 7
5	工作让我有快要崩溃的感觉	1 2 3 4 5 6 7
6	自从开始干这份工作,我对工作越来越不感兴趣	1 2 3 4 5 6 7
7	我对工作不像以前那样热心了	1 2 3 4 5 6 7
8	我怀疑自己所做的工作的意义	1 2 3 4 5 6 7
9	我对自己所做的工作是否有贡献越来越不关心	1 2 3 4 5 6 7
10	我能有效地解决工作中出现的问题	1 2 3 4 5 6 7
11	我觉得我在为单位做有用的贡献	1 2 3 4 5 6 7
12	在我看来,我擅长于自己的工作	1 2 3 4 5 6 7
13	当完成工作上的一些事情时,我感到非常高兴	1 2 3 4 5 6 7
14	我完成了很多有价值的工作	1 2 3 4 5 6 7
15	我相信自己能有效地完成各项工作	1 2 3 4 5 6 7

第四章

"丰满圆润"与"骨感挺拔"：中国和澳大利亚官员的质性比较

> 从道不从君，从义不从父。
> ——荀子
>
> 在领导工作中，最根本的一条就是领导者应该对其他人起到拉动作用，而不是推动。拉动的影响方式是用令人兴奋的愿景吸引人、激励人，它是通过认同感起作用，而不是通过奖惩。
> ——美国领导学专家沃伦·本尼斯（Warren Bennis）

人们常说："没有比较，就没有伤害。"但在文化问题上，是有了交流比较，才没有伤害。通过跨文化的比较，我们才能更好地认知我们中国人自己，才能更加坚定文化自信，也才能更好地与世界交流沟通。上一章对比了本土的 LMR 量表和西方的领导-部属交换量表的预测效度，然而这种跨文化比较，是本土研究结果与西方研究结果之间的比较，而不是中国人与西方人就领导-部属关系问题，在同一研究中的直接对比。应该说，后者这种中西方人的直接对比更为直观，同时此类研究也更为匮乏，究其原因可能主要在于选取样本的难度大。

由此，本章的主要目的是采用规范的质性研究方法，对比澳大利亚官员和中国官员在领导-部属关系上的异同。由于对西方官员进行取样非常困难，笔者借一批澳大利亚中层官员来华考察之机开展对比研究。"西方文化"的范畴通常是，以古希腊、古罗马和古希伯来文化为渊源的文化，当前西方文化的中心区域主要指欧美地区（刁纯志，2013）。一般而言，澳大利亚的生活方式与西欧和北美相似，它的主流文化也属西方文化。澳大利亚官员和中国官员的对比研究，应当说符合中西方文化差异比较的要求。

一、半结构化访谈:发现细节,探寻意义

对于领导-部属关系问题而言,采用量化方法辨别差异、构建模型,采用质性研究发现细节、探寻意义,也许是最好的选择。质性研究不局限于固定的变量,不受制于预先的假设,借助于数据本身来获得结论。它恰如一个从无到有的过程,通过材料累积和深入分析来获得最终结论。对于领导-部属关系研究而言,简单的统计数值未必能深入描述真实的领导-部属关系。由质性研究所获得的领导-部属关系的社会意义和内在逻辑,有时要比纯粹的理论推理或是单一的统计数值更为可靠,也更为符合实际的社会文化环境。

上一章的质性研究,目的在于建立全面而有代表性的领导-部属关系条目库,因此综合采用了访谈、开放式问卷和文学著作分析等三种途径,收集描述领导-部属关系的条目,为后续量化分析奠定扎实基础。而本章的质性研究目的在于充分挖掘描述性数据,探索领导-部属关系相关描述之间的内在关联。

因此,本章的质性研究主要借鉴 Timlin-Scalera 等人(2003)研究的做法,采用扎根理论方法(Glaser & Strauss, 1967)进行分析。扎根理论是研究者根据数据产生理论的过程,由三个基本要素组成:概念、类别和命题。通过开放式编码、主轴编码(或称关联式编码)以及选择性编码(或称核心式编码)对数据进行分析说明,以这种方式来获得领导-部属关系的内容维度和影响因素。

(一)访谈对象:澳大利亚与中国的中层官员

采用目的性抽样,选取澳大利亚访谈对象 9 人,其中,男性 6 人,女性 3 人;平均年龄为 49.14 岁,平均任现职年限为 3.67 年。他们均为政府官员,分别来自总理内阁部、教育就业劳动关系部、移民与公民部、地质局、就业公平调解委员会及其驻地方机构等 6 个不同机构。他们为这些机构的中层负责人,相当于中国党政机关的厅局级或县处级领导干部。

选取中国访谈对象 9 人,其中,男性 4 人,女性 5 人;平均年龄为 44.6 岁,平均任现职年限为 3.5 年。他们分别为国家部委司局长、省直部门副职、地级市副市长、县委常委、乡镇党委书记和镇长、县职能局局长,其中厅局级干部 5 人,县处级干部 2 人,乡科级干部 2 人(乡镇镇长和县职能局局长)。他们来自北京、湖北、江

西、四川等4个省市的9个不同机构。澳大利亚和中国的访谈对象在年龄、性别、任现职年限、职务层次、管理幅度等方面大致相近,总体上具有可比性。

(二)访谈的方式与程序

半结构化访谈的主要内容包括访谈对象基本信息,与下属的积极关系,与下属的消极关系,与领导的积极关系,与领导的消极关系,以及对领导-部属关系的看法。根据访谈提纲进行提问,对于一些问题进行深入追问和交流互动。所有访谈均在不受干扰的独立房间,由笔者、研究助手和访谈对象三人共同进行。

首先请访谈对象阅读知情同意书。在访谈对象对于访谈没有异议后,开始访谈。访谈全程录音,并在访谈过程中对于重点部分进行笔记记录。澳大利亚访谈对象一般用时为30~40分钟/人,中国访谈对象一般用时为40~60分钟/人,总体访谈时间不少于13小时。澳大利亚官员往往围绕访谈提纲进行对话,回答比较简明扼要,中国官员在访谈中会多一些寒暄或就某一话题进行延伸,因此访谈时间略长于澳方官员。

访谈结束后,根据录音完整誊录访谈内容。中方的录音由速录人员进行逐字誊录,由访谈者进行校对;澳方的录音由访谈者进行英文誊录,誊录后翻译成中文对照稿,以便进行下一步编码工作。

(三)资料分析:开放式编码、主轴编码与选择性编码

访谈资料分析的主要思路:首先从数据中建立概念——实体代码;然后,探寻概念之间的联系——类别代码;最后,进行概念化并在更高的抽象化水平上解释这些类别或联系——核心代码或命题(Evans,2007)。访谈资料分析的编码方式为开放式编码、主轴编码和选择性编码等三级编码。

首先,采用逐行编码技术(Gharmaz,2000)进行开放式编码。对访谈内容逐行分析,搜集概念,寻找其中内隐和外显的概念类别,以及可能包含的理论。形成概念类别后,把各概念逐步归入各类别中,并将类别附上概念化的标签,确定其属性和维度。

根据18份访谈资料的深入程度,每份访谈资料最少的提取45个条目,最多的提取104个条目,每份访谈资料平均提取约60个条目。之后,从中提取出49个次级范畴,再进一步提取9个主要范畴。这9个主要范畴包括:与亲密部属的关系、与普通部属的关系、与部属的消极关系、与欣赏领导的关系、与领导的消极关系、对

领导的定义、对部属的定义、中西方的差异、工作和私人关系的区分。

其次,进行主轴编码,使用编码范式建立类别和子类别之间的联系。采用 Strauss 和 Corbin(1990)提出的方法,通过节点将类别和子类别连接成一种核心现象。据此,以因果条件、现象、干预条件、情境、策略以及结果作为节点,分别对澳大利亚和中国访谈对象的访谈内容建立主轴编码。

最后,对一些重要的现象或主题进行选择性编码。采用 Strauss 和 Corbin(1990)建议的步骤,即先构想和确立主线,再围绕核心类别把辅助类别联系起来,然后通过比较把类别联系起来,完成基于数据的扎根,最后补充需进一步发展的类别。图 4-1 是对于建立和维持领导-部属关系过程的选择性编码,其中粗线表示中西方共有的情况,细线表示西方特有的情况,虚线则表示中方特有的情况。

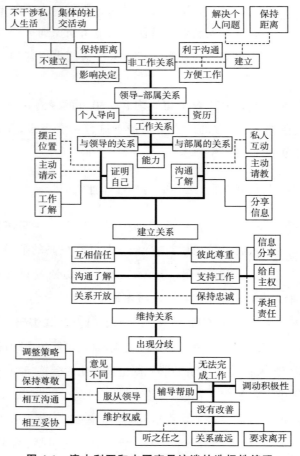

图 4-1 澳大利亚和中国官员访谈的选择性编码

二、澳大利亚与中国官员的对比

(一)工作关系与私人关系

在访谈中,笔者发现,在领导和部属的关系中存在两种互动过程,即工作关系和由此延伸出的非工作关系或称私人关系。也就是说,可将领导-部属关系划分为工作关系和由此延伸出的私人关系。中西方访谈对象对此表现出不同的态度。

澳大利亚访谈对象普遍表示,工作关系与私人关系是相互独立的,工作是工作,朋友是朋友,尽管两者偶尔会交叉,但是并不会影响工作本身。他们往往将领导与部属的关系描述为"友好",但不是朋友。例如,一名澳大利亚访谈对象这样描述自己与比较欣赏的领导的关系:

> 我们相处很好,我们不会说我们是朋友,但是我们很亲近。我们会彼此分享一些私人事务,但我不会和他在工作之外出去喝一杯或一起就餐。但当我们在一起时,我们很友好,共享信息,彼此平等相待。

在他们看来,在工作中保持一定距离,有助于他们进行决策和实施有效领导。例如,一名访谈对象解释道:

> 我喜欢他们(指自己的部属),我也相当开放,但是我知道我的角色是领导,也就意味着有些时候我需要与部属保持一些距离,我需要能够做出一些困难的决定,而其中有的决定会涉及我的部属。你不会想对一个你前一天晚上刚一起吃过饭的人做决定。

所以,对于澳大利亚访谈对象来说,他们会对私人事务表现出一定程度上的关心和兴趣,这有助于他们了解彼此。但是,他们不会干涉私人生活,领导也不会为部属去解决私人问题。一名访谈对象这样描述自己对私人问题的态度:

> 在某种程度上我们会讨论,但我不是咨询师,也不是个人顾问。我不是来这儿做咨询给他们精神上的鼓励的,但我会向他们推荐一些人,比如社工或心理咨询师。所以,假如他们来告诉我一些他们的私人问题,我会说:"好的,事实上我无法帮助你,无论这对你多重要。你为什么不去找那个人呢?"

在工作之余,澳大利亚官员与其部属也会进行一些集体的社交活动,比如早茶会:

> 我们有早茶会,每个月一次一起喝早茶。所有人都参加,所以这是一个交谈的机会。在做一些正式的工作交流之后,我们会每个人分享信息……工作上的,也会有一点生活上的。

与此不同,中国访谈对象则普遍表现出乐意与同事、上下级建立进一步的私人关系。私人关系的建立有助于开展工作,也有利于相互沟通。一位中国访谈对象这样谈道:

> 我们领导经常说,要把工作关系发展成朋友关系,特别是对上级,这样你的工作就好做了,或者说沟通就更方便了。

在中国访谈对象看来,私人关系的建立或称非工作性质的人际互动,是彼此更为亲密、更加信任的表现。他们认为,工作中或正式场合的上下级关系,在私底下则可以是朋友一样的关系:

> 有的时候可能会有些感情因素在里边。对自己各方面比较信任的人,有的时候真的是都当朋友,都是很熟悉的。该讲什么讲什么,没有什么严格意义上的上下级关系。但是在一些公开场合,还是会正规一点。私底下则没什么严苛的上下级角色。

因此,中国访谈对象在描述领导-部属关系如何建立和维持时,往往会涉及私人关系。例如,领导会对部属的私人问题(如婚姻、家庭)比较关心,甚至帮忙解决困难:

> 他们(部属)家里有什么事,或者家里边有什么矛盾,我都会帮助调解一下。比如说,他们小孩的事情,或者家里有其他什么事情,如果他们向我提出来,还是尽量能帮他们解决的。像是年轻人来我这工作以后,有的可能面临谈恋爱问题,或者有的配偶是外地的,面临解决户口的问题,需要调到本地来,来了以后还有的要解决家属工作问题;工作解决了以后,还有的面临房子的问题,结婚以后还有小孩上学的问题。能帮助他们解决的、能关心的,还是会主动去关心他们。

(二)"德"与"才"

无论是中国还是澳大利亚,访谈对象在提及领导-部属关系时,都不约而同提到了个人能力。能力是影响领导-部属关系的重要因素,当个体具有比较强的能力时,有助于彼此的关系建立和维持。面对有能力的个体,我们更容易对其产生尊敬、敬佩的态度。然而,对于个体的"德"方面的要求,双方态度有所不同。

澳大利亚访谈对象表示,人品、个性会影响领导-部属关系,个性更为积极的部属可能会更好相处,更有助于建立关系,这也会在一定程度上影响到对待个体的态度。但是,最终还是要回到个体的工作表现或工作能力上。访谈对象表示,如果部属德才兼备,的确是最理想的状态,但是如果一定要在德和才之间做出选择,他们仍然会选择"才"或"能力":

> 我会选择那个有能力的人,对我来说这是最基础的。如果一个人能力比别人都好,那他就应该获得晋升。

而中国访谈对象则普遍认为,"德"比"才"更重要。他们认为,德行是一切的根本,一个人只有拥有良好的品德才能更好地工作,并且他们通常持有一个观点,即能力可以在工作过程中有意识地进行培养和提升,而品德则与个体的成长环境、家庭教育有关,可以说是"先天"的;两者兼备自然是最好的,如果一定要选择其一,则会优先考虑"德"的因素:

> 先看德,后看能力。一个人的能力大小可以后天培养,但你的品德、诚信,这个很难改变,就像人们常说"三岁看大,七岁看老"。品德确定以后,能力可以逐步提高。所以相对来说,硬要比较,还是品德更重要一些。德在先,能力在后。

(三)资历与"个人导向"

在领导-部属关系中,"资历"是中国访谈对象特有的影响因素。它会被看作是个人能力素质的重要组成部分。中国访谈对象表示,无论是与上级还是与下级的相处过程中,资历都会影响彼此的关系。当遇到资历比自己老的人,就必须表现出更加尊敬的态度,需要以一种虚心求教的姿态来建立关系,无论是对上级还是对下级。

由于晋升机制等方面的原因,资历不同的部属会表现出不同的工作态度。年纪轻、资历浅的个体虽不会很快晋升,但是以后可能会有机会,因此会更有干劲。同时,一些年纪大、资历老的部属又可能因年龄限制,难以有晋升空间而表现出一

副"无所谓"的工作态度。比如,一位中国访谈对象坦言:

> 他们长期从事这个工作,随着年纪的增大,感觉晋升的空间越来越小,因此他们工作的干劲、积极性也就不太够,工作推动起来会相对困难一些。如果换一位年轻一点的下属,他会想自己以后的前途,还有发展空间,还可以奋斗,他就会很努力工作。如果他们缺乏工作动力的话,关系相处起来,就会比较差一些。

澳大利亚访谈对象则表示,对于资历的态度,可能是中西方的巨大差异之一。他们并不看重资历对领导-部属关系的影响,而是认为应由能力决定晋升与否:

> 你的领导可能只有22岁,但有很好的领导能力,比如能够激励并管理那些带你入职的老员工,而且这种情况会被很好地接受。所以,你在组织中所待的时间,并不决定你是否是个好领导。

"个人导向"是澳大利亚访谈对象在描述领导-部属关系时提到的一个重要影响因素,而在中国访谈对象中并没有明显表现出这一点。澳大利亚访谈对象认为,并不需要完全平等一致地对待每一个部属,因为每个人的个人导向是不同的。有些人是自我导向的,他需要更多的空间来工作,较少被干涉,那么就给他足够的空间;有些人喜欢与领导时刻保持沟通,不断向领导寻求建议和帮助,那么就欢迎他们来进行交谈,及时提供指导。比如:

> 这不是公平不公平的问题。就像你知道的一样,有些人会来找我和我谈论他们的工作,这是他们完成工作中的一个进程。而其他人则会完成之后才告诉我他们做完了。人都是不一样的。有些人就是喜欢来谈论事情,我觉得这完全没有关系。

(四)人情和"关系"

中西方访谈对象对人情和"关系"因素对领导-部属关系的影响也持有不同看法。比如,同样是面对熟人向自己推荐部属,双方的态度迥异。澳大利亚访谈对象由于将工作关系和私人关系分得较开,他们往往会乐意看到有人向自己推荐部属,认为这是一个挖掘人才的机会。但是,他们往往不会因为熟人推荐而影响自己最终的决定,他们有公开的程序进行招募,会针对推荐对象做出自己的判断:

我会很欢迎（熟人推荐部属）。但是在工作单位，我的重点在于我是被雇来为组织提供服务的。这是我心中的第一要素。我是为了组织做正确的决定。所以，如果向我推荐某人，我可能会说这对组织是个好机会。如果不是，我就不会去做，但如果是我认为对组织有利，他们也仍需一直有所表现。这不会有什么区别……我觉得对我来说，就像我的私人生活和我的工作分得很清楚，当然有时候它们也会交错。我很清楚我是为组织工作的，那不意味着我可以为别人效力而违背我的职责。

如果推荐对象真的加入了组织，澳大利亚访谈对象也表示并不会因此而差别对待。他们会像对待其他部属一样对待那名部属，他们所看重的是部属的表现，而非因为有某种"关系"而获得特别的照顾。他们认为，接受那份推荐是出于对推荐者的信任，他们相信推荐者的判断，如果推荐对象表现不佳，反而会使他们丧失对推荐者的信任。最终在处理关系上依旧是由部属的工作表现所决定：

一开始我可能会更乐观，但我还是平等对待他们。因为我对于那个判断有信心，所以我会对被推荐下属的工作表现更为乐观，当然最终还是会回到他们的工作表现上。所以，我觉得一开始我会很期待，因为我信任那位推荐人。

而在中国社会中，面对熟人推荐部属，访谈对象往往表现出一种为难的态度。这样的推荐在更多情况下是上级或熟人希望借助"关系"来安排某人的职位或工作。迫于人情和"关系"的压力，不得不做出妥协来接受"推荐"，但同时也会通过其他办法来弥补其他部属由此丧失的机会：

像一般的岗位，而不是特别重要的岗位，可以给他（熟人）一个人情。在两个人能力差不多的情况下，肯定还是要这个领导打过招呼的。但是，对另外一个人，你还要在有机会的时候想方设法把他提起来，不然谁会给你做事？你可以再安排一个岗位或者给一个指标，把他用起来，你不能亏待做事的人。

而当推荐对象加入组织之后，同样迫于一些人情压力，访谈对象在对待该部属的态度上也会和其他部属有所不同：

他来了以后，我们基本上按照和大家相同的——至少表面上是相同的方式，公平对待。但是我想那个只能说是表面的，实际上能暗中照顾他的，也在照顾他。因为他毕竟是上面推荐的，怎么说呢，你要是不照顾他，肯定会有一些给你工作带来不方便的地方。

(五)关系的建立与维持

1.部属视角:与领导的关系

在提到与领导建立关系时,中西方访谈对象均提到要通过完成工作来证明自己的能力,通过这种方式来向领导证明自己,以获得领导的信任:

  因为在一起相处长了,真正可以发现的是实力。所谓实力,就是你能不能胜任所有交给你的工作。对这一块工作,你的领导觉得离不开你了,这个时候他会对你另眼相看。

无论中国还是澳大利亚的访谈对象都表示,建立关系需要一定的时间,适应领导的风格需要一个过程,但是中西方访谈对象在对如何适应的策略上有所不同。澳大利亚访谈对象更多提到的是与领导一起解决问题,相互了解,建立关系:

  在最初几个月我并没有很多机会和她一起工作。直到我处理的问题变得有更高的优先级,我们开始彼此了解。所以,事实上是通过处理政策问题,我们才建立关系的。

而对于中国访谈对象,他们更多表现出一种主动向领导请示或汇报工作的姿态,借此来让领导了解自己,逐渐形成信任:

  作为个人来说,需要稍微主动一点,有机会就适当跟领导接触一下。接触刚开始主要是工作上的,更多一些跟他沟通、汇报、请示,在这个过程当中,看看这位领导到底有一些什么特点,工作上对哪些方面要求比较严格。

此外,中国访谈对象还特别强调一点,就是要摆正自己的位置。这是一个"纲常"问题,上下级的角色不能乱。作为部属或者副手,要明确自己的职责,主要是服从、支持领导的工作:

  首先就是要明确自己的角色。副职相对来说,在单位里主要是配合一把手的工作,在一把手领导之下开展工作。

当良好互动建立起来,领导和部属之间就会形成一种相互信任、彼此尊重的关系,通过经常性的沟通来维持这样的关系。

在澳大利亚访谈对象看来,这是一段开放、坦诚的关系,双方可以平等地进行沟通,并通过工作的圆满完成来维持这样的关系。访谈对象认为,彼此分享信息是一种表达信任的方式,当能够相互分享更多不会告知他人的信息时,表示彼此关系更加亲密:

> 我觉得她信任我的判断和思考能力,以及把细节串联在一起的能力。她会非常坦诚地与我分享她不会和其他人分享的信息,因为她对于他们的判断力没有足够的信心。我认为她特别看重我的一点是我在特殊情况下的分析能力,以及清楚地知道需要些什么来完成工作。

而对于中国访谈对象来说,亲密的关系意味着彼此之间除了工作关系,在私人生活上也对彼此深入了解。访谈对象认为,能够帮助处理私人事务,是一种表达信任的方式:

> 就是他家里的事情,他交给我来处理,我觉得他对我比较信任……而且他把我带在身边,万一有什么事情的话,他还是放心让我去处理。

中国访谈对象认为,要维持良好的领导-部属关系,部属尤其要对领导始终保持忠诚:

> 对领导要讲忠诚。如果遇到原则性的问题,有时候该提醒的就要提醒。一般情况下,我觉得对于做事的话,要对领导更加负责一点,就是说我不会把这个事情给领导做坏了,我不会拆他的台,我不会让领导难堪。

尽管西方多维度的领导-部属交换理论中也有忠诚维度——主要指在公开场合表示支持领导,但是澳大利亚访谈对象则认为,与中国不同,在西方并不特别强调忠诚的概念:

> 我不觉得存在所谓的忠诚,我想更多的应该是彼此的重视,以及我们团结在一起,成为一个团队的感觉。我想对我来说这是关键。

2.领导视角:与部属的关系

在与部属建立关系的时候,中西方访谈对象都会通过与部属的沟通来相互了解。在接触新的部属时,访谈对象作为领导都会与部属进行交谈,让部属清楚自己的职责,了解部属的需求。然后通过在一起工作,在解决问题的过程中建立起良好关系:

> 我做的第一件事就是进行一对一的面谈,然后花时间解释我的背景、工作风格,询问他们的背景,他们喜欢的工作方式以及他们想从这个团队中获取什么,比如学到什么,是寻求晋升还是寻求一些特别的发展机会。我想主要建立关系的方式,就是和他们亲密工作,和他们一起进行决策,很开放地进行交流。

澳大利亚访谈对象还表示,会通过分享信息来判断部属是否值得信任并建立进一步关系:

> 我必须确定当我和他们谈论、告诉他们一些事时,他们不会告诉别人,我们之间的谈话是保密的。我们可以谈论问题,但他们不会一走出我的办公室就告诉别的员工,你知道这是个问题。或者是他不知道要做什么,就来问我该怎么做。所以我们拥有非常信任的关系。这很重要,这样我可以告诉他们我在想什么,而他们也会更自在地告诉我他们同意与否。

而中国访谈对象则是通过主动向部属求教来与部属建立关系,逐步让部属认可自己,并乐意与自己进行交流:

> 首先要以虚心的态度向他们学习,我就是学生,对这个领域不太了解,下级向我汇报时,是我在学习,不是他来跟我汇报工作。

当关系建立后,除了日常的沟通交流,领导会通过给予部属一定的自主空间进行决策来支持部属的工作,作为维持关系的一种方式。中国访谈对象还强调,领导敢于为部属承担责任,是支持部属工作的重要表现,有助于维持良好的领导-部属关系:

> 做事的那位同事对我说:"跟着你做事,我觉得很踏实,就是说如果遇到问题,你能够承担起来。"他就说,如果领导瞎编说也不知道这个事情,怕被责骂,那么以后他做事的时候,可能就干脆不想做了。我觉得,一个领导绝对要能担当。

此外,在工作之余,一些私人互动会让部属感到领导是关心他的,也会使两人的关系更为亲密。比如,有的中国访谈对象谈到如何对待部属时表示:

> 我在生活上很关心他们,他们过生日我都会提醒。如果我有时间,还会亲自给他们选礼物,没有时间就让人定一个标准,一般三四百元给他们买一件礼物,如一双鞋、一件衬衣。礼物虽然很轻很小,但是代表我的一片心意。

(六)关系中的分歧与矛盾

在领导-部属关系建立和维持的过程中,领导和部属之间难免会因为某些事情而出现分歧或矛盾,这些分歧的处理会对领导-部属关系的发展起到关键性作用。当领导和部属之间能就分歧进行沟通、讨论并解决分歧时,会使彼此的关系更加亲密和友好。然而,当分歧不能通过有效的途径解决时,就可能使领导-部属关系走向消极,甚至导致彼此关系的破裂。

1. 领导和部属之间意见相左

在访谈过程中,访谈对象首先提到领导-部属关系中出现的分歧,多是由于意见或观念不同,导致双方决策不同从而出现分歧。当出现意见不同而形成分歧时,中西方访谈对象都表示会就分歧进行沟通,各自做出妥协。如果是与领导出现分歧,那么首先要始终保持尊敬的态度,不能以粗鲁、无理的方式对领导进行反驳。中国访谈对象强调,即便是出现分歧,也要维护领导的权威。

当领导不同意自己的观点或建议时,澳大利亚访谈对象会采取调整策略的方式,根据领导确定做的方向作出努力,将自己的目标调整为领导所期望的目标,继而高效工作。比如,有的澳大利亚访谈对象认为领导的想法明显有误、需要改变时,也会根据领导要求继续工作,并努力再向领导提建议:

> 他是主导者,他说我们不这么做,那么我们就不会去做。我的态度更像是"好吧,我不同意,但我会去做的"。我想他18个月后改变了想法是因为我们一直在做这方面的交流。我会按照你说的去做,但是我会给你建议来努力改善,这是我可以控制的办法。

澳大利亚访谈对象认为,当意见不同出现分歧甚至是矛盾的时候,敞开交流是可以解决问题的,而且这样的交流会使得彼此关系更亲密:

> 在我们思考过之后,也许是冷静下来的时候,我们就会讨论这个……我觉得我们的关系比之前还更好,因为我们做到了坦诚地讨论。如果我们不去讨论这件事就会变得很糟。但是感谢上帝,我和他的关系是变得越来越好,更能彼此理解。

而中国访谈对象在对待分歧的时候,会表现出更多对领导的服从,按照领导要求去做,但是内心会很郁闷,也会相应缺乏工作的动力:

我就无所适从，到了后边，我就不会有想法，不会有思路。他安排我该做什么，他说什么我就做什么。但是我就不会主动去思考这一块工作我应该怎么做，怎么去更好地完成。

与此同时，当中国访谈对象面对自己部属时，也会产生同样强硬的态度：

有的时候会出现这样的情况，这件事情我定了，有责任我来承担，你必须按照这个要求去操作。理解要操作，不理解的，你边操作边理解。实在不能理解的，就要按照我说的去做，做完以后责任我来承担。

2.部属表现不佳

除意见相左之外，在领导-部属关系中常会出现的另一个问题是部属无法按要求完成工作、工作表现不符合领导预期。无法很好完成工作的最大原因往往是部属能力不足。面对这样的情况，中西方访谈对象都表示会努力去帮助部属进行改善。

中国访谈对象还谈道，有时候无法完成工作不是由于能力不足造成的，而是由于个体的工作态度问题，即工作没有积极性而导致他们不愿意去完成工作。面对这样的情况，中国访谈对象表示，要去努力调动部属的积极性，通过分配重要工作、给予空间等方式让部属感到自己是受重视的、是可以做事的。当然，有时候也没有很好的解决办法。

而当存在的问题没有被解决或改善时，面对无法有效完成工作的部属，中西方访谈对象所采取的方式也有所不同。澳大利亚访谈对象表示，如果经过一再努力，部属仍没有改善，那么会根据程序要求这位部属离开，不会再让他留在组织中：

有人的工作没有达标，我们就会进行讨论，他会承诺改进，解决这个问题。但如果他没有改善，我们会进行更多讨论，看看还需要怎么做来改善他的表现。但仍没有效果的话，最终我们会让他走人。

可能受选人用人体制的约束，中国访谈对象表示，面对无法完成工作的部属，他们往往难以直接将其辞退，不得不留下这些人，放任其存在。他们经常采取的方式是疏远这些人，尽量少地把重要任务交给这些人去做：

他觉得："你拿我有什么办法？你不能开除我，工资也不能少给我。你安排我的事情，在工作职责范围内我就做，在职责范围外我尽量推掉。你明知道交给我，我做得不会好，你以后就会少交给我。"比如，这项工作我交给他，我明知道他做不好,我就不想交给他,我肯定是想交给做得好的人。但是,如果工作职责是明确的,就应该是他做的,但是我交给他我也不放心。我觉得他,只能说,对他的期望值不是很高……有的人年纪大了,他对工作没有这么用心,认为无所谓了,做起来确实是比较缺乏工作动力。我感觉,还是有些缺乏激励手段吧。

三、中澳领导-部属关系的差异

(一)中国人的"丰满圆润"与西方人的"骨感挺拔"

本章通过质性研究的方法,直接对比中国和澳大利亚官员在领导-部属关系上的异同,既提供了比较直观而丰富的一手素材,又梳理出了现象分析的逻辑框架。通过访谈对比,应该说,中澳的领导-部属关系各有优势和特色。用一句形象的话概括:中国人的领导-部属关系是"丰满圆润"之美,而西方人的领导-部属关系是"骨感挺拔"之美。有人可能会问:"丰满圆润"和"骨干挺拔"哪个更好一些?笔者的观点是:"各美其美"和"过犹不及"。

对于中国和澳大利亚官员在领导-部属关系上的具体差异,可以总结概括为下列几个方面:

1.中方注重由工作关系延伸出的私人关系,而澳方相对限制非工作关系的发展

中澳两方领导-部属关系的"胖瘦"不同——范围大小不同,即中国人的领导-部属关系包括工作关系及其延伸出的非工作关系或称私人关系,工作与生活边界相对模糊,而西方人则更多把领导-部属关系限制在工作关系上,公与私界限更为清晰。究其原因,可能在于中国侧重人情社会,而西方侧重契约社会(冯必扬,2011)。

中国访谈对象常会表示,自己与部属在工作之外是朋友关系,甚至是兄弟姐妹般的关系。这一称谓暗示和传递了"弦外之音":一是表示自己与部属关系十分亲密,有情有义;二是表示自己平等对待部属,由上下、尊卑的纵向关系转换为左右、平等的横向关系——要知道在中国传统的"五伦"之中,只有朋友关系不是上下关系;三是希望团结凝聚部属,有利于与部属沟通和推动工作。

中国官员特别注重调动情感来激励部属,比如关心部属的家庭、记住部属的生日等,部属也希望通过帮助领导办理私人事务来体现与领导的亲密关系,领导和部

属之间有类似家庭式的氛围,比西方人的领导-部属关系更多一些滋润的温情,也使得领导-部属关系显得"丰满圆润"。

当然,在领导和部属二元对偶关系之外的人情和关系网络,又会影响领导-部属关系的发展,若情感因素把握不好,就会过犹不及。比如,澳大利亚访谈对象认为,熟人的推荐是对于组织有利的,会慎重考虑并纳入公开招聘程序,在推荐对象进入组织之后也不太会区别对待。他们感到,工作之外的友谊一般不会影响到工作本身;相反,当私人关系损害到工作利益时,他们会对这段私人关系感到失望。但是,中国访谈对象则感到的是这种"推荐"的人情压力,感觉有些棘手,在推荐对象进入组织之后,往往会考虑人情和"关系"因素而对其特别照顾。从中可以发现,中华文化下的领导-部属关系是一种人情社会的社会交换,人情起到重要作用,而西方文化下的领导-部属则是一种契约社会的社会交换,以基本的利益和职责为主,人情在其中影响不大。

2. 中方强调等级和秩序,而澳方强调利益和平等

在对澳大利亚官员访谈中,问及中西方文化下领导-部属关系最大的差异是什么,很多访谈对象不约而同地提到"等级"。他们认为,中国社会更为等级分明,讲究上下之别,而在西方文化中则相对平等,不会太多强调上下等级的差异。他们感到,尽管上下级之间级别不同,但这并不是重点,也不是他们文化中关注的地方。此外,澳方访谈对象认为,中西方差异还体现在两者组织体系运行上的不同。他们感到,中国政府组织与政治的联系更为紧密,而澳大利亚的政府组织,在很大程度上像企业一样运营,更加看重效率和利益。

另一方面,中国访谈对象更为强调等级和秩序。比如,在面对上级时,部属要摆正自己态度,服从领导安排,"纲常"秩序不能乱。其实,对"资历"的看法,恰能折射出等级和秩序的重要性。资历也是澳大利亚访谈对象提到的中西方文化的另一大差异。他们认为,在西方社会组织中更看重的是个人能力而非在组织中工作的时间长短,所以他们会自然认同年纪轻、资历浅但有能力的人作为领导。这与选人用人的体制有密切关系,比如西方国家选人用人的主要方式之一是投票,有时就会选出来一些没有从政经验或者领导经验的人,有时口才、外貌比资历更重要。中国的管理人员培养选拔则往往是递进式的,要经历一层一层的考验与历练。

资历是一个较少被写进文件,却又几乎人人心里比较、总是暗暗发挥作用的因素。究其原因,中华文化强调"长幼有序",而资历往往与年龄、阅历紧密相关,其背后隐含的就是长幼之序。大家知道成语"后来居上"的历史典故吗？在汉武帝时期，汉武帝喜欢提拔新人，新任干部的地位甚至高于老臣，大臣汲黯就此向汉武帝提出，"陛下用群臣，如积薪耳，后来者居上"（《史记·汲郑列传》）。汲黯的意思是，公孙弘、张汤那些小官，论资历都在我之后，可现在他们却一个个后来居上，职位都比我高多了，选干部又不是堆柴禾，怎么能这样呢，指汉武帝提拔官吏就像堆放柴草的农民，把新人放在老臣之上。由此，产生了成语"后来居上"。再如，在访谈中笔者发现，在部属和领导之间，当部属比领导年龄大、资历老时，双方更容易产生矛盾；在部属和部属之间，年龄大、资历老的部属，若没有得到重用或晋升，积极性就会受到严重挫伤，可能演变成组织中的边缘人物。从领导的成长与培养上看，确实是要看资历不能"唯"资历，讲台阶不能"抠"台阶，应当着力破除论资排辈和人才成长的隐性台阶。

3. 中方看重"德"，而澳方看重"才"

在西方研究中，Cuddy，Fiske 和 Glick（2008）提出，热情（warmth）和能力是社会知觉的两个基本维度。在西方职场中，能力被放在第一位。澳大利亚访谈对象认为，对部属的评定最终要回到个体的工作绩效上，而优异的能力是高绩效的根本，因此选择把能力放在第一位。

中国的社会文化环境与西方不同。从现实基础看，中国共产党作为执政党在用人标准上主张"德才兼备，以德为先"，其中政治忠诚是"德"最重要的方面；从历史文化渊源看，中国古人大多认为德重于才，作为中华文化基础的儒家思想最具有代表性（周桂钿，2000）。因此，中国访谈对象会普遍认为"德"比"才"更重要，能力不足可以后天培养和提升，而品德不佳则难以弥补。这也与上一章的研究发现相一致，即本土的领导-部属关系矩形结构模型及其 LMR 量表，都是以"德"的内容为主，而"才"的内容表现并不明显，仅表现为贡献维度和 LMR 量表的少量条目。

4. 中方强调"互补式的和谐"，而澳方强调"分享式的制衡"

孔孟提出君臣关系处理的"双向义务机制"的关系模式（朱贻庭，1992），对偶关系双方是互补而非平等的关系（杨国枢，1993）。在中国官员的访谈中，发现了为达到关系和谐，而采用的"双向""互补"的行为方式，笔者称之为"互补式的和谐"。例如，在领导一方，为表示尊重部属和自己谦和，领导常要向部属"主动请教"，与自古"帝者与师处，王者与友处"（《战国策·燕策一》）的思想相承；在部属一方，为维护领导权威和表示服从，部属常会向领导"主动请示"。也就是说，领导的"主动请教"

和部属的"主动请示"形成了一对积极关系的互补行为。

另一方面,对于领导和部属之间不和谐的情况,则有些无奈,并希望"家丑不可外扬"。因此,领导更多的是选择放任部属或把部属边缘化,部属更多的是选择抵触回避或暗中反对领导。也就是说,领导放任、边缘化部属和部属抵触回避、暗中反对领导,形成了一对消极关系的互补行为。领导不太会直接辞退部属或要求部属离职,这既与管理体制有关系——领导缺乏辞退直接部属的权利,也与中华优秀传统文化重视"和合性"、追求人际和谐(杨国枢,1993)有关联——哪一方都不希望自己先公开破裂关系、破坏和谐。

与中方"互补式的和谐"相对应,西方更突出个人的色彩,强调相互分享,相互影响制约,笔者称之为"分享式的制衡"。例如,在澳大利亚官员访谈中,在出现意见相左或矛盾冲突的时候,部属会不断调整与领导沟通的策略,强调保持向上的"影响力",领导则会保持向下"炒鱿鱼"的权威,双方形成一种潜在的制衡关系。与这一发现相类似,在西方管理者胜任特征模型中,部属的向上影响力或称管理上司的能力是很重要的能力素质(王登峰,崔红,2006b)。

再如,在澳大利亚官员访谈中,领导注重与部属分享信息也是他们的特色之一。他们会通过分享信息来表示对部属的支持,也通过分享信息来检验部属。中华文化是"集体主义"文化,更重视人际关系,而西方文化是"个人主义"文化,更重视自我价值,这是中西方不同领导-部属关系表现的重要原因之一。

此外,性别在领导-部属关系中的影响,并没有我们想象中的那么大。有的澳大利亚访谈对象认为,中西方的差异表现在对于女性的态度上。他们认为中国女性领导较少,女性更不容易被看作是领导。而事实上,在访谈过程中性别并没有作为一个特别重要的因素被提及。

中国女性访谈对象表示,自己身为女性,在领导-部属关系中会有相对温和、细心的优势,但是相处方式与男性领导相比并没有太大的区别。有一名女性访谈对象表示,因为是女性的缘故,在上下级尤其是异性上下级相处中会注意保持一定距离,但是这样的情况在其他访谈对象身上并没有被显著提及。

(二)再审视:西方领导-部属交换理论与本土领导-部属关系矩形结构模型

基于扎根理论的质性研究,是研究者根据数据产生理论的过程。本章主要目的在于充分挖掘描述性的数据,探索领导-部属关系描述之间的内在关联。虽然不

能直接对西方领导-部属交换理论和本土矩形结构模型进行假设检验,但是可以将它们进行相互对照,具体可以进行如下比较:

西方领导-部属交换理论认为,领导不可能采取同一种平等的方式对待每一名部属。在访谈过程中,访谈对象也纷纷表示要完全一致地对待每一名部属是很难办到的。但是这样的不平等并不是不公正,在澳大利亚访谈对象看来,这是由于个体的自我取向不同所造成的。当个体需要更多空间独立完成工作时,相应地,领导与部属之间的关系就会相对较远,因为部属不需要领导干涉过多。而有些人则更愿意与领导多交谈来开展工作,那么就给他想要的方式与他多交流。但是,在部属犯错时,对其的纠正态度是一致的,并且无论对何种取向的部属都要保证一定程度上的沟通交流,这样才能保证彼此了解。中国访谈对象则更多受能力和资历等因素的影响,当部属能很好完成工作时,就会不自觉与其更为亲近,愿意将更多的工作交给他去做。但同样地,也要保证与其他部属维持一定交流沟通。这表明,中西方文化下,共同点是领导会有区别地对待不同部属,建立不同质量的领导-部属关系,但不同点在于区别对待部属的原因有所不同,其中存在着明显的文化差异。

就领导-部属关系的建立过程而言,访谈对象均表示会通过上下级一起工作、解决问题来获得对彼此的了解信任,从而建立起良好的关系。这与 Graen 等(Graen et al., 1975; Cashman et al., 1976)提出的领导-部属关系中的角色扮演相符。领导允许部属参与协商的程度,直接影响最后的关系,参与协商程度越高的部属就越是"圈内人"。领导通过让部属参与决策来表现自己对部属的信任。本章结果表明,中西方文化下,共同点是都会通过上下级一起工作、解决问题来建立和发展领导-部属关系,但不同点在于上下级互动的具体方式有所不同,其中存在着明显的文化差异。

领导-部属交换理论的单维度观点认为,领导与部属之间的关系仅限于工作关系,实际上这与西方访谈对象的情况比较相符。西方访谈对象普遍表示自己与上下级之间的关系重点在工作上,不会进行过多的工作之外的互动。偶尔会有一些集体的社交活动或就一些话题闲聊,但这不是关系的主体。而对于中国访谈对象来说,工作之余的互动是领导-部属关系中很重要的一部分。通过建立私人关系或进行非工作的互动,可以更好建立彼此关系,让彼此关系更亲密。这表明,领导-部属交换理论的单维度观点在中国的社会文化环境中并不完全适用。

领导-部属交换理论的多维度观点认为,领导-部属交换关系有四个维度,即忠诚、情感、贡献和专业尊敬。情感和专业尊敬是中西方访谈对象在访谈过程中都提及的内容，与性格友善的个体更容易建立起良好关系，而对于拥有很好专业能力的人，也会表现出更多的尊敬，会对这样的个体更为欣赏。但是，对于忠诚维度的态度，中西方访谈对象有着不同的看法。在问及澳大利亚访谈对象对于忠诚的态度时，他们表示并不存在所谓的"忠诚"，笔者发现他们提到最多的词汇是"信任"，而"信任"正是Liden等人（1998）研究中认为与忠诚概念相混淆而被排除掉的维度。当领导更信任部属的能力，并相信部属能保密与之分享的信息，领导会认为这样的部属是更亲近的。另一方面，中国访谈对象则在访谈过程中强调忠诚对于领导的重要性，而且这种忠诚的内涵与Liden等人（1998）强调的忠诚的内涵差异很大。这表明，领导-部属交换理论的多维度观点在中国的社会文化环境中，同样不完全适用。

采用同样方式，笔者将本章研究发现与上一章的矩形结构模型进行比较。虽然这两个研究相互独立进行，但本章的访谈提纲采用了领导和部属两个视角、积极关系和消极关系两种类别的访谈内容。应该说，这两章的研究发现是交叉验证的，而不同点在于本章是领导和部属之间动态过程的分析，而上一章是领导和部属之间静态结构的分析。

比如，就忠诚的看法，Liden等人（1998）认为忠诚就是一方对另一方的公开支持，是双向的。而本研究发现，忠诚更多的是单向的，是部属对领导的忠诚，而很少反过来表述。在内涵上，忠诚维度和贡献维度是绑定在一起的，既表现为对领导的专一维护，也表现为对领导和组织的冒险相谏。其实，从忠诚内涵上讲，它与西方观点差异很大，而与郑伯埙（1995）的本土化观点更为相近——即忠诚是部属对领导做毫不保留的贡献，忠贞不二，且能为之付出额外的努力。

再如，西方领导-部属交换理论没有关于"消极关系"或"消极交换"的界定，但澳大利亚官员的访谈中却存在"消极关系"的描述。在中国官员的访谈中，消极关系也表现为部属"抵触反对"领导、领导"控制划派"部属的内容。因此，本章的研究发现进一步印证了上一章双视角二阶四因素的矩形结构模型，并进一步探索了领导-部属关系建立和发展的动态过程。

第五章
"重情重义"与"互惠互利"：
西方、中国香港与中国内地的准实验比较

> 君主必须是一头狐狸以便认识陷阱，同时又必须是一头狮子，以便使豺狼惊骇。
>
> ——意大利思想家马基雅维利

> 与上司相处就像与火共处，既不能靠得太近，以免引火烧身，也不能离得太远，以免冻死。
>
> ——古希腊哲学家第欧根尼

上一章我们通过质性研究方法，对中国人与西方人在领导-部属关系上的表现进行了跨文化的直接对比。有人可能会说，十几个人的访谈虽然生动和深入，但这只是一家之言，不能推而广之。基于扎根理论的质性研究，虽有利于探索发现领导-部属关系的文化差异，但确实缺乏有力的假设检验和翔实的统计数据。因此，有必要进一步开展领导-部属关系跨文化比较的量化检验。

先找到中国人的领导-部属关系的典型表现，再找到西方人的典型表现，然后进行两者的对比，岂不是大海捞针？那么，应该具体从什么问题或素材切入开展跨文化比较呢？其实，无论多么宏大、多么完备的概念，要着手开展实证的问卷调查，都必须先转化为操作性概念及量表，而量表一般由这一概念的代表性行为样本组成（金瑜，2005）。也就是说，领导-部属关系量表的条目，恰是某一文化背景下领导-部属关系的代表性行为和典型表现。以往研究几乎没有对领导-部属交换的代表性量表进行过深入分析，而这正是本书对中国人和西方人进行跨文化直接比较的切入点。

本章的主要目的是以不同文化背景下领导-部属关系的代表性行为和表现——以国内外领导-部属关系的代表性量表为素材，以西方、中国内地、中国香港

的中高层管理人员为评价者,对比西方文化、中华文化、中西融合文化背景下的个体在领导-部属关系评价上的异同。

由于这项研究带有较强的探索性,因此我们分两步开展:一是比较代表性量表在测量"领导-部属关系"上的内容效度,并考察不同文化背景的研究对象在量表内容效度评价上存在的差异;二是在前一研究基础上,找出领导-部属关系中西方存在差异的内容,并增设一定的文化情境,进一步对其开展假设检验。

一、三地管理者在代表性量表评定上的比较

(一)代表性量表:寻找领导-部属关系典型表现的捷径

"内容效度"是心理测量学中的专业名词,是指测验和量表的条目能够准确反映预测行为总体的程度。打个比方来说,高中数学老师为了了解学生对高中数学知识的掌握情况,若时间许可,可以进行一次全面的数学测验,把高中所学的全部数学题考一遍——这显然行不通。于是,老师就从高中数学知识的所有题目中,选择一小部分有代表性的题目编成测验试卷,然后根据考试分数来推测学生是否扎实地掌握了高中数学知识。若测验题目出得有水平——测验的内容效度高,则能够准确知晓学生的数学学习情况;若选题有偏差——测验的内容效度低,则难以准确推论学生的数学水平。

据此,是否可以做一个大胆、有趣的推论:西方人编制的有代表性的领导-部属关系量表,量表条目代表了西方人领导-部属关系的典型表现——尽管西方学者认为他们的量表适用于全世界;中国人编制的有代表性的领导-部属关系量表,则代表了中国人领导-部属关系的典型表现。测量领导-部属关系已有诸多量表,LMR量表的内容效度与其他量表相比孰高孰低,哪个能更好地反映领导-部属关系的总体行为和表现,是接下来我们要探索的问题。

如果你熟悉心理学家和管理学家的套路,就知道他们解决问题的方式一贯"简单粗暴",所谓领导-部属关系,只能是领导-部属关系量表测得的结果。不幸的是,这一次连操作定义也救不了他们,因为对于如何测量领导-部属关系,专家的意见也不一致。国内外关于领导-部属关系的测量工具种类繁多,一般来说,它们的区别主要体现在如下几个方面。一是操作性定义不同。有的侧重领导-部属交换,即

LMX；有的侧重领导-部属关系，即 SSG；有的侧重测量行为；有的侧重测量认知。二是维度不同。有的是单维度，把领导-部属关系作为一个整体概念；有的则是多维度，每个维度有不同的作用。三是编制方式不同。有的从概念或理论出发，采用演绎法来编制；有的则不设定维度，采用归纳法对维度进行提取和检验。四是功用和效度不同。不同量表对不同效标有预测能力，后来开发的量表一般会比前人开发的有一定的效度增益。下面，我们首先对领导-部属关系的 7 个代表性量表进行简要梳理与分析。

表 5-1 领导-部属关系量表的比较

量表名称	操作性定义	维度与条目数	编制方法	功用
LMX-7 量表（Graen & Novak, 1982；Graen & Uhl-Bien, 1995）	整体的工作关系质量	单维，7 条	不明确	侧重与工作相关的内容，强调对整体的测量，简单实用
LMX-MDM 量表（Liden & Maslyn, 1998）	不限于工作的、不同维度的关系质量	四维，12 条	归纳法	强调多种角色，对常用效标有较好的预测
LMSX 量表（Bernerth, 2005）	工作中的社会交换的质量	单维，8 条	演绎法	与 LMX-7、LMX-MDM 相比，在效标预测上有新的增益
单维领导-部属关系量表（Law et al., 2000）	工作之外的关系质量	单维，6 条	归纳法	测量工作之外的关系质量，与 LMX-7 互补
三维的领导-部属关系量表（Chen et al., 2009）	类似家庭的关系	三维，16 条	演绎法	比单维领导-部属关系量表和其他类别量表有新的效度增益
领导-部属关系图式量表（Huang et al., 2008）	关系图式（对角色预期的认知）	四维，16/14 条	归纳法	对领导-部属关系知觉的不一致性有独特作用
领导-部属关系形式量表（姜定宇，2005）	角色化的情感性、工具性和义务性关系	三维，15 条	演绎法	首次测量了本土化的"关系"的三种成分

1. 单维度的 LMX-7 量表

LMX-7 量表由 Graen 和 Novak(1982)、Scandura 和 Graen(1984)研发，包括 7 个条目，1995 年 Graen 和 Uhl-Bien 提出了其改进版本。它是 20 世纪 80 年代和 90

年代使用最频繁的测量领导-部属交换的工具,也具有最高的信度(α系数为0.89)(Gerstner & Day,1997)。该量表的具体内容包括:对工作的满意程度、对问题和需要的了解程度、对潜力的了解程度、帮助对方摆脱困境的意愿、为对方辩护的意愿等。

LMX-7量表尽管使用非常广泛,但它由最初的4个条目发展而来,不同条目的增减比较随意,早期的量表编制中没有提供信度和效度的指标,而且不同版本之间也存在诸多不一致。其实,即使是Graen和Uhl-Bien(1995)提出的改进版本,也没有提供其在心理测量学上的充分证据。

2.四维度的LMX-MDM量表

Liden和Maslyn(1998)开发了多维度量表LMX-MDM,它包括四个维度,即情感、贡献、忠诚和专业尊敬。该量表的开发过程比LMX-7量表更为系统,通过文献分析和关键事件访谈各得到80个和40个条目,建立了较全面的条目库。该量表编制方法的不足在于,过多地使用文献中的条目以及前人量表的结构,内容效度分析主要依赖专业人员和学生,样本也主要为学生和企业一般员工,这些都在一定程度上限制了研究效果。

Greguras(2006)对采用单一维度和单一的部属视角来测量领导-部属交换关系提出了批评,并从领导的视角编制了SLMX-MDM量表,发现它和LMX-MDM量表可以预测不同的效标。但由于没有从领导者的视角去收集条目、编制问卷并探索量表的结构,所谓SLMX-MDM量表只不过是LMX-MDM量表的镜像测验,比如"我非常喜欢我主管的为人",从领导视角则被表述为"我非常喜欢我部属的为人"。

3.领导-部属社会交换量表(LMSX)

Bernerth(2005,2007)采用专家评价法,发现LMX-7量表、LMX-MDM量表并不直接测量社会交换。他采用演绎法编制了单维度的领导-部属社会交换量表(LMSX),发现与LMX-7量表相比,LMSX量表只在预测任务绩效上没有增益;与LMX-MDM量表相比,则在预测离职意向、组织承诺上有效度增益。从量表内容上看,LMSX的8个条目内容,主要描述领导和部属之间如何交换、在付出和回报之间保持平衡以及对交换的预期等。

LMSX量表存在的问题:一是内容效度评定完全采用专家的观点,忽视了实践者的评定;二是条目采用演绎而非归纳的方法生成,代表性难以得到保证;三是既然 LMX-7 量表、LMX-MDM 量表不能测量社会交换关系，却与诸多结果变量密切相关，那么以义务感为基础的社会交换在理论上就成了无关紧要的因素。

4.单维度的领导-部属关系（SSG）量表

Law 等人（2000）验证了中国的领导-部属关系（SSG）不同于西方的领导-部属交换概念，并编制了领导-部属关系量表。编制的方法是，要求 49 名中国内地企业的员工描述与和其具有良好关系的领导如何相处的行为，然后从中提取了 6 种代表性行为编制成量表。从领导-部属关系量表的内容来看，所谓领导-部属关系，主要是工作时间之外的通过家访、聚会等活动进行的社会互动，而西方的领导-部属交换则是严格限定于工作环境中的与工作有关的交换。

该量表的不足在于：一是它过于强调关系的非工作性质，而中国人工作和生活的界限及其人际关系很难截然分开；二是它混淆了上下级关系和普通人际关系，有把上下级关系等同于一般人际关系之嫌；三是它的编制不规范，样本也仅限于企业；四是它的潜在测评对象是中国港、澳、台地区的家族企业，难以适合中国内地的党政机关和企事业单位。

5.三维度的领导-部属关系（SSG）量表

Chen 等人（2009）依据 Fiske（1992）的社会关系理论，把领导-部属关系（SSG）从基于契约的关系转换到团体共享的关系，把工作关系转换到类似家庭的关系上。他们通过对 Fiske 社会关系理论的推导，认为领导-部属关系（SSG）包括三个维度，即情感依附、个人生活融入、对主管顺从。

从这一概念界定及其三个维度出发，Chen 等人编制了三维度的领导-部属关系量表，成为了测量多维度领导-部属关系（SSG）的工具。不过，该量表没有从中华文化出发提出理想架构，而是以西方的社会关系理论为基础预设了三个维度，预设维度的全面性和代表性存有一定的问题。

6.领导-部属关系图式量表

Huang 等人（2008）从关系图式（relational schemas）的角度来研究领导-部属关系。关系图式的主要内容是领导和部属对对方的角色预期。他们通过访谈分别提取领导视角和部属视角的关系图式，再通过专家评定和样本施测得到了 16 个条目的领导图式量表和 14 个条目的部属图式量表。从内容上看，领导图式注重与工作有关的问题，具体包含团队成员、可靠性、自我导向、工作承诺四个维度；部属图式则注重人际问题，具体包括相互理解、学习与发展、友好态度、影响力四个维度。

图式量表从认知角度研究领导-部属关系,特别是研究角色预期的作用,进一步发展了内隐领导理论和内隐绩效理论,在一定程度上弥补了行为研究的不足。然而,在编制量表时,领导角度和部属角度的访谈各只有 15 人,能否达到信息饱和,得到所有必要的图式内容,以及因人而异的关系图式能在多大程度上被人们共享都还有待验证。

7.领导-部属关系形式量表

杨国枢(1993)提出,关系形式化是中国人的"关系取向"的一个重要特征。他认为在中国传统社会中,人与人的主要社会关系是相当形式化的,甚至是仪式化的,不会依个人意志而随意变动,在这方面最有代表性的是"五伦"的关系。根据关系形式化的概念和杨中芳的"关系"三成分论,姜定宇(2005)和其导师郑伯埙采用演绎的方法编制了领导-部属关系形式量表。

该量表包含 15 个条目,分别描述人际情感维度、利益关系维度和角色义务维度。从文献梳理来看,该量表可能是从本土化的理论演绎出的最早的领导-部属关系量表。不过其编制较为粗糙,而且该量表中工具性成分(利益关系维度)表现为消极作用,也与一般观点不符。

(二)集体主义文化和个人主义文化

在理论上,西方国家和中国的管理者有哪些不同?这是接下来要对西方国家、中国内地和中国香港的管理者,在领导-部属关系的中西方量表评定上的结果进行比较的一个前提。关于文化差异,具有代表性的研究来自荷兰著名心理学家和管理学家 Hofstede 的一系列研究。他在收集 40 个国家包括从工人到博士和高层管理人员在内的,共 116 000 份问卷调查数据的基础上,提出了国家文化模型,使用五个维度来比较不同国家的文化。这五个维度是权力距离、不确定性规避、个人主义与集体主义、男性化与女性化、长期取向与短期取向(Hofstede & McCrae, 2004)。其中,个人主义与集体主义是文化价值观的核心问题,长期以来心理学家、社会学家和文化人类学家分别从个体、社会和文化三个维度做了大量的研究。研究表明,相对而言,中国属于高度集体主义的国家,西方普遍属于个人主义的国家,尤其是美国、澳大利亚等国更是个人主义的代表性国家(Hofstede & McCrae, 2004;Steele & Lynch, 2013)。

Triandis(1995)对集体主义和个人主义的文化差异做了一个相对权威的界定:

一是集体主义者主张集体目标高于个人目标,而个人主义者反之;二是集体主义的自我感是一种与内团体有更多关系的感觉,而个人主义的自我感则是一种自由独立的感觉;三是集体主义强调角色规则对行为的导向作用,而个人主义强调个人态度对行为的导向作用;四是集体主义强调为责任感和社会联系而维持各种关系,而个人主义强调为个人利益而维持各种关系。Triandis 等人(1998)还编制了个人主义和集体主义量表(INDCOL)。个人主义-集体主义无疑是衡量中西方文化差异的一个良好指标。

另一方面,也有学者提出,尽管中国还是集体主义文化国家,但中国经济和社会变革使中国的个人主义色彩变得比以前浓厚得多。阎云翔(Yan,2010)讲述了毛泽东提出的现代化道路如何被逐渐调整,并被市场经济所代替的过程。他把个人选择的不断增加,视作中国社会最显著的变化。他提出,中国发生了双重的社会转型,这既包括个人的崛起,也包括社会结构的个人化,并且即便是在社会中处于弱势地位的人,现在也接受了那种认为个人应该为自己的成败负责的道德观念。

樊浩(2009)开展的中国社会万人调查表明,在市场经济中形成的道德占40.3%,意识形态提倡的社会主义道德占25.2%,中国传统道德占20.8%,受西方道德影响占11.7%。这表明中国伦理道德总体上处于市场经济主导的状态,市场经济中形成的道德和受西方文化影响形成的道德是改革开放所形成的新文化元素,两者占比达52%,而中国传统道德只占20.8%。

Steele 和 Lynch(2013)的实证研究也表明,中国人在评估自身幸福及生活满意度时,越来越优先选用个人主义因素,因此在他们对社会的具体描述中,个人主义成分也越来越多,集体主义因素的重要性在下降。他们指出了中国道德文化中的一种不匹配现象,即官方的道德准则在继续倡导集体主义,而日益增强的市场经济秩序则鼓励个人通过与他人的竞争来追求自己的利益。赵武、高樱和何明丽(2014)也发现,中国传统的集体主义价值观正在受到西方个人主义价值观的影响,即我们处于两种文化的碰撞和融合阶段。

(三)一个有趣的准实验设计

1.设计思路和理论假设

Schriesheim 等人(1999)曾批评说,各种领导-部属交换(LMX)量表的开发和修改非常随意,缺乏清晰的逻辑,条目取样的充分性不够,结构效度和内容效度也缺乏检验。比如,久负盛名的 LMX-7 量表在编制中竟没有进行内容效度的分析！以往领导-部属关系量表开发的突出问题,就是心理测量学的规范性不足,具体表现为:

一是测量的样本存在局限性。普遍存在以学生样本、企业样本为主的情况,其中企业样本又主要由员工和中低层管理人员构成。在初始量表的筛选上,强调专家评价的作用,甚至是以工作经历并不丰富的研究生作为评价者,而忽视了有丰富领导经验的实践者的观点(任真,杨安博,王登峰,2010)。因此,在接下来的准实验中,笔者选择由组织机构中的中高层管理者来担任评价者。

二是量表条目的代表性难以保证。这一点在 LMX-7 量表、Law 等人(2000)的领导-部属关系量表上表现特别突出。因此,在接下来的准实验中,笔者选择西方的代表性量表——LMX-7 量表、LMX-MDM 量表、LMSX 量表,本土化的代表性量表——Law 等人的领导-部属关系(SSG)量表、姜定宇的领导-部属关系形式量表,以及笔者编制的 LMR 初始量表,合并在一起进行量表内容效度的检验。

三是量表条目的表述视角较为模糊。其实,领导与部属的互动至少有三种视角,即施动者的视角、受动者的视角和第三方的视角。例如,在 LMX-7 量表中,6 个条目是受动者的视角,1 个条目是施动者视角;LMX-MDM 量表中,6 个条目是受动者的视角,6 个条目是施动者视角;LMSX 量表中,4 个条目是受动者的视角,2 个条目是施动者视角,2 个条目是第三方视角;领导-部属关系形式量表则全部采用了第三方视角的表述方式。这里存在的突出问题是,不同视角之间是否存在差别,各视角是否存在不同的结构？这一疑问在以往量表编制中都没有涉及。因此,在接下来的准实验中,笔者将各量表条目的表述统一调整为第三方视角,让评价者作为第三方,对量表条目的内容效度进行评价。

四是量表的内容效度模糊。各量表在编制和应用过程中,在测量"关系质量""交换质量""工作关系""关系形式"(角色化的关系)以及泛指的"关系"(relationship)还是特指的"关系"(Guanxi)上摇摆不定。本研究将所测量的内容确定为领导和部属在工作中的互动情况,囊括了泛指的"关系"和特指的"关系",基于交换的关系和非交换(比如角色义务)的关系,工作场所的关系和工作中延伸出来的私人关系。在这样的概念框架下,才能够将各个主要领导-部属关系量表的内容效度进行统一的评定。

因此,笔者将在新的领导-部属关系(LMR)的概念框架下,让中高层管理者对

各量表的内容效度进行评价,并比较跨文化的差异。据此,提出如下假设:

　　研究假设 5-1:不同领导-部属关系的量表之间内容效度存在显著差异,与现有的代表性量表相比,本土的领导-部属关系 LMR 量表具有好的内容效度。

同时,以往开发领导-部属关系量表的另一个突出问题是测量的文化契合性不足。比如,以广泛应用的 LMX-MDM 量表的四个维度为例进行分析。其一,对于情感维度,西方强调领导和部属之间外在特征上的相似性,如年龄、性别、教育程度,而中国更加强调品德、"关系"和为人处事的作用。其二,对于忠诚维度,西方强调对对方品质的公开支持,但是在中华文化下忠诚的内涵更为丰富。例如,儒家传统的"忠"强调的是对他人的真诚、尽心尽力和言行一致(陈壁生,2005);忠诚是部属对领导毫无保留的奉献,忠贞不二(郑伯埙,黄敏萍,2008)。其三,对于专业尊敬维度,西方文化更加强调知识和能力,而中华文化则把"德"放在首位,强调的是基于德行的人格尊敬和人格信任。又如,以领导-部属社会交换(LMSX)量表为例,该量表直接描述了领导和部属之间的交换,在中华文化中则难以准确施测,这是因为中国人对上下级之间直接利益交换的表达是间接和相对隐晦的。

因此,笔者推论,文化会影响领导-部属关系,具有不同文化背景的研究对象在量表内容效度的评价上存在差异。中国人可能会给本土化量表内容效度更好的评价,西方人可能会给西方相关量表内容效度更好的评价。据此,提出如下假设:

　　研究假设 5-2:不同文化背景的研究对象对领导-部属关系各代表性量表内容效度的评定差异显著。

2.研究对象:中国内地、中国香港和欧洲的企业高中层管理者

选取 24 名中国内地企业管理者、28 名中国香港企业管理者、10 名欧洲各国商会的高中层管理者,分别作为中华文化背景、中华文化和西方文化融合背景、西方文化背景的研究对象。

中国内地企业管理者均为大型国有企业高层管理人员,如总经理、副总经理、董事会主要成员;这些企业涉及通信、医药、航空、交通、钢铁、水利、电力、石油等 24 个不同行业。中国香港企业管理者均为本地人,是中国香港中资企业的高层和中层管理人员,来自 28 个经营不同行业的中资企业。欧洲各国商会的高中层管理人员主要负责管理商会对华业务往来,其中英国 1 人、德国 1 人、西班牙 1 人、匈牙利 2 人、比利时 2 人、意大利 3 人,均能熟练使用英语。

中国内地、中国香港和欧洲的研究对象在年龄、性别、担任领导职务的年限方面无显著差异，均来自企业及企业相关领域，具有一定的可比性。不过，由于取样上的困难，西方文化背景的研究对象数量相对较少。

3.用于准实验的材料

选取本土 LMR 初始量表、LMX-7 量表（Graen & Uhl-Bien，1995）、LMX-MDM 量表（Liden & Maslyn，1998）、LMSX 量表（Bernerth，2005）、领导-部属关系量表（Law et al.，2000）、领导-部属关系形式量表（姜定宇，2005）等 6 个量表的条目为实验材料。为便于内容效度评价，所有量表在内容表达上，都将句子中的施动者和受动者由人称代词（如"我""他/她"）改为对应的领导或部属，即评价的视角由领导和部属互动双方中的一方，改为他们之外的第三方。

4.准实验的设计

准实验采用多因素重复测量的实验设计。自变量有两个：一是"材料类别"，包含 6 个水平，即 6 个领导-部属关系量表；二是"文化背景"，包含 3 个水平，中华文化背景、西方文化背景、中西融合的文化背景，分别对应中国内地、欧洲国家、中国香港的研究对象。实验要求研究对象就量表条目的典型性进行判断，因变量为研究对象在 6 个领导-部属关系量表上的作答情况。

数据的统计分析分别从量表、量表维度和量表条目三个层面实施。其中，量表层面是指以 6 个量表为单位，考察材料类型和文化背景的效应；维度层面是指以量表的维度为单位（不包含单维度量表），主要考察量表维度和文化背景的效应；条目层面是指以 6 个量表的 104 个条目为单位，分析在所有条目上文化背景的效应。根据多因素重复测量的实验设计，对样本数据进行重复测量方差分析，详细的结果报告请参见本书附录 3。

（四）新 LMR 量表与其他量表的比较

一方面，方差分析结果发现，样本在"材料类别"变量上的主效应显著，即各量表的内容效度之间存在显著差异，具体表现如图 5-1 所示。LMX-7 量表具有最好的内容效度，其次是 LMX-MDM 量表，再次是本土的 LMR 量表，而 LMSX 量表、Law 的领导-部属关系量表、领导-部属关系形式量表的内容效度则相对较低。这一结果支持研究假设 5-1 中关于各领导-部属关系量表存在内容效度差异的假设。

第五章 "重情重义"与"互惠互利"：西方、中国香港与中国内地的准实验比较 | 113

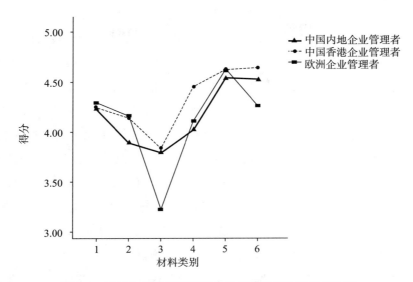

图 5-1　不同文化背景研究对象对各量表评定结果的比较

注：横坐标 1 代表 LMR 量表，2 代表领导-部属关系形式量表，3 代表 Law 等人的领导-部属关系量表，4 代表 LMSX 量表，5 代表 LMX-7 量表，6 代表 LMX-MDM 量表。

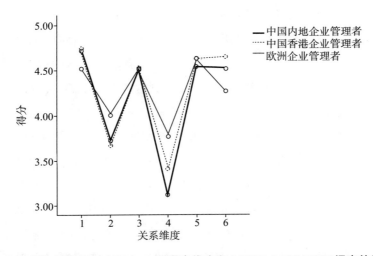

图 5-2　不同文化背景研究对象对 LMR 量表维度和 LMX-7、LMX-MDM 评定结果的比较

注：横坐标 1 代表 L1 维度，2 代表 L2 维度，3 代表 M1 维度，4 代表 M2 维度，5 代表 LMX-7 量表，6 代表 LMX-MDM 量表。

另一方面，样本在"量表维度"上的主效应显著。也就是说，LMR 量表的 4 个分量表（即 L1、L2、M1、M2）与 LMX-7、LMX-MDM 量表的内容效度之间存在显著差异，如图 5-2 所示。从 LMR 量表的分量表看，L1 分量表的内容效度最高；M1 分量表也具有很高的内容效度，与 LMX-MDM 量表相当。但是，L2 和 M2 两个分量表内容效度分数相对较低，这可能并非因为它们不能真实反映"关系"的质量，而是因为它们从消极方面来描述关系。在中华文化下，人们通常忌讳公开谈论领导-部属关系消极的方面，尤其是评价者是管理人员情况下，他们更加会谨言慎行，回避对消极关系作出典型性很高的评价。这一推论得到样本数据的支持，例如，欧洲的研究对象在一些消极关系条目上的评价高于中国的研究对象，而且从图 5-2 可见，中国内地研究对象对消极关系的评价最低。由于消极关系描述的条目是经过严谨的质性研究得来，鉴于受到社会赞许性的重要影响，可以同样认为 L2 和 M2 两个分量表具有好的内容效度。由此可见，研究假设 5-1 中关于 LMR 量表具有好的内容效度的假设得到了验证。

同时，LMSX 量表、Law 的领导-部属关系量表、领导-部属关系形式量表的内容效度较低也是合乎情理的。西方的 LMSX 量表将领导-部属关系描述为赤裸裸的交换关系，这在中华文化下是难以接受的。Law 的领导-部属关系量表将领导-部属关系限定在特指的"关系"，主要体现工作之外的交往，自然也难以获得较高的内容效度。领导-部属关系形式量表的条目，要么描述赤裸裸的利益关系，要么描述上尊下卑的义务关系，在现实工作中难以找到这些理论上的"纯粹"的东西，其内容效度自然会比较低。

本节的内容效度评价方式，能够较好地评价领导-部属关系条目的典型性，却难以评价条目的全面性，而且受到社会赞许性的一定影响。因此，LMX-7 和 LMX-MDM 量表的内容效度得分居于前两位，表明其条目反映了比较典型的领导-部属互动关系，但由于两者的条目数量都比较少，它们可能只反映了一部分典型的关系表现，而难以反映其他的更多典型表现。内容效度是测验的条目能够准确反映所测"行为总体"的程度，LMX-7 和 LMX-MDM 量表条目能够在多大程度上反映这个"行为总体"还需要进一步深入研究。

综上，新的 LMR 量表既内容全面，又体现了一定文化差异。而 LMX-7 量表内容典型或通用性好，但忽视了文化差异的内容；LMSX 量表、Law 等人的领导-部属关系量表、领导-部属关系形式量表则重视某一方面的文化差异，却忽略了内容的全面性。

(五)中国内地"重情"、中国香港"重义"与西方"重利"

通过方差分析发现,"文化背景"变量的主效应不显著。也就是说,具有不同文化背景的研究对象在量表内容效度评价上差异并不显著。本来预期 6 个中西方量表内容效度评价上会存在明显的文化差异,但是从实际结果来看,中国内地、中国香港和欧洲研究对象在量表层面上的评价差异不显著。但是,"文化背景"的作用仍然表现在量表层面的交互作用,以及维度层面、条目层面的具体内容上。如表 5-2 和表 5-3 所示,文化差异具体表现在 4 个维度和 22 个条目上。

从量表维度上看,共有 4 个维度表现出了显著的文化差异。从表 5-2 看,在"利益关系"维度上,西方研究对象的评价显著高于中国研究对象;在"角色义务"维度上,中国香港研究对象的评价显著高于西方和中国内地的研究对象;在"情感"维度上,西方研究对象的评价显著低于中国研究对象;在"贡献"维度上,中国香港研究对象的评价显著高于中国内地和欧洲的研究对象。也就是说,西方研究对象对领导和部属之间直接利益交换的内容评价更高;中国研究对象,特别是中国香港研究对象对情感上喜欢、角色义务(包含部属应做出贡献的内容)的内容评价更高。同时,体现文化差异的维度有的来自中国量表,有的来自西方量表,这也表明文化差异更多体现在量表具体内容上。

表 5-2 不同研究对象对量表各维度内容评价的差异

量表	量表维度	中国内地均值	中国香港均值	欧洲均值	F 值
LMR 量表	L1 关心支持	4.72	4.74	4.52	0.24
	L2 控制划派	3.73	3.67	4.02	0.47
	M1 忠诚贡献	4.52	4.53	4.51	0.00
	M2 抵触反对	3.11	3.41	3.78	1.97
关系形式量表	人际情感	4.07	4.02	3.96	0.03
	利益关系	3.03	3.51	4.30	5.14*
	角色义务	4.58	4.89	4.22	2.96†
LMX-MDM 量表	情感	4.35	4.44	3.47	3.26†
	忠诚	4.58	4.44	4.50	0.11
	贡献	4.03	4.60	4.43	2.57†
	专业尊敬	5.15	5.12	4.67	1.01

从条目内容上看，如表 5-3 所示，104 个条目中有 22 个条目表现出了显著的文化差异。这 22 个量表条目的内容，可以归纳概括为如下几个方面。其一，对于领导和部属相处的消极条目，西方研究对象的评价一般高于中国研究对象，例如，领导独断专行、领导给部属"穿小鞋"、部属暗地与领导较劲等。其二，对于描述直接利益交换的条目，西方研究对象的评价一般高于中国研究对象，例如，部属与领导讲求互利、部属与领导之间"亲兄弟明算账"等。其三，对于领导和部属相互维护、支持的条目，中国研究对象的评价一般高于西方研究对象，例如，领导让部属放手去干工作、部属会坚定地站在自己领导这一边等。其四，对于情感交流和关心生活的条目，中国研究对象的评价一般高于西方研究对象，例如，部属非常喜欢领导、领导将部属看作朋友、领导帮助部属解决家庭生活中的困难等。其五，对于角色义务的条目，中国香港研究对象的评价高于中国内地和西方研究对象，例如，部属就是要尽到做部属的本分、部属愿意为领导做超出自己职责范畴的工作。

表 5-3 文化背景差异显著的条目

量表	量表条目	中国内地均值	中国香港均值	欧洲均值	F 值
LMR 量表	领导独断专行，搞"一言堂"	3.21	3.21	4.50	3.28†
	部属暗地与领导较劲	3.00	3.32	4.30	4.20*
	部属当面顶撞自己领导	2.08	2.96	3.20	4.13*
	领导对部属充分授权，让部属放手去干工作	4.79	4.93	3.20	5.20*
	领导帮助部属解决家庭生活中的困难	4.79	4.25	2.40	10.23**
	领导给部属"穿小鞋"	2.96	2.82	4.40	4.13*
	部属主动告知领导其可能出现的错误，尽管领导会难以接受	3.58	4.25	5.20	7.13**
	领导将部属看作朋友	4.67	4.75	3.40	4.00*
关系形式量表	部属与领导讲求互利，除非领导给部属额外的好处，否则部属并不需要为领导多做什么	3.00	3.07	4.20	3.01†
	部属与领导的关系是基于实质利益而来，部属要听从领导命令的原因，是由于领导是部属的衣食父母	3.04	3.96	4.30	3.84*
	部属与领导之间亲兄弟明算账，部属努力工作到什么程度，要看领导给他(她)什么奖励而定	3.17	3.39	4.50	2.89†
	部属与领导的关系，无非是一种利益交换关系	2.75	3.25	4.60	5.02*

续表

量表	量表条目	中国内地均值	中国香港均值	欧洲均值	F 值
关系形式量表	部属与领导的上下关系,就如同子女与父母,部属应该服从领导的带领	3.71	4.54	3.20	4.21*
	部属就是要尽到做部属的本分,与领导是谁关系不大	4.79	5.57	4.60	3.56*
Law 关系量表	如果存在意见冲突,部属会坚定地站在自己领导这一边	4.71	4.93	3.90	3.41*
LMSX 量表	部属和领导之间存在相互的交换关系	3.00	4.04	4.70	5.50*
	部属在对领导的付出和领导给其的回报之间保持平衡	3.88	4.39	3.40	3.21†
	部属和领导之间的关系是由相平衡的投入和回报构成的	3.00	3.07	4.20	3.68*
LMX-MDM 量表	部属非常喜欢领导这个人	4.13	4.43	3.00	4.67*
	领导是一个部属喜欢和其做朋友的人	4.54	4.21	3.20	3.42*
	领导会在上级面前为部属的工作行为辩护,即使领导对事情并没有充分的了解	4.42	3.86	3.20	2.89†
	部属愿意为领导做超出其职责范畴之外的工作	4.00	4.79	4.40	2.98†

综上,通过具有文化差异的量表维度和量表条目可以发现,领导-部属关系的文化差异主要表现在如下方面:第一,西方研究对象"重利",更为认可领导和部属之间直接利益交换的内容和相互抵触反对的内容;第二,中国内地研究对象"重情",更为认可领导和部属之间情感交流和关心生活、在工作中相互给予大力支持的内容;第三,中国香港研究对象"重义",相对于中国内地研究对象,更为认可角色义务和部属做贡献的内容。这一发现与本书所认为的西方重视互惠利益交换,中国重视情感交流和角色义务的观点是一致的。因此,这一研究结果部分地支持 5-2 的假设。据此,可以用更加形象的语言概括:相对而言,中国内地的管理者"重情",中国香港的管理者"重义",西方的管理者"重利",或者说中国的管理者更加"重情重义"!

同时,非常有趣的是,与通常所认为的中国香港比中国内地更为"西化"的认知相反,研究发现,中国香港研究对象比中国内地研究对象更为"传统",更加重视角色义务的因素。无论西方量表还是本土化量表都可能在条目内容上存在文化差异,不能简单以量表来自中国还是西方来区分文化差异。

此外,本节阐述的研究可能低估了中西方文化差异的影响。一方面,领导-部属关系的发展有着特定的情境,而量表条目的表达多是缺乏语境的;同时研究对象不是以领导或部属某一角色参加研究,而是以独立的第三方角色进行评价,可能导致检测到的文化差异表现有所减少。另一方面,由于欧洲研究对象取样难度很大,数量比较少(只有10人),又分散在多个国家,可能会影响评价结果,而且这些欧洲研究对象相对比较了解中国,又是在中国环境中参加研究,也可能影响评价结果。

二、在文化情境条件下西方、中国香港与中国内地管理者的比较

上一节的研究,通过让不同文化背景的管理者对领导-部属关系条目的典型性进行打分,从而比较了不同文化背景的管理者对领导-部属关系的概念和结构的认知差异。这一研究从代表性量表的内容效度角度切入,为探索领导-部属关系的文化差异和中国人的关系之道打开了一扇窗户。

然而,在上一节的研究之后,又出现了新的疑问:一是尽管从广义上来说,可以简单地将欧洲归为西方文化的代表,但实则仅仅是我们熟知的德国、法国、英国等就已拥有各自不同的传统文化。更何况,对于一个组织机构的领导而言,将不仅受到自己国家传统文化的影响,还会受到自己所在组织机构特有文化的影响。这些影响都将涉及他们对于领导-部属关系各种表现的典型与否的判断。二是领导-部属关系的文化差异并不简单地存在于西方量表或本土化量表之中,而是体现在领导-部属相处的具体表现上,那么这些认知和行为表现能否归结为某些维度,并表现为中西方管理者评定上的差异?三是在某些人的印象里,中国组织机构的管理者似乎掩饰性或称社会赞许性比较强,这种社会赞许性是否会影响领导-部属关系的评价,特别是对消极关系描述的评价?

带着这些疑问,笔者设计了第二个研究来对领导-部属关系的文化差异进行更为深入地探讨。而且,既然是探索性很强的研究,索性把探索的步子迈得更大一些,让我们从当前流行的认知神经科学找来"先进武器"——文化启动范式,看看是否会发现有趣的结果。

(一)文化启动:来自认知神经科学的"先进武器"

文化启动(cultural priming)是指用具有文化内涵的刺激物作为启动刺激,这

种启动对随后要求执行的任务会产生影响(彭丽娟,2012)。启动方式包括典型图像启动法、文字材料启动法、影视启动法等。具体来说就是在一个情境中,如果含有与文化内涵相关的影响因素时,这种因素会作为一个刺激对个体的认知、情绪或行为反应产生影响,使之发生方向或强度上的改变(杨文博,2011)。通俗地说,就是事先给研究对象呈现带有文化内涵的图片、文字或影视材料,比如中国国旗或长城的图片,这些材料会对研究对象产生自己意识不到的某种暗示,从而影响他们后续的认知和行为。

文化启动范式,一般使用被试内实验设计或混合设计,先采用文化认同量表来筛选双文化的研究对象,之后以故事、图片等材料启动个人主义或者集体主义取向,最后收集相关行为反应或者脑电数据进行分析(杨帅等,2012)。

吴莹等人(2014)曾建议,如果能巧妙地使用实验社会心理学的研究范式和方法,比如文化启动的方法,研究全球化背景下的文化差异将会收获新的启发,并补充采用访谈法、观察法、问卷调查等方法取得的研究成果,深化对全球化背景下文化心理动态过程的研究。

目前,采用文化启动的方法研究领导-部属关系问题尚处于空白状态。这里,拟借鉴文化启动的方法进一步改进上述研究的设计。下面我们举几个跨文化差异研究的例子,对文化启动的方法进行说明:

Ng 等人(2010)采用文化启动的方法,在中国香港选取了 18 名西方文化和中华文化的双文化者作为研究对象,研究中采用的集体主义和个人主义启动材料包括影星、饮食、音乐艺术、宗教和传说等领域的 13 张图片。在实验过程中,一半的研究对象在西方文化的启动条件下搜集数据,一天后再在中华文化的启动条件下搜集数据,另一半研究对象的实验顺序则与之相反。结果发现,在施加了中华文化符号图片的启动之后,在自我与母亲特质的判断任务中,西方化的中国香港研究对象均呈现相关脑功能区(MPFC)活动的增强。然而,在施加了西方文化符号图片的启动之后,在自我判断任务中相关脑功能区活动仍呈现增强,而在母亲判断任务中则有所减弱。这一研究表明,对于双文化背景的研究对象,这种与亲密他人相联系的关于自我的认知神经表征,会因文化启动的不同而变化(Ng, Han, Mao, & Lai, 2010;韩世辉,张逸凡,2012)。

Chiu 等人(2009)将中国内地研究对象分成单文化组和双文化组,给他们分别看不同的图片进行文化启动,即对双文化组呈现并列的月饼和汉堡图片,而对单文化组呈现一组两张并列的汉堡图片。在文化启动之后,请研究对象阅读两组关于某品牌手表的广告,其中分别包含个人主义价值观和集体主义价值观的信息,然后让研究对象评价哪组广告更会为中国人接受。结果发现,在双文化启动下的研究对象认为,带有集体主义信息的广告更能够为中国人接受。

Cheng(2010)把中国和美国的研究对象分为单文化启动、文化中性启动、双文化启动等实验组,分别使用不同的图片进行文化启动。然后,中国的研究对象阅读美国图书出版商在北京推广美国民间故事的文章,而美国的研究对象则阅读中国图书出版商在纽约推广中国民间故事的文章。继而,请研究对象来评估国外出版商会在多大程度上将外国文化传入本地社区,并报告研究对象在多大程度上关注全球化对本土文化的侵蚀问题。结果发现,与美国的研究对象相比,中国的研究对象更为关注全球化侵蚀本土文化的问题。

上述研究显示了集体主义和个人主义文化价值观的启动对个体认知与行为的影响,以及在行为研究和认知神经科学研究中如何运用文化启动的方法和技术。文化启动的实验研究表明,在不同的文化系统之间,个体可以灵活地进行转换,并做出与文化情境相适应的行为反应。Hong 等人(2001)认为,文化知识是内隐的,并在特定的刺激下会引导出相应的文化结构(彭丽娟,2012)。诸多文化启动的研究结果表明,个体的文化身份并非单一的,每个人都能根据不同的文化情境调整自己的文化身份,从而成功地游离于多重文化系统,并做出相应的行为反应。由此,我们可以利用情境阅读材料来启动研究对象——甚至双文化身份的研究对象的不同文化价值观,从而激活相应的认知和行为反应。

(二)社会赞许性:需要克服的评分者偏见

反应偏差在心理学各类量表的应用过程中一直是个棘手的问题,Paulhus(1984)将其描述为:研究对象在作答量表或者问卷时,不以特定的项目内容为依据,而做出某些偏差性反应的一种系统性趋向。只要应答者发现量表涉及社会道德评判或者个人价值有关的内容,他们往往会倾向于夸大自身积极的一面,缩小甚至否认自己的消极特征。他们可能会作出一些极端的回答,选择最受社会认可的选项,即研究对象出现了社会赞许性反应,使得测量结果出现偏差。

社会赞许性由 Edwards 于 1957 年从人格测验中的心理防卫行为中总结而来,之后有许多学者对其做了进一步研究。其中,Crowne 和 Marlowe(1960)认为,社会赞许性是指研究对象在回答问卷或量表时的一种反应方式,它反映了研究对象对社会赞许的需要,同时也是可以通过文化接受和赞许的行为而获得的一种信念。他们开发了 Marlowe-Crowne 社会赞许性量表,用以测量社会赞许性反应背后潜在的赞许需要。量表的条目分成两种:一种是社会赞许但不常发生的行为或想法,另一种是不被社会赞许但常发生的想法或行为。该量表应用广泛并衍生出了各类简化版的量表。

前人对文化与社会赞许性之间的关系做了不少理论探索。比如,个体越重视集体主义,就会越多地进行印象管理,即为了给外人留下良好的印象而刻意强调自己的优点;另一方面,个体越看重个人主义,就会越倾向于自吹自擂(Lalwani, Shrum, & Chiu, 2009; 赵志裕,邹智敏,林升栋,2010)。因此,本节拟将社会赞许性作为控制变量,如果不同背景的研究对象社会赞许性差异不显著,则说明不同类型研究对象之间有较好的匹配;如果差异显著,则将之作为协变量纳入研究结果的统计分析。

(三) 改进版的准实验设计

1. 设计思路和理论假设

在前一节准实验研究基础上,本节研究的主要目的有:一是进一步验证领导-部属关系具体表现的文化差异,即材料类别的主效应显著;二是进一步验证中西方不同文化背景研究对象的评价存在差异,即文化背景的主效应显著;三是检验文化启动(情境因素)是否影响研究对象的判断,即文化情境的主效应显著;四是检验材料类别、文化背景、情境因素之间是否存在相互影响,即它们的交互作用是否显著。

为克服原来设计题目多、时间长的问题,并进一步细化分析领导-部属关系的文化差异,根据上一节研究获得的领导-部属关系条目评定分数的差异显著性(即 P 值),通过专家评定的方法,重新筛选原有的条目,拟选择出体现中华文化和西方文化的条目各 20 条,即 20 条最能体现中国领导-部属关系文化特点的条目,20 条最能体现西方领导-部属关系文化特点的条目。同时,对筛选后的条目进行重新归类,归纳出不同的维度,以便于进一步探索中西方研究对象的差异具体体现在哪些维度上。结合上一节的研究结果和本节的文献综述,提出如下研究假设:

  研究假设 5-3:中华文化组的领导-部属关系条目和西方文化组的领导-部属关系条目之间评分存在显著差异,即材料类别变量具有显著的主效应。

研究假设 5-4：中华文化背景、西方文化背景、中西融合文化背景的研究对象之间评分存在显著差异，即文化背景变量具有显著的主效应。

研究假设 5-5：集体主义文化启动材料和个人主义文化启动材料能够显著影响研究对象评分，即文化情境变量具有显著的主效应。

研究假设 5-6：材料类别变量、文化背景变量、文化情境变量之间存在显著的交互作用。

2. 研究对象：澳大利亚、中国内地、中国香港的官员

研究对象为代表西方文化的澳大利亚政府官员，代表中华文化的中国党政领导干部，代表中西融合文化的中国香港特区公务员。发放澳大利亚研究对象问卷15份，其中有效问卷12份，有效回收率为80%；发放中国内地研究对象问卷87份，其中有效问卷67份，有效回收率为77%；发放61份中国香港研究对象的问卷，其中有效问卷60份，有效回收率为98%。三组研究对象在年龄、性别、学历等方面无显著差异，具有可比性。详细内容参见附录4。

3. 用于准实验研究的材料

（1）文化启动的情境材料。

由研究者编制2种情境阅读材料来实施文化启动，一篇是以个人主义文化为企业背景的情境，另一篇以集体主义文化为企业背景的情境。2份阅读材料主题相似，描述方式一致，所涉及的人数相同，角色之间的关系也相同，不同点只在于对于不同文化背景将有不同的处理方式。

集体主义版本的情境材料，主要体现：一是集体主义将团队的成功看作是整个公司成功的重要原因；二是集体主义认为社会是最重要的，个人的利益应该服从集体的利益，对那些为抢救财产而献身的人们大加赞扬，并号召人们向英雄学习；三是集体主义讲究组内合作关系，认为礼尚往来是很平常的事，是朋友就应该在需要时给予帮助；四是集体主义有明显的圈内和圈外的差别。

个人主义版本的情境材料，主要体现：一是个人主义试图努力确定个别高绩效的员工；二是个人主义认为人是所有有价值的事物中最为重要的，在他们看来，任何财富无论其有多宝贵，都抵不过生命宝贵；三是个人主义看重独立和平等，注重凡事要依靠自己，不要过分依赖他人，要有个人的独立性，个人的利益高于集体的利益；四是个人主义没有圈内和圈外的明显差别。

(2)领导-部属关系条目的评分材料。

所有领导-部属关系的条目均来自6个量表,与上一节研究相同,即 LMR 量表、LMX-7 量表、LMX-MDM 量表、LMSX 量表、领导-部属关系量表、领导-部属关系形式量表。根据上一节研究的统计结果,按照量表条目得分的差异显著性(即 p 值一般小于 0.30)进行筛选,并分别归为中华文化组或西方文化组。

采用专家评价法,由两位心理学工作者一起根据条目内涵的相似性,对中华文化组和西方文化组下的条目分别进行归类,结果各提取出4个维度。其中,中华文化组的四个维度为:①情感关心;②角色义务;③工作之外关系;④忠诚信任。西方文化组的四个维度为:①互惠交换;②领导控制;③部属抵触;④利益牺牲。经专家筛选,得到了中华文化组和西方文化组条目各20条,总计40条。详细内容参见附录4。

(3)社会赞许性的测量。

采用 Reynolds(1982)根据 Marlowe-Crowne 社会赞许性量表改编的简版量表,它的中文版及评分方式来自《心理卫生评定量表手册》(汪向东,王希林,马弘,1999),共包含13个条目。

4.准实验设计

采用 3×2×2 多因素重复测量的实验设计。3个自变量为:一是研究对象的"文化背景变量",包含中华文化背景、西方文化背景、中西融合文化背景3个水平;二是领导-部属关系条目的"材料类别变量",包含2个水平,即领导-部属条目分为中华文化组和西方文化组;三是文化启动的"情境类别变量",包括2个水平,即以个人主义文化为内容的阅读材料和以集体主义文化为内容的阅读材料。实验的因变量为研究对象在阅读启动情境材料之后,对领导-部属关系条目的评定分数。

同时,把社会赞许性作为主要的控制变量纳入研究。需要说明的是,虽然在实验时收集了三种不同文化背景的研究对象在社会赞许度上的得分,但经方差检验,三者差异并不显著。也就是说,在该实验中社会赞许性没有显著影响研究对象的评分。因此,在后续统计分析中没有再将其纳入协变量分析。

研究的施测方式为,请研究对象在填写个人基本信息后,先阅读一段情境材料——即实施文化启动,然后填写量表。研究使用多因素方差分析的统计方法,分别从评分材料的组别、维度和条目三个层面考察文化背景变量、材料类别变量、情境类别变量的效应。

(四)中国人青睐：情感关心、角色义务、工作之外关系

在设计实验时，通过专家评价法，把40个领导-部属关系条目分成了中华文化和西方文化两类，所有研究对象都对两个组别的材料进行评分。通过方差分析发现，研究假设5-3材料类别变量具有显著主效应的假设得到验证，也就是说，中华文化组的领导-部属关系条目和西方文化组的领导-部属关系条目的评分存在显著差异。这表明，从原有的6个领导-部属关系量表中提取出来的40个条目，并按照中华文化特点、西方文化特点进行划分是基本有效的，能够更好地考察具有不同文化背景的研究对象的差异。

研究结果进一步验证了，针对领导-部属关系，中国管理者和西方管理者看重的内容有明显不同。中国管理者所理解的领导和部属之间的互动，更多地体现非工作交换的性质，他们会优先考虑到情感因素、工作之外的关系因素和各自的角色义务，与部属在工作之外会有交往。相对地，西方管理者所理解的领导和部属之间的互动，是基于互惠原则的，他们看重利益上的交换，希望自己的付出能得到对等的回报，同时更看重个人的作用，相对弱化领导的权威性，而强化部属提出反对意见的可能性。

表5-4 不同文化背景的研究对象在主效应显著的维度上的两两比较

条目维度	文化背景（I）	文化背景（J）	平均数差值（I－J）
情感关心	西方	中国内地	－1.40**
		中国香港	－1.01*
	中国内地	西方	1.40*
		中国香港	0.39*
角色义务	西方	中国内地	－0.24
		中国香港	－0.58*
	中国内地	西方	0.24
		中国香港	－0.35*
工作之外关系	西方	中国内地	－2.08*
		中国香港	－1.26*
	中国内地	西方	2.08*
		中国香港	0.83*
领导控制	西方	中国内地	－0.87*
		中国香港	－0.95*
	中国内地	西方	0.87*

续表

条目维度	文化背景(I)	文化背景(J)	平均数差值（I−J）
利益牺牲	西方	中国香港	−0.08
		中国内地	0.28
		中国香港	0.89*
	中国内地	西方	−0.28
		中国香港	0.61*

在维度的层面上，文化背景在中华文化组下的情感关心维度、角色义务维度、工作之外关系维度上均存在显著的主效应，在西方文化组下的领导控制维度和利益牺牲维度上也存在显著的主效应。进一步分析在维度层面上有显著主效应的情感关心、工作之外关系、角色义务等三个维度上，可以发现，能够具体体现主效应的条目分别是：情感关心维度下的"领导设身处地体谅下属，将心比心""下属非常喜欢领导这个人""领导帮助下属解决家庭生活中的困难"；工作之外关系维度下的"在假期当中或者工作之余，部属会打电话给领导或拜访领导""领导给有背景的下属特殊待遇""领导让下属帮助办自己的私事"；角色义务维度下的"下属与领导的上下关系，就如同子女与父母，下属应该服从领导的带领""下属就是要尽到做下属的本分，与领导是谁关系不大"。应该说，这些条目都是中华文化下领导-部属之间常见的互动形式，而在西方文化中却不常见。因此，中华文化组的条目与集体主义文化息息相关，确实能够较好地体现出中西方文化下对领导-部属关系内容认知的不同。

（五）再次验证：重情、重义、重利

通过方差分析发现，中华文化背景、西方文化背景、中西融合文化背景的研究对象之间评分存在显著差异，即研究假设5-4文化背景变量具有显著主效应的假设得到了验证。可以看出，不同文化背景的研究对象在理解领导-部属关系的视角上的确存在差异，他们对于不同文化下特有的行为有着不同的理解。

中国管理者更加认同中国特有的行为，西方管理者更加认同西方特有的行为。具体来看，三地管理者在中华文化组下的情感关心、角色义务、工作之外关系上具有显著差异。比如，在情感关心和工作之外关系上的评分：中国内地研究对象＞中国香港研究对象＞西方研究对象；在角色义务上的评分：中国香港研究对象＞中国内地研究对象＞西方研究对象。西方研究对象在中华文化组的这三个维度上显著低于中国研究对象,这一结果与中国的集体主义文化密切相关。

从西方文化组的领导控制维度和部属抵触维度来看,在领导控制维度上,中国内地研究对象、中国香港研究对象显著高于西方研究对象,但中国香港研究对象和中国内地研究对象之间不存在显著差异;在部属抵触维度上,虽然维度整体上没有达到显著,但是其中三个条目存在文化背景上的差异,比如条目"下属对领导说话冲,提不同意见且不顾及领导的面子""下属当众推托领导安排的工作",西方研究对象评分显著高于中国香港研究对象和中国内地研究对象。这一现象也与集体主义和个人主义文化有关联,中国强调集体主义文化,因此中国管理者更看重掌握领导-部属关系之间的主动权,而西方强调个人主义文化,西方管理者更能接受部属的公开反对或部属持有不同意见。

表 5-5　文化背景差异显著的条目

维度	条目	西方对象均值	中国内地对象均值	中国香港对象均值	F 值
情感关心	领导设身处地体谅下属,将心比心	3.92	4.84	4.97	2.86†
	下属非常喜欢领导这个人	2.92	4.37	4.23	6.83**
	领导帮助下属解决家庭生活中的困难	2.08	4.97	3.10	31.10**
角色义务	下属与领导的上下关系,就如同子女与父母,下属应该服从领导的带领	2.08	3.49	4.13	10.21**
	下属发自内心对工作着急和负责	4.83	4.37	5.32	6.79**
	下属就是要尽到做下属的本分,与领导是谁关系不大	3.50	4.57	5.17	5.56**
工作之外关系	在假期当中或者工作之余,部属会打电话给领导或拜访领导	2.00	4.57	3.33	20.72**
	领导给有背景的下属特殊待遇	3.81	2.00	4.79	15.47**
	领导让下属帮助办自己的私事	2.00	4.09	3.05	9.31**
忠诚信任	领导会在上级面前为下属的工作行为辩护,即使领导对事情并没有充分的了解	3.83	4.70	3.73	7.16**
互惠关系	下属和领导之间存在相互的交换关系	5.83	3.90	4.73	9.78**
	下属和领导之间的关系是由相平衡的投入和回报构成的	4.58	4.36	5.17	4.62**
领导控制	领导给下属"穿小鞋"	1.67	3.40	3.17	6.09**
	领导把工作成绩留给自己,把问题的责任推给下属	2.25	3.69	4.02	4.83**
	领导担心下属会威胁自己的权威和地位	2.58	3.64	3.85	2.90†
部属抵触	下属当众推托领导安排的工作	3.92	2.93	2.88	2.91†

续表

维度	条目	西方对象均值	中国内地对象均值	中国香港对象均值	F 值
利益牺牲	下属对领导说话冲,提不同意见且不顾及领导的面子	5.00	3.18	2.63	15.59**
	下属对领导有抵触情绪	3.08	3.61	3.98	2.65†
	领导用其权力帮助下属摆脱困境,无论领导的正式权力有多大	5.00	4.57	3.87	5.30**
	领导会动用自己的资源帮助下属解决工作难题	5.17	5.09	3.75	12.68**
	领导会利用机会给下属更多津贴或好的经济待遇	3.75	4.34	3.03	9.44**

值得关注的是,本节研究和上一节研究两者可以交互验证,将表5-3与表5-5进行对照,得到如下4个评价一致性最高的条目:

①领导帮助下属解决家庭生活中的困难;

②下属与领导的上下关系,就如同子女与父母,下属应该服从领导的带领;

③下属就是要尽到做下属的本分,与领导是谁关系不大;

④下属和领导之间存在相互的交换关系。

这四个条目非常具有文化上的代表性。第一个条目反映了情感关心,评分结果是中国内地＞中国香港＞西方;第二个和第三个条目反映了角色义务,评分结果是中国香港＞中国内地＞西方;第四个条目反映了互惠交换,评分结果是西方＞中国香港＞中国内地。应该说,它们分别对应中国内地、中国香港、西方的文化特点。

(六)预期之外:中国香港研究对象的领导-部属关系特点

非常有趣的是,中国香港的研究对象作为中华文化和西方文化相融合的代表,原本实验假设是预期他们介于中国内地研究对象和西方研究对象之间,就像一个连续体。但实际情况是,中国香港的研究对象在有些方面和西方更加接近,在另一些方面则比中国内地更符合中华优秀传统文化！这一发现在上一节研究和本节研究中得到了交互验证。

中国香港管理人员(既有企业管理人员,也有政府公务员)的特点表现在:第一,在互惠的利益交换方面,如条目"下属和领导之间存在相互的交换关系",在两个实验中都是西方＞中国香港＞中国内地,说明中国香港研究对象介于西方和中国内地之间，而且结果比较稳定。第二，在角色义务维度方面，如条目"下属就是要尽到做下属的本分，与领导是谁关系不大"，在两个实验中都是中国香港＞中国内地＞西方，说明在中华优秀传统文化中界定的角色责任和义务方面，中国香港比中国内地更好地继承了这一传统。第三，在工作之外的关系方面，如条目"在假期当中或者工作之余，部属会打电话给领导或拜访领导""领导让下属帮助办自己的私事"，中国香港则介于中国内地和西方之间，中国内地研究对象会更为接纳在工作之外保持领导-部属关系。第四，在情感关心维度方面，如"领导帮助下属解决家庭生活中的困难""领导设身处地体谅下属，将心比心"，中国香港和中国内地研究对象不相上下，且都显著高于西方研究对象。

这样的结果可能与中国香港的市场经济和法治环境比较发达有关，也表明中华优秀传统文化的某些方面在中国香港得到了更好的保存和发扬。值得关注的是，中国香港比中国内地更好地继承了"角色义务"方面的传统，即要各安其分、各守其责，同时和中国内地相比又削弱了工作之外的关系因素。这一现象值得后续深入分析研究。

由此延伸开来，有人可能提出疑问：2019年爆发的香港"修例风波"，既是对法治的破坏，也与中华优秀传统文化背道而驰，似乎与上述推论并不一致？应该说，香港"修例风波"的产生有政治、经济、社会等各方面的复杂原因（程恩富，任传普，2019），所造成的严重后果让人震惊、催人警醒。人心的回归离不开历史文化的传承，历史文化的传承离不开国民教育。中国历史不是香港学生的必修课程，爱国主义教材难以进入香港学校的课堂，不少香港青少年热衷向西方看，却看不到博大精深的中国历史，看不到日新月异的祖国发展，这是当前香港教育的一大弊病。要破解香港"修例风波"及其背后深层次的问题，一条重要的路径就是要加强中国历史、中华文化的教育和交流。而本章所揭示的中国香港管理人员的上述特点，就像一粒"种子"，恰是解决问题的一个很好的着力点。这粒"种子"好比孟子所言"非由外铄我也，我固有之也"（《孟子·告子上》），是中国香港自身所具备的，"求则得之，舍则失之"。目前急需的是对它浇水施肥，帮它固本培元，促它发扬光大，而不像现在很多人理解的那样是从中国内地向中国香港进行单向的传统文化传播。本章研究表明中国香港具备良好的中华优秀传统文化基础，也预示通过各方面的积极努力，特别是推动中国香港的教育改革，深化中国历史、中华文化和爱国爱港教育，中国香港能够将中华优秀传统文化发扬光大，也能够将中西方文化各自的优势有机融合。

此外,在本研究三个自变量的交互效应上,材料类别变量和文化背景变量之间的交互作用非常显著,而材料类别、文化背景和情境类别三者之间交互作用不显著。也就是说,研究假设 5-6 材料类别变量、文化背景变量、文化情境变量之间存在显著交互效应的假设得到部分验证。这一交互作用从图 5-3 上可以充分体现,中国内地研究对象和中国香港研究对象对中华文化组条目评价分数更高,对西方文化组条目评价则更低,而且中国内地和中国香港研究对象评价的趋势基本一致;西方研究对象则反之。这说明,具有不同文化背景的个体对各自文化下特有的行为会给出更高的评价。这也从侧面印证了上一研究的设想,即中国研究对象可能会给本土化量表内容效度更好的评价,西方研究对象可能会给西方相关量表内容效度更好的评价,只是说这种文化差异并不以量表是西方人开发还是由中国人开发为准。

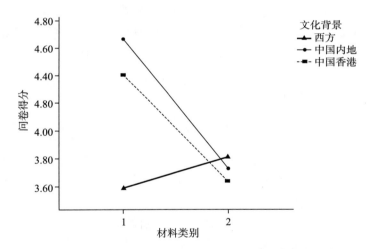

图 5-3　不同文化背景研究对象对不同材料类别评定结果的比较

注:横坐标表示材料类别,1 表示中华文化组条目,2 表示西方文化组条目。

最后,需要说明的是,研究假设 5-5 文化情境变量具有显著的主效应没有得到验证,即集体主义文化启动材料和个人主义文化启动材料并没有显著影响研究对象评分。这里,不能简单地定论为集体主义和个人主义文化启动对研究对象评价没有影响。本研究采用准实验设计的方式,引入了认知神经科学研究中常用的"文化启动"概念,但研究并未发现显著的文化启动效应。与一般性的问卷调查相比,本研究的设计更为精细,对实验材料做了精心设计,阅读材料的编排和呈现有较好控制。但是,与认知神经科学研究能够分析研究对象毫秒级的反应相比,本研究的设计则显得较为粗糙,可能还没有较好地探测文化启动效应。因此,后续研究可以考虑将实验材料用计算机程序呈现,更加灵敏地探测研究对象的文化启动反应,或者至少需要在安静的环境中,由主试和研究对象一对一作答问卷,而不能采用集体发放问卷的组织方式。

测一测

领导-部属关系条目大盘点

请您思考一下您所经历和了解的您周围的领导与其直接部属、部属与其直接领导之间典型的互动过程。据此,请您作为评审专家,评定下列条目在多大程度上描述或反映出领导与部属之间一对一关系的典型表现和常见行为。例如,如果您认为条目的描述非常典型,请圈选7。需要注意的是,这里有的条目描述了关系和谐的情况,有的描述了关系紧张的情况,请就典型性进行评价,而不是判断行为的好坏。

非常不典型	比较不典型	有点不典型	无法确定	有点典型	比较典型	非常典型
1	2	3	4	5	6	7

1	领导关心部属的晋升和进步	1 2 3 4 5 6 7
2	部属对领导心服口服	1 2 3 4 5 6 7
3	部属知道自己和领导处于一种什么位置,知道领导对自己所做的工作是否满意	1 2 3 4 5 6 7
4	部属与领导彼此分享情绪,不论是高兴或悲伤	1 2 3 4 5 6 7
5	领导把部属当作自己兄弟姐妹或子女一样来对待	1 2 3 4 5 6 7
6	部属是领导的得力助手	1 2 3 4 5 6 7
7	部属和领导之间存在相互的交换关系	1 2 3 4 5 6 7
8	领导牺牲自己个人利益去发展和保护部属	1 2 3 4 5 6 7
9	部属公开表示对领导的支持,即使领导不在跟前	1 2 3 4 5 6 7
10	领导保持对部属的威严感	1 2 3 4 5 6 7

11	部属对领导通过祝贺生日、拜年等拉近距离	1 2 3 4 5 6 7
12	领导知晓部属的工作问题和需要	1 2 3 4 5 6 7
13	部属与领导就像是好朋友一样，互相帮忙	1 2 3 4 5 6 7
14	领导看重部属的关系背景	1 2 3 4 5 6 7
15	部属愿意接受和服从领导	1 2 3 4 5 6 7
16	部属不需要通过额外的条件，就能知晓领导将会给自己回报	1 2 3 4 5 6 7
17	领导对部属做事放心	1 2 3 4 5 6 7
18	部属当众推托领导安排的工作	1 2 3 4 5 6 7
19	部属与领导是无话不谈的工作伙伴	1 2 3 4 5 6 7
20	领导认可部属的为人	1 2 3 4 5 6 7
21	部属愿意跟自己的领导讲真话和心里话	1 2 3 4 5 6 7
22	领导独断专行，搞"一言堂"	1 2 3 4 5 6 7
23	领导知晓部属的潜力	1 2 3 4 5 6 7
24	部属创造性地开展工作和解决问题	1 2 3 4 5 6 7
25	领导会向上级推荐自己的部属	1 2 3 4 5 6 7
26	如果部属为领导做了些什么，领导将会给其相应回报	1 2 3 4 5 6 7
27	部属敬佩领导的能力和业务素质	1 2 3 4 5 6 7
28	领导跟部属有工作之外的个人交往	1 2 3 4 5 6 7
29	部属为了领导加班加点地工作	1 2 3 4 5 6 7
30	领导对部属的工作给予有力指导	1 2 3 4 5 6 7
31	领导用其权力帮助部属摆脱困境，无论领导的正式权力有多大	1 2 3 4 5 6 7
32	部属感到对领导要"士为知己者死"	1 2 3 4 5 6 7
33	领导对部属端着领导架子，彼此有高低之分	1 2 3 4 5 6 7
34	部属在对领导的付出和领导给其的回报之间保持平衡	1 2 3 4 5 6 7
35	部属关心领导的个人生活	1 2 3 4 5 6 7

36	领导把部属划分类别,区别对待	1	2	3	4	5	6	7
37	部属与领导分享彼此的想法与感受	1	2	3	4	5	6	7
38	部属对领导说话冲,提不同意见且不顾及领导的面子	1	2	3	4	5	6	7
39	领导从负面理解部属主动接触的愿望或举动	1	2	3	4	5	6	7
40	领导会牺牲其利益来帮助部属摆脱困境,无论领导的正式权力有多大	1	2	3	4	5	6	7
41	领导赏识部属的能力	1	2	3	4	5	6	7
42	领导回馈部属的付出	1	2	3	4	5	6	7
43	部属暗地与领导较劲	1	2	3	4	5	6	7
44	领导具备人格魅力	1	2	3	4	5	6	7
45	领导在加薪和福利上维护部属利益	1	2	3	4	5	6	7
46	部属与领导的关系是情感紧密相联的	1	2	3	4	5	6	7
47	部属与领导在工作时间之外是朋友	1	2	3	4	5	6	7
48	领导会和部属交谈住房、婚姻和子女等问题	1	2	3	4	5	6	7
49	部属对领导的决策有信心,并且会维护领导的决策,即使领导不在实施现场	1	2	3	4	5	6	7
50	部属和领导之间的关系是由相平衡的投入和回报构成的	1	2	3	4	5	6	7
51	领导主动承担部属工作过失的责任	1	2	3	4	5	6	7
52	部属在工作上不顾疲劳连续作战	1	2	3	4	5	6	7
53	领导和部属保持一定距离	1	2	3	4	5	6	7
54	领导对不同部属有远近亲疏之分	1	2	3	4	5	6	7
55	部属学习领导的为人和工作风格	1	2	3	4	5	6	7
56	领导器重部属,交予重要的任务	1	2	3	4	5	6	7
57	领导对部属的工作给予充分肯定	1	2	3	4	5	6	7
58	部属与领导有好的工作关系	1	2	3	4	5	6	7
59	当部属工作努力时,领导对其努力给予回报	1	2	3	4	5	6	7

| 60 | 部属认为应该把工作做好,而不是追求领导的赏识和关注 | 1 2 3 4 5 6 7 |

61	领导具有战略眼光,看问题长远	1 2 3 4 5 6 7
62	部属与领导讲求互利,除非领导给部属额外的好处,否则部属并不需要为领导多做什么	1 2 3 4 5 6 7
63	领导关心部属个人所关注的利益诉求	1 2 3 4 5 6 7
64	部属在公开场合维护领导威信	1 2 3 4 5 6 7
65	领导了解部属的需求和苦恼	1 2 3 4 5 6 7

66	部属非常喜欢领导这个人	1 2 3 4 5 6 7
67	部属投领导所好	1 2 3 4 5 6 7
68	领导会在部属遇到困难的时候帮助说话	1 2 3 4 5 6 7
69	领导通过某种方式回馈部属的自愿和自发行为	1 2 3 4 5 6 7
70	领导对部属有戒备之心	1 2 3 4 5 6 7

71	部属当面顶撞自己的领导	1 2 3 4 5 6 7
72	在假期当中或者工作之余,部属会打电话给领导或拜访领导	1 2 3 4 5 6 7
73	领导对部属一视同仁,一碗水端平	1 2 3 4 5 6 7
74	领导对部属充分授权,让部属放手去干工作	1 2 3 4 5 6 7
75	领导是一个部属喜欢和其做朋友的人	1 2 3 4 5 6 7

76	部属与领导是利益共生的关系,部属会跟随领导的原因,无非是领导会给予部属实质的好处	1 2 3 4 5 6 7
77	部属对领导有抵触情绪	1 2 3 4 5 6 7
78	领导对部属颐指气使	1 2 3 4 5 6 7
79	领导邀请部属到家中吃午餐或晚餐	1 2 3 4 5 6 7
80	领导率先垂范,以身作则	1 2 3 4 5 6 7

| 81 | 部属能够心领神会领导最在意什么 | 1 2 3 4 5 6 7 |
| 82 | 部属感觉和其领导在一起工作非常有意思 | 1 2 3 4 5 6 7 |

83	领导给部属在培训和发展方面以优先照顾	1 2 3 4 5 6 7
84	部属与领导的关系是基于实质利益而来,部属要听从领导命令的原因,是由于领导是部属的衣食父母	1 2 3 4 5 6 7
85	领导帮助部属解决家庭生活中的困难	1 2 3 4 5 6 7
86	部属在工作中"不用扬鞭自奋蹄"	1 2 3 4 5 6 7
87	领导会在上级面前为部属的工作行为辩护,即使领导对事情并没有充分的了解	1 2 3 4 5 6 7
88	部属在特殊的场合下诸如领导的生日时,拜访领导或送其礼物	1 2 3 4 5 6 7
89	领导会动用自己的资源帮助部属解决工作难题	1 2 3 4 5 6 7
90	部属与领导之间亲兄弟明算账,部属努力工作到什么程度,要看领导给他(她)什么奖励而定	1 2 3 4 5 6 7
91	领导给部属穿小鞋	1 2 3 4 5 6 7
92	部属对领导有敬畏	1 2 3 4 5 6 7
93	领导给有背景的部属特殊待遇	1 2 3 4 5 6 7
94	领导会为部属辩护,如果部属被人攻击	1 2 3 4 5 6 7
95	领导感觉部属可靠,不会给自己惹麻烦	1 2 3 4 5 6 7
96	部属虚心接受领导的批评	1 2 3 4 5 6 7
97	部属与领导的关系,无非是一种利益交换关系	1 2 3 4 5 6 7
98	领导在背后议论评价部属好坏	1 2 3 4 5 6 7
99	领导会在单位其他人面前为部属辩护,如果部属犯了无心之失	1 2 3 4 5 6 7
100	领导胸怀宽广,为人正派	1 2 3 4 5 6 7
101	部属主动告知领导其可能出现的错误,尽管领导会难以接受	1 2 3 4 5 6 7
102	部属总是积极地向领导报告自己的想法、问题、需要和感受	1 2 3 4 5 6 7
103	领导不愿意主动培养和提拔部属	1 2 3 4 5 6 7

104	部属愿意为领导做超出其职责范畴之外的工作	1	2	3	4	5	6	7
105	领导将部属看作朋友	1	2	3	4	5	6	7
106	部属了解领导个人的习性和爱好	1	2	3	4	5	6	7
107	部属与领导的上下关系,就如同子女与父母,部属应该服从领导的带领	1	2	3	4	5	6	7
108	领导在公开场合表示对部属的支持	1	2	3	4	5	6	7
109	领导维护与部属之间的纲常关系	1	2	3	4	5	6	7
110	部属感觉领导整人、欺压自己	1	2	3	4	5	6	7
111	部属关心和清楚领导的家庭与工作条件	1	2	3	4	5	6	7
112	领导和部属的关系是"一朝天子一朝臣"	1	2	3	4	5	6	7
113	部属愿意为领导的利益而付出超额的努力	1	2	3	4	5	6	7
114	领导对部属以诚相待	1	2	3	4	5	6	7
115	领导就如同长辈,不论领导怎么做,部属应该要服从领导的命令	1	2	3	4	5	6	7
116	部属在领导背后讲对领导的意见和不满	1	2	3	4	5	6	7
117	领导允许部属充分表达意见,尊重部属意见	1	2	3	4	5	6	7
118	领导和部属"打成一片"	1	2	3	4	5	6	7
119	为了领导,即使是要完成很多额外工作,部属也不介意	1	2	3	4	5	6	7
120	部属担心领导会冷不防给自己下绊子	1	2	3	4	5	6	7
121	部属与领导之间应该符合上下有别的原则,做部属听命上级是不会错的	1	2	3	4	5	6	7
122	领导会利用机会给部属更多津贴或好的经济待遇	1	2	3	4	5	6	7
123	领导的技术和能力给部属留下了深刻印象	1	2	3	4	5	6	7
124	领导设身处地体谅部属,将心比心	1	2	3	4	5	6	7
125	部属发自内心对工作着急和负责	1	2	3	4	5	6	7
126	部属服从上级的领导,是做部属应尽的义务与责任	1	2	3	4	5	6	7
127	领导把工作成绩留给自己,把问题的责任推给部属	1	2	3	4	5	6	7

128 部属敬佩领导在工作方面的知识及其工作能力	1	2	3	4	5	6	7
129 领导担心部属会威胁到自己的权威和地位	1	2	3	4	5	6	7
130 如果存在意见冲突,部属会坚定地站在自己领导这一边	1	2	3	4	5	6	7
131 领导对部属打击报复	1	2	3	4	5	6	7
132 部属羡慕领导的专业技能	1	2	3	4	5	6	7
133 领导让部属帮助办自己的私事	1	2	3	4	5	6	7
134 领导不当众大声批评部属	1	2	3	4	5	6	7
135 部属就是要尽到做部属的本分,与领导是谁关系不大	1	2	3	4	5	6	7
136 领导知人善任	1	2	3	4	5	6	7

文化价值观对领导-部属关系的影响：
"关系相处"角度的实证分析

> 君臣之间，犹权衡也。
>
> ——《慎子》
>
> 永远不要比你的上司更耀眼。
>
> ——《权力的48条法则》

一般来说，我们都会受到两方面的影响：文化（后天教育引导你所相信、所说、所做的事）和性情（生物学、基因、激素和神经递质所决定的事）。本章主要从文化角度分析领导-部属关系如何发挥作用，具体的影响机制是什么。领导-部属交换的调节变量研究曾受到国内外研究者的重视，领导-部属关系与绩效、工作满意度等结果变量之间相关效应的大小，在不同调节变量的影响下是不一致的，这些调节因素构成了一个神秘的"黑箱"，亟待探索和厘清。

调节变量（moderator）是一个统计学的专业术语，是指如果变量 Y 和变量 X 的关系是关于变量 M 的函数，则称 M 为调节变量。也就是说，Y 与 X 的关系受到第三个变量 M 的影响。比如，一位老师计划用一种新的教学方法来提高学生的学习成绩，学生的学习成绩与教学方法的关系，受到学生个性的影响，即一种教学方法对某类学生很有效，对其他学生却没有效果，因此学生的个性就是学习成绩与教学方法之间的调节变量。

本章主要考虑从文化差异角度考察调节效应，因此，将文化价值观这一体现中华文化特点的变量作为调节变量，进一步分析领导-部属关系的影响机制，检验文化价值观（权力距离和个体传统性）的调节效应。下面我们先对文化价值观与领导-部属关系的关联进行理论梳理，再对其影响机制进行实证分析。

一、文化价值观：权力距离和中国人的个体传统性

西方对领导-部属关系多从"社会交换"角度开展研究，具有代表性的领导-部属交换理论目前仍是西方领导学的前沿和热点领域。然而，关于领导-部属关系的文化差异性却少有人提及。我们迫切需要探讨领导-部属关系如何受到中华文化的影响，特别是当前研究忽略了部属对"关系"存有的作为先成之见的文化价值观的作用（蔡松纯等人，2009）。

哪些文化价值观更可能影响领导-部属关系？目前常用的文化价值观变量有集体主义、个人主义、权力距离、中国人的个体传统性等。Gelfand 等人（2007）提出，组织行为的跨文化研究应当超越仅对集体主义和个人主义的关注。同时，权力距离和个体传统性本身就反映了部属与领导、个体与权威人物之间的关系认知（Tyler, Lind, & Huo, 2000; Farh, Hackett, & Liang, 2007），作为对"关系"的先成之见，更可能影响领导-部属关系对结果变量的预测。

特别是 Farh 等人（2007）发现，权力距离和个体传统性能够调节员工知觉到的组织支持和组织公民行为、任务绩效之间的相关，其中权力距离是客位（etic）成分，个体传统性是主位（emic）成分。这里，简言之，客位是指西方文化本位的视角，主位是指中华文化的视角。虽然研究发现了高权力距离和高传统性的个体不适用于西方社会交换理论的互惠规范，但一个关键问题在于，对于他们的绩效和组织公民行为表现并没有给出有力解释，而只是将关注点放在低权力距离和低传统性个体上。此后不少关于权力距离和个体传统性的研究也有类似的倾向，例如 Botero 和 Dyne（2009），彭正龙等人（2011）的研究。

那么，出于领导和部属之间"社会交换"的结论是否同样适用于双方的"关系相处"？在中华文化下，人们倾向于从"关系相处"角度处理问题，那么从领导和部属"关系相处"的视角看，权力距离和个体传统性是否有相同的调节机制？其实，近些年有研究（黄丽，陈维政，2015）从中西方文化差异角度关注了体现中华文化特点的"人际取向"视角和"社会交换"视角之间的关系，但由于缺乏本土化领导和部属如何相处的分析，也没有分析领导-部属关系的和谐（积极关系）和冲突（消极关系），结果出现了用"舶来品"领导-部属交换来中介解释本土化概念"人际取向"对任务绩效、组织公民行为等预测作用的现象。因此，笔者希望从领导和部属"关系

相处"的新视角切入研究,而不只是局限于经济理性的社会交换。

同时,官员的抑郁、倦怠、自杀等问题引发了社会大众对干部心理健康问题的一定关注(仲祖文,2005;何新田,时晓飞,2014)。然而,领导-部属关系的大量研究只是关注绩效、公民行为等工作成果,对心理健康问题很少探究。领导的微笑往往是部属一天的阳光。比如,有干部坦言,"我知道这个决策明明是错的,又必须执行,我怎么能说领导错了呢……真是越想越别扭"(易萱,方澍晨,2014)。那么,为什么不能说领导错了,又是哪些人不愿说领导错呢?笔者希望从文化价值观角度,探索领导-部属关系对哪些部属的心理健康影响更大,而又对哪些部属几乎没有影响。

因此,本章的主要目的在于考察权力距离和个体传统性对领导-部属关系和工作成果、心理健康变量之间关系的调节效应,比较权力距离和中国人个体传统性的调节机制,考察文化价值观对中国的领导-部属关系(LMR)与西方的领导-部属交换(LMX)的不同调节效应。

(一)权力距离:对与领导权力关系的态度

在个体层面上,权力距离是指在组织机构中个体对权力不公平分配的接纳程度,也反映了对领导和部属之间权力关系的认知。Hofstede(1991)认为,当权力距离较低时,部属感知到与领导的情感差距较小,更容易与领导沟通、获得信息并提出建议;相反,当权力距离较高时,部属较不情愿与领导直接交流,更愿接受从上至下的垂直权威管理体系。高权力距离的个体认为应该尊重、服从权威,努力维持组织的等级状态(Hofstede,2001),看重角色义务和忠诚的要求(Clugston et al.,2000;蔡松纯等,2009),较不重视义务的对等性与互惠性(Tyler et al.,2000);相反,低权力距离个体不太服从地位差距,有更强的参与感(Bochner & Hesketh,1994),认为应该公平参与决策过程(Atwater et al.,2009)。高权力距离比较符合传统的中华文化特征,部属的行为受到领导的较强约束,领导的看法和思路对部属有着很大影响(廖建桥,赵君,张永军,2010)。

目前比较流行的观点是,高权力距离的个体较少受到领导与部属之间互惠规范的影响,因而对他们而言,领导-部属关系与绩效、组织公民行为等结果变量的相关更弱;对于低权力距离的个体,当领导-部属关系越好时,更能激发他们的等价回报,因而领导-部属关系与工作成果变量之间的相关更强(Farh et al.,2007;Botero &

Dyne,2009;谢俊,储小平,汪林,2011;张燕,怀明云,2012)。

但是,郭晓薇(2006)研究却发现,权力距离可以正向调节程序公平与组织公民行为的关系,即对于高权力距离的个体,程序公平与组织公民行为的相关更强。如果说低权力距离部属的组织公民行为只是工具性的社会交换,那么高权力距离部属的组织公民行为则带有"报恩"的人情色彩,其分量和力度都超过了单纯的社会交换。蔡松纯等人(2009)也发现,权力距离越高,领导-部属关系认定与利同事、利组织的组织公民行为相关越强,反之则越弱。他们认为,这是因为高权力距离的个体会对学习和模仿领导的行为更加敏感。笔者认为,在中国传统文化下,领导-部属关系的突出特点是具有不对等性,也有研究者称为非对称性或偏正结构,更多强调领导的权威和部属的角色义务,因此对高权力距离个体,当领导对部属展现出"关心支持"时,比如领导帮助部属解决家庭生活中的困难,会激发其更强的"忠诚贡献"的报答意愿;同时,高权力距离个体与领导关系越好,越有助于拉近与领导的情感距离,增强工作参与感,主动学习模仿领导,从而更好地改进任务绩效和组织公民行为。

就对心理健康的影响来看,中国的人际互动有强烈的关系取向(佐斌,2002),在组织环境中,"关系"既是(最有用的)工作资源,也是(最大的)压力源。根据资源保存理论(Hobfoll,2001)和工作要求与资源模型(Demerouti et al.,2001;黄杰等人,2010),当个体失去"关系"资源,或无法得到预期的"关系"回报时,就可能造成部属的工作倦怠,影响心理健康。尽管领导-部属关系与心理健康关系的研究并不多见(Rousseau et al.,2008),若按照Farh等人(2007)的观点推论,低权力距离部属更遵循互惠规范,当与领导关系质量差时,情感、贡献、忠诚都会减弱,心理健康水平会更差。Lin等人(2013)也发现,高权力距离的个体更能忍受领导的辱虐行为,而较少对自己的心理健康和工作满意度产生影响。但笔者认为,高权力距离个体更为看重权威在资源分配中作用,更加依赖领导,更希望与领导搞好关系,可能受领导-部属关系质量差所带来的压力影响更大,更容易产生工作倦怠,其心理健康状况会更多地受到领导-部属关系的影响。例如,段锦云和黄彩云(2013)发现,当高权力距离个体感到自己拥有较高的权力时,会很自然地认为自己可以进行高权力者该有的认知和行为,拥有更高的认知灵活性和心理能量,从而产生更高的心理可得性。

因此笔者认为,部属的权力距离能够调节领导-部属关系与工作成果指标和心理健康指标的关系，具体提出如下假设。这里，我们把任务绩效和组织公民行为作为工作成果指标，把工作满意度、工作倦怠和与压力有关的心理健康作为心理健康指标，其中工作满意度为积极心理健康指标，工作倦怠和与压力有关的心理健康为消极心理健康指标。

研究假设6-1：部属的权力距离能够调节领导-部属关系（LMR）与工作成果指标（任务绩效和组织公民行为）的相关，即领导-部属关系（LMR）与任务绩效和组织公民行为的相关对高权力距离个体比低权力距离个体更强烈。

研究假设6-2：部属的权力距离能够调节领导-部属关系（LMR）与心理健康指标（工作满意度、工作倦怠和心理健康）的相关，即领导-部属关系（LMR）与工作满意度、工作倦怠和心理健康的相关对高权力距离个体比低权力距离个体更强烈。

（二）中国人的个体传统性：对与权威人物关系的态度

杨国枢在20世纪80年代提出了中国人的个体传统性的概念，它包含五个心理成分，即遵从权威、孝亲敬祖、安分守成、宿命自保和男性优越。其中，遵从权威的主要内涵是指在各种角色关系与社会情境中应遵守、顺从、尊重及信赖权威（Yang，2003；杨国枢，2008）。

Farh等人（1997）将个体传统性的概念引入组织科学，聚焦在遵从权威的维度上，将其界定为个体对儒家五伦关系（父子、君臣、夫妇、兄弟、朋友）所界定的等级角色关系的认可程度。个体传统性被认为最能体现传统中国人的性格和价值取向（Farh et al.，1997；Hui，Lee，& Rousseau，2004）。它体现在领导-部属关系中，常常表现为传统社会所强调的"上尊下卑"的角色关系与义务，部属的传统性越强，越会恪守自己"下位"的角色，遵从处于"上位"的领导。

已有研究发现，个体传统性能够调节知觉到的组织支持和组织公民行为、任务绩效之间的关系（Farh et al.，2007）、领导-部属交换与组织公民行为之间的关系（Hui，Lee，& Rousseau，2004）、领导-部属交换与知识员工反生产行为之间的关系（彭正龙，梁东，赵红丹，2011）、权威式领导与部属反应之间的关系（Cheng et al.，2004）、心理契约违背与工作满意度和绩效之间的关系（汪林，储小平，2008）。

虽然有研究发现领导-部属关系（SSG）在个体传统性与沉默行为之间起调节

作用(李锐,凌文铨,柳士顺,2012),但是目前关于传统性如何调节领导-部属关系与工作成果、心理健康之间相关的研究非常少见。从目前比较流行的"社会交换"的视角来看,高传统性与低传统性部属行为模式存在差异的,根本原因在于高传统性部属遵从传统性的社会角色义务,而低传统性部属则遵从诱因-贡献平衡的原则,行为由与领导的互惠交换所决定(Farh et al., 2007)。上述研究也多从这一经济理性的"社会交换"的观点出发,发现对于低传统性的个体,由于他们倾向于"等价回报",因此前因变量和结果变量之间的相关会更强,而高传统性的个体则较少受到领导与部属之间互惠规范的影响。

但是,从"关系相处"的视角来看,我们可能会推出相反的结论。"关系"在中国人的生活和工作中非常重要,领导-部属关系则更为领导和部属所看重。在领导-部属关系上,儒家主张"君仁臣忠"(《礼记·礼运》)。传统性基于儒家五伦关系进行测量,高传统性个体更加看重领导的"仁"和部属的"忠"。高质量的领导-部属关系既是重要的工作资源,也是必要的角色规范。对于高传统性的个体,他们把依赖、服从领导作为角色规范和道德约束,更加看重与领导之间的关系。因此,为维护好与领导的关系,当领导-部属关系质量越高时,高传统性的个体会有越强烈的"忠"(LMR的忠诚贡献维度)的角色义务感来提高任务绩效和组织公民行为,回报领导的"仁"(LMR的关心支持维度)。如果说高质量的领导-部属关系(LMR)给低传统性的部属带来的是"等价回报"的话,给高传统性的部属带来的则是"涌泉相报"。同时,当领导-部属关系的质量越低时,高传统性的个体也会有更强的压力感和焦虑感,他们的心理健康状况和工作倦怠会更多地受到领导-部属关系的影响。因此,笔者认为,部属的个体传统性能够调节领导-部属关系(LMR)与工作成果和心理健康的相关,具体提出如下假设:

研究假设6-3:部属的个体传统性能够调节领导-部属关系(LMR)与工作成果指标(任务绩效和组织公民行为)的相关,即领导-部属关系(LMR)与任务绩效和组织公民行为的相关对高传统性个体比低传统性个体更强烈。

研究假设6-4:部属的个体传统性能够调节领导-部属关系(LMR)与心理健康指标(工作满意度、工作倦怠和心理健康)的相关,即领导-部属关系(LMR)与工作满意度、工作倦怠和心理健康的相关对高传统性个体比低传统性个体更强烈。

目前,几乎查不到关于权力距离与个体传统性对领导-部属关系调节作用的比较研究。权力距离和个体传统性都描述了个体对权威人物的服从程度,但权力距离是以工作环境为参照框架的变量,具有文化上的普遍性,个体传统性是中国本土的概念,是以社会和家庭为参照框架的变量,它根植于儒家文化,主要反映一种完成角色规范的道德约束。按照Farh等人(2007)的观点,权力距离以工作环境为参照框架,由于框架效应的存在,因此它是一个比个体传统性更强的调节变量。但笔者认为,个体传统性以儒家的"五伦"为基础,而"五伦"之首的君臣关系对领导-部属关系有深刻影响,更为中国人所接受,恰恰应比权力距离影响更大,而且权力距离信念能在多大程度上被中国部属所认可,也存有质疑(廖建桥等,2010)。因此,笔者拟对权力距离与个体传统性调节效应的比较做探索性研究。

西方的领导-部属交换LMX和本土的领导-部属关系SSG和LMR相比,LMX的核心在工作中的交换,SSG的核心在工作之外的社会交换和个人关系,SSG和LMX之间类似于互补关系或交叉关系。而LMR和LMX之间则是包含关系,LMX相当于LMR中领导-部属积极关系中的一部分,而不涉及领导-部属的消极关系。LMR是一个体现中华文化的内涵更宽的概念。据此,LMR应当比西方舶来品LMX更为敏感于文化价值观的调节作用。当然,由于文化价值观对LMR和LMX在工作成果和心理健康的具体指标上的调节效应如何,尚缺乏有力的理论依据,因此具体拟作探索性研究。

研究假设6-5:与领导-部属交换(LMX)相比,领导-部属关系(LMR)更敏感于文化价值观变量(权力距离和个体传统性)的调节作用。

二、文化价值观对领导-部属关系的调节机制

用于本章研究的样本与第三章的领导-部属匹配样本相同,即合计为133对领导与部属,部属与领导的平均相处年限为3.76年,适合进行双方的相互评价。前因变量和结果变量的测量与第三章的测量方法相同。调节变量——文化价值观的测量方法为:权力距离的测量,采用Farh等人(2007)使用的由Dorfman和Howell(1988)编制的权力距离量表中文版,例如"上级做的大多数决定都不用咨询下级"。个体传统性的测量,采用Farh等人(2007)使用的个体传统性量表,由杨国枢编制

的"多元个体传统性量表"(Yang,2003;杨国枢,2008)缩减改编而成,例如"要避免发生错误,最好的办法是听从长者的话"。问卷调查的方法和结果,参见本书附录5,在此不详细展开。

(一)"涌泉相报":关注更为传统的部属

经统计分析,传统性对领导-部属关系(LMR)与部属任务绩效之间的关系有正向调节作用。如图 6-1 所示,对于高传统性的个体,领导-部属关系(LMR)与任务绩效之间的正相关更强($\beta = 0.55, p < 0.01$),而对低传统性的个体,领导-部属关系(LMR)对部属任务绩效的影响更弱($\beta = 0.17, n.s.$)。这一结果与 Farh 等人(2007)的发现正好相反。

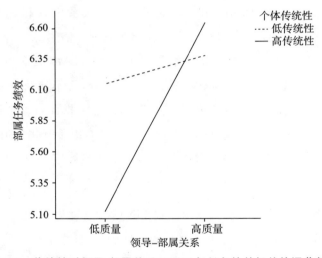

图 6-1　传统性对领导-部属关系(LMR)与任务绩效相关的调节效应

传统性对领导-部属关系(LMR)与部属心理健康之间的关系有正向调节作用。对于高传统性的个体,领导-部属关系(LMR)与心理健康呈现更强的正相关($\beta = 0.55, p < 0.01$),而对于低传统性的个体,领导-部属关系(LMR)与心理健康则表现出较弱的正相关($\beta = 0.30, p < 0.05$)。

传统性对领导-部属关系(LMR)与部属工作倦怠之间相关有负向调节作用,如图 6-2 所示,对于高传统性的个体,领导-部属关系(LMR)与工作倦怠有很强的负相关($\beta = -0.57, p < 0.01$),对于低传统性的个体,领导-部属关系(LMR)与工作倦怠则相关较低($\beta = -0.29, p < 0.10$)。

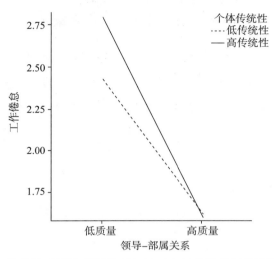

图 6-2　传统性对领导-部属关系（LMR）与工作倦怠相关的调节效应

由此，我们发现了个体传统性的 3 项调节效应，部分支持研究假设 6-3 和研究假设 6-4。对于高传统性的个体，领导-部属关系（LMR）对部属任务绩效、工作倦怠、心理健康的影响更强。高传统性的部属，把依赖、服从领导作为角色规范和道德约束，更为看重与领导之间的关系，对他们而言，高质量的领导-部属关系（LMR）既是必要的角色规范，也是重要的工作资源。当领导-部属关系质量越高时，高传统性个体会有越强烈的"忠诚贡献"的角色义务感要提高任务绩效，容易产生感恩怀德的情感，要"报答"领导的"关心支持"，从而激发出"涌泉相报"的绩效水平。如果说 Farh 等人（2007）以往研究更多关注低传统性个体的"等价回报"，那么本研究则把关注点放到了高传统性个体的"涌泉相报"上。

另一方面，当领导-部属关系质量越低时，他们也会有更强的压力感和焦虑感，心理健康状况和工作倦怠会更多地受到领导-部属关系的影响。根据资源保存理论和工作要求与资源模型，在领导-部属关系好的条件下，领导-部属关系对低传统性和高传统性个体是重要的工作资源和社会支持，对两者的影响基本一致，但在领导-部属关系差的情况下，高传统性的个体会表现得更加倦怠。本研究表明，传统性作为本土的文化价值观，对领导-部属关系有着重要影响。个体传统性对领导-部属关系和组织公民行为的调节效应不显著，可能与样本容量较小有关；它对工作满意度的调节效应不显著，由于这方面研究较少，还需今后进一步研究分析。

(二)权力距离影响的不同机制:非社会交换的解释

权力距离对领导-部属关系(LMR)与部属任务绩效之间相关有正向调节作用。如图 6-3 所示,尽管受样本容量较小影响,β 值没有达到显著水平,但是对于高权力距离的个体,领导-部属关系(LMR)与任务绩效之间呈现更强的正相关($\beta = 0.21$, $n.s.$),而对于低权力距离的个体,领导-部属关系(LMR)与任务绩效之间则几乎不相关($\beta = 0.03, n.s.$)。

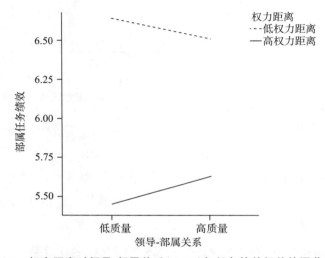

图 6-3 权力距离对领导-部属关系(LMR)与任务绩效相关的调节效应

权力距离对领导-部属关系(LMR)与部属组织公民行为之间相关有正向调节作用。与任务绩效的调节效应类似,对于高权力距离的个体,领导-部属关系(LMR)与组织公民行为之间呈现更强的正相关($\beta = 0.26$, $p < 0.10$),而对于低权力距离的个体,领导-部属关系与组织公民行为之间则不相关($\beta = -0.01$, $n.s.$)。这一结果与 Farh 等人(2007)的发现相反,而与蔡松纯等人(2009)的发现类似。

权力距离对领导-部属关系(LMR)与部属工作倦怠之间相关有正向调节作用。如图 6-4 所示,对于低权力距离的个体,领导-部属关系(LMR)与工作倦怠之间的负相关相对更强($\beta = -0.74$, $p < 0.01$),而对于高权力距离的个体,领导-部属关系(LMR)对工作倦怠的影响更弱($\beta = -0.09$, $n.s.$)。

权力距离对领导-部属关系(LMR)与部属工作满意度之间相关有负向调节作用。与工作倦怠的调节效应类似,对于低权力距离的个体,领导-部属关系(LMR)

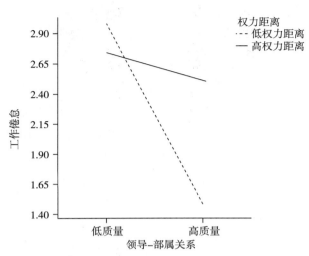

图 6-4　权力距离对领导-部属关系(LMR)与工作倦怠相关的调节效应

与工作满意度之间的正相关更强($\beta = 0.77, p < 0.01$),而对高权力距离的个体,领导-部属关系(LMR)对工作满意度的影响较弱($\beta = 0.45, p < 0.01$)。这一结果与 Lin 等(2013)的研究发现类似。上述结果与研究假设 6-2 预期的调节方向相反。

权力距离有 4 项调节效应,支持研究假设 6-1,并与研究假设 6-2 预期的调节方向相反。在任务绩效和组织公民行为两个指标的调节效应,与 Farh 等人(2007)、Botero 和 Dyne(2009)的发现相反,而与郭晓薇(2006)、蔡松纯等人(2009)的发现相似,即对于高权力距离的个体,领导-部属关系(LMR)对部属任务绩效、组织公民行为的影响更大。不过,在工作倦怠和工作满意度两个心理健康指标上,则是对低权力距离的个体,领导-部属关系(LMR)和它们的相关更强。

我们可以从中华文化下领导-部属关系的特点和权力距离量表内容上寻找原因。在中华文化下,权力关系表现出不对等的特点(任真等,2010;翟学伟,2005),部属往往有较大的顺从责任与义务(阎云翔,2006)。一方面,对于高权力距离的个体,他们倾向于被动接受领导决定,与领导保持距离、不愿提出意见(Hofstede,1991),认为重要工作应该由领导承担,整体而言,他们的任务绩效和组织公民行为都比较差;不过,高权力距离个体更看重与领导的关系,当他们与领导的关系越好时,越有助于拉近与领导的情感距离,增强工作参与感(Bochner & Hesketh,1994),主动学习模仿领导(蔡松纯等,2009),强化他们的角色义务感

(郭晓薇,2006;Clugston et al.,2000),从而产生更好的任务绩效和组织公民行为。另一方面,对于低权力距离的个体,他们会在工作中更为主动,积极建言献策(Hofstede,1991),主动承担重要工作任务(Bochner & Hesketh,1994),当与领导关系越差时,他们倾向积极沟通,却难以接纳权威,反而会更加激化与领导的矛盾,让领导感到他们更加不遵从权威,从而导致领导减少他们的工作资源,增加工作阻力,导致情感距离拉大,成就感变低。根据资源保存理论和工作要求与资源模型,在这种情况下,他们的工作倦怠就会越严重,工作满意度也会越差。权力距离对领导-部属关系(LMR)和心理健康相关的调节效应不显著,可能是受样本容量较小影响。

(三)传统性与权力距离的效应分离

传统性和权力距离的调节效应相比较,在部属任务绩效($\beta = 0.19, p < 0.05$)、组织公民行为($\beta = 0.23, p < 0.05$)上权力距离的调节效应显著,而传统性调节效应不显著;在工作倦怠上,权力距离($\beta = 0.25, p < 0.01$)和传统性($\beta = -0.20, p < 0.05$)调节效应都显著,但它们的调节方向相反;在心理健康上传统性的调节效应边缘显著($\beta = 0.17, p < 0.10$),权力距离与之调节方向相反,不过并不显著。此外,在工作满意度上两者的调节效应则都不显著。

权力距离反映的是组织内领导与部属之间的关系认知,个体传统性反映的是社会和家庭中个体与权威之间的关系认知,两者出现了明显的效应分离。主要表现为:第一,两者与领导-部属关系(LMR)的相关方向不同。权力距离与领导-部属关系(LMR)之间呈负相关($r = -0.20, p < 0.05$),传统性与之并非负相关($r = 0.11, n.s.$)。传统性的平均分($M = 4.37, SD = 1.16$)也明显高于权力距离($M = 2.64, SD = 1.07$)。权力距离似乎成了一个负面指标,与任务绩效、组织公民行为、心理健康均存在显著负相关,与蔡松纯等人(2009)、Lin等人(2013)的相关结果相类似。第二,两者在心理健康指标上调节效应方向相反,即对于高传统性个体和低权力距离个体,如图 6-2 和图 6-4 对比所示,领导-部属关系(LMR)对工作倦怠的影响更强。第三,两者虽在工作成果指标上调节效应方向一致,但调节形态差异很大。权力距离在任务绩效和组织公民行为上的调节效应比较一致,但图 6-1 与图 6-3 相比,即与传统性在任务绩效上的调节形态则差别很大。无论领导-部属关系(LMR)质量高低,高权力距离个体的任务绩效都整体上比低权力距离个体差,然而高传统

性的个体在与领导关系好的情况下,则表现出比低传统性个体更优秀的绩效。究其原因,可能是对高传统性的个体,高质量的领导-部属关系(LMR)更能激发他们"报答"领导的传统观念,而这种报答的特点可能就是"滴水之恩当涌泉相报"。

部属受中华优秀传统文化和西方现代思想的共同影响,在一般社会关系如与权威的关系上,比较认可传统文化的观点,然而在组织内部与直接领导的关系上,又受民主思想、市场经济和信息社会观点的影响(廖建桥等,2010),希望更多的授权式管理与参与决策。这种文化认知上的差异或称双重作用,可能影响了领导-部属关系的作用发挥。

一方面,个体传统性作为以社会和家庭为参照框架的主位(emic)变量,主要不是影响互惠的利益交换,而是影响了个体的角色义务感和"关系"的角色义务成分,影响了个体对"关系"的看重程度和处理方式。高传统性个体更加遵从权威、看重关系、关注角色义务,倾向于与领导保持良好关系。对于他们而言,高质量的领导-部属关系更加能激发他们的角色义务感,从而表现出"涌泉相报"的绩效水平,也更加能够符合希望与领导保持良好关系的愿望、获得更多社会支持,从而提高心理健康水平。

另一方面,权力距离的作用机制与个体传统性有所不同,作为以工作环境为参照框架的客位(etic)变量,主要影响了部属与领导的沟通交流方式或说关系处理方式。高权力距离者不仅是遵从权威,从权力距离量表内容看,还表现为与领导保持距离,回避与领导的直接沟通(Hofstede,1991),工作行事较为消极被动(如权力距离与绩效、组织公民行为呈负相关),从而影响了与领导关系的建立(如权力距离与领导-部属关系呈负相关)。对于他们,当领导-部属关系质量高时,他们会更多与领导沟通、更主动参与管理,或更会模仿学习领导(蔡松纯等,2009),因而表现出更强的任务绩效和组织公民行为。而低权力距离者倾向于更为积极参与管理、建言献策,当与领导关系好时,他们能够更为顺利地参与管理,建言献策更加可能被领导接受,因而也表现出更好的工作满意度和更低的工作倦怠;当与领导关系越差,则可能有更大阻力或受到压制,导致满意度更低和工作倦怠更高。

(四)领导-部属关系(LMR)对文化价值观更敏感

权力距离和个体传统性对领导-部属交换(LMX)各有1项调节效应。一是传统性对领导-部属交换与部属任务绩效之间相关有正向调节作用。如图6-5所示,对于高传统性的个体,领导-部属交换与任务绩效之间的正相关更强($\beta = 0.38$, $p < 0.05$),而对低传统性的个体,领导-部属交换对部属任务绩效的影响更弱($\beta = 0.14$, $n.s.$)。二是权力距离对领导-部属交换与部属工作倦怠之间相关有正向调节作用。如图6-6所示,对于低权力距离的个体,领导-部属交换与工作倦怠之间的负相关更强($\beta = -0.54$, $p < 0.01$),而对于高权力距离的个体,领导-部属交换对工作倦怠几乎没有影响($\beta = 0.06$, $n.s.$)。

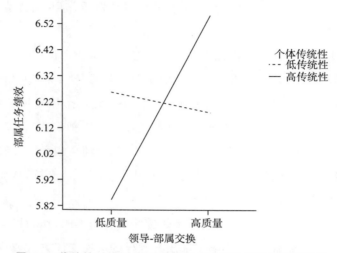

图 6-5　传统性对领导-部属交换与任务绩效相关的调节效应

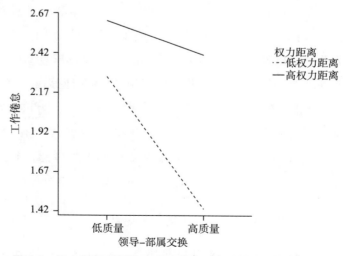

图 6-6　权力距离对领导-部属交换与工作倦怠相关的调节效应

与领导-部属交换所得 2 项调节效应相比,领导-部属关系(LMR)的调节效应要比之多出 5 项,领导-部属关系(LMR)更为敏感于文化价值观的影响,支持研究假设 6-5。领导-部属关系(LMR)和领导-部属交换调节效应的对比也表明,需要从"关系相处"视角而非"社会交换"视角进行阐释。如前文所述,领导-部属关系(LMR)和领导-部属交换之间是包含关系。一方面,按照 Bernerth(2005)和 Bernerth 等人(2007)的研究,LMX-7 量表也是评估关系的质量,如条目"您觉得您与您的领导的工作关系有什么特点",并不像 LMSX 量表那样突出社会交换(任真等,2010),也就是说,LMX-7 量表和 LMR 量表都在一定程度上测量了工作中的领导-部属关系。因此,如图 6-1 与图 6-5、图 6-4 与图 6-6 以及它们有关 β 值的比较可见,个体传统性对领导-部属交换和任务绩效相关、领导-部属关系(LMR)和任务绩效相关的调节效应相类似,权力距离对领导-部属交换和工作倦怠相关、领导-部属关系(LMR)和工作倦怠相关的调节效应相类似。另一方面,领导-部属交换是一个基于"交换"的概念,主要表现为基于平等互惠的契约交换(郭晓薇,2011),领导-部属关系(LMR)则是一个基于"关系"的概念,更多表现为基于上下位身份的角色义务,特别是 LMX-7 量表和 LMR 量表相比,领导-部属关系(LMR)比领导-部属交换凸显了角色义务的内容,而这与任务绩效和组织公民行为关联密切;领导-部属关系(LMR)比领导-部属交换增加了领导-部属消极关系的内容,而它又与工作倦怠、工作满意度等心理健康指标紧密联系(任真等,2014)。因此,领导-部属关系(LMR)比领导-部属交换更为敏感于文化价值观的影响。

总之,笔者认为,不能像西方领导-部属交换理论和 Farh 等人(2007)预期的那样从"社会交换"角度解释文化价值观的调节机制,而是要从领导-部属如何"关系相处"的角度来阐释调节效应。文化价值观影响不仅是影响社会交换理论的互惠规范或诱因-贡献原则,更重要的是影响了个体的角色义务感和"关系"的角色义务成分,影响了个体对"关系"的看重程度和沟通处理方式。这也与领导-部属关系的研究要从关注"交换"到关注"关系"转变的观点相一致。

本章内容在理论上有所贡献,主要在于:一是中华文化下人们倾向于从"关系相处"角度处理问题,"关系"要比西方文化下"社会交换"的内容和形式更为复杂,而本研究首次尝试从"关系相处"角度而非从"社会交换"角度考察文化价值观的作用,并发现了主位(emic)的个体传统性和客位(etic)的权力距离对领导-部属关系有着不同的调节机制。二是尽管以往研究发现了高传统性个体的行为不遵从西方社会交换理论的互惠规范,但关注点主要在低传统性个体的"等价回报"上,而笔者则将焦点转换到了高传统性个体的"涌泉相报"上,这对于揭示中华文化下领导-部属关系的独特机制具有重要意义。三是文化价值观对领导-部属关系和心理健康变量的调节机制还是首次发现,而这在以往研究特别是党政机关和事业单位群体的研究中较为缺乏。

在实践领域,笔者在结果变量中增加了心理健康、工作倦怠的内容,从组织角度为持不同权力距离和个体传统性倾向的部属,改进领导-部属关系,提高绩效水平和组织公民行为,改善员工心理健康,缓解工作倦怠,提供了新的解决思路。领导的微笑是部属一天的阳光,特别是在当前的党政机关和事业单位,领导和部属不能相互选择对方的情况下,要重点帮助低权力距离部属改进与领导的沟通交流方式,避免因过于追求对等和参与而影响了敏感的领导-部属关系;同时,还要及时关注高传统性部属的工作压力和心理健康状况,注重通过建立健康向上的领导-部属关系来缓解他们的工作倦怠,激发出"滴水之恩,涌泉相报"的工作绩效和组织公民行为。

测一测

中国人的个体传统性量表

下列语句摘自报章、杂志及书籍,所描述的是各种不同事情,请您根据自己的真实意见或感受作答。

非常不同意	比较不同意	有点不同意	无法确定	有点同意	比较同意	非常同意
1	2	3	4	5	6	7

1　政府首长等于是大家长,一切国事都应该听从他的决定。　1　2　3　4　5　6　7
2　要避免发生错误,最好的办法是听从长者的话。　1　2　3　4　5　6　7
3　女人婚前接受父亲管教,出嫁后则应顺从丈夫。　1　2　3　4　5　6　7
4　如果因事争执不下,应请辈分最高的人主持公道。　1　2　3　4　5　6　7
5　父母所敬爱的人,子女也应该敬爱。　1　2　3　4　5　6　7

测一测

权力距离量表

下列句子描述了领导与部属之间的互动。请您依自己的看法作答。

非常不同意	比较不同意	有点不同意	无法确定	有点同意	比较同意	非常同意
1	2	3	4	5	6	7

1 上级做的大多数决定都不用咨询下级。　　　　1 2 3 4 5 6 7
2 上级需要经常使用权威和权力对待下级。　　　1 2 3 4 5 6 7
3 上级几乎不应该征求员工们的意见。　　　　　1 2 3 4 5 6 7
4 在工作之余,上级应该尽量避免与员工有人际往来。 1 2 3 4 5 6 7
5 员工不应该反对管理层的决定。　　　　　　　1 2 3 4 5 6 7
6 上级不应该把非常重要的任务委派给员工。　　1 2 3 4 5 6 7

第七章

总结与反思：
中国人领导-部属关系的"阳"与"阴"

中国人自小即学会两种对待别人的主要方式，其一是如何对上（对待权威），其二是如何对下。他们最擅长对上与对下，也最习惯以上下关系与人相处；与别人平起平坐（没大没小），反而觉得不自在。

——华人心理学家杨国枢

美国的领导力是胜者的领导力，法国的领导力是英雄的领导力，而中国的领导力是智慧的领导力。

——法国前总理让·皮埃尔·拉法兰（Jean Pierre Raffarin）

有人说，中国人的大半精力都用在人际关系的处理上，尤其是与领导、与权威的关系处理，既为之津津乐道，又为之苦恼不已。本书在对古、今、中、外的领导-部属关系研究进行简要分析的基础上，采用问卷调查、质性研究、准实验设计等研究方法和技术，围绕当前实践者——即中国的各级各类管理者头脑中的领导-部属关系是什么样子、存在怎样的中西方文化差异，开展了一系列层次递进、交互验证的实证研究。然而，在定量研究的过程中，笔者也感到，这些研究在理论上仍不够透彻、在实践上还不够实用，应该经历一个从宏观到微观再到宏观、从定性到定量再到定性研究的螺旋上升过程，需要从中国历史文化角度进行相对宏观的建构。

华人心理学家杨国枢（1993）曾指出："中国人自小即学会两种对待别人的主要方式，其一是如何对上（对待权威），其二是如何对下。他们最擅长对上与对下，也最习惯以上下关系与人相处；与别人平起平坐（没大没小），反而觉得不自在。"（转引自杨国枢，黄光国，杨中芳，2008）由此，中国人的领导-部属关系，与西方人相比是否少了些"平等"，与自身相比是否又多了份"复杂"——尽管也可以换个角度讲是充满了"智慧"？

作为收尾章节,本章主要是进行总结、拓展和应用。其中,总结主要是基于实证研究,梳理汇总实证研究的成果;拓展主要是跳出实证研究,进行延伸的思辨分析;应用主要是转化实证研究成果,为读者培养健康向上的领导-部属关系提出对策建议。下面,将较为系统地梳理领导-部属关系的中西方文化差异,努力探寻中国人领导-部属关系的优秀"文化基因",并为如何处理好领导-部属关系的"义""情""利""法"提出建议。

一、领导-部属关系的"中"与"西"

回到本书前言的开篇之问——领导-部属关系是如西方领导-部属交换(LMX)理论所说的分为内圈和外圈,是按中国传统文化所说的"君仁臣忠",还是像社会上流传的那样"一朝天子一朝臣"?我们可以从与中国古代关于领导-部属关系的传统思想和本土化模型之间的比较、与西方领导-部属交换理论之间的比较上寻找答案。

(一)中国人领导-部属关系矩形结构模型的独特性

关于领导-部属关系(LMR)的本土结构,本书最核心的是中国人领导-部属关系的矩形结构模型(图 3-3)。纵览本书,从质性研究所得的上下结构、14 个维度的模型(图 3-1),到二阶四因素的因素分析结构模型(图 3-2),再到矩形结构模型,是一个逐步递进、简化和抽象的过程。围绕第二章中所构建的领导-部属关系概念——即指在组织中领导和部属之间基于工作而建立起来的上下关系,第三章的质性研究结构模型,侧重表达了它的上下之分和双视角差异的一面;第三章的因素分析结构模型,侧重表达了它的积极关系和消极关系的一面;第四章的跨文化比较质性研究模型(图 4-1),侧重表达了它的工作关系和非工作关系的一面;第五章则验证了情感关心、角色义务、工作之外关系三个维度,是中华文化下领导-部属关系的特色内容。这些特色内容,其实也已经包含在了领导-部属关系矩形模型及其 LMR 量表之中。应该说,以矩形结构模型为代表的各章模型,较好地揭示了中国当前社会文化环境下领导-部属关系的要素、结构和过程。

领导-部属关系的矩形结构模型,虽然不是以中华优秀传统文化思想为理论自上而下推导所得,但与之有出人意料的一致性。从儒家思想来看,孔子主张"君仁臣忠"(《礼记·礼运》),"君使臣以礼,臣事君以忠"(《论语·八佾》)。这里,领导视角的"关心支持"维度和部属视角的"忠诚贡献"维度恰好基本对应了孔子的仁与忠、礼与忠的结构。与儒家更多关注领导-部属之间积极关系不同,法家则更多关注消极关系。法家认为,君臣地位不同,利益也不同,甚至是对立的(王威威,2012)。比如韩非子提出,"君臣之利异,故人臣莫忠,故臣利立而主利灭"(《韩非子·内储说下六微》);慎子也认为,"君臣之间,犹权衡也"(《慎子》)。这种消极关系和利益不同,也直接反映在领导"控制划派"和部属"抵触反对"的维度及其条目中。因此,矩形结构模型较好地融合了儒家和法家的思想。再者,《黄帝四经·称》提出,君臣关系依"师""友""宾""庸""虏"逐次下降;《战国策·燕策一》提出,君臣关系是"帝者与师处,王者与友处,霸者与臣处,亡国与役处",即"师""友""臣""役"逐次递减。二阶四因素的模型既有积极关系,也有消极关系,恰恰反映了这一思想,无非儒家、道家主张积极的一面——"师""友"的关系,而法家关注消极的一面——"庸""虏""役"的关系。

领导-部属关系的矩形结构模型与现有代表性的本土化"关系"结构模型相比,也具有独特的价值:

第一,与郑伯埙的员工归类模式进行比较。在郑伯埙的模型中,"关系"是首要的和特色的内容,笔者的模型中特指的"关系"则只是体现在"控制划派"维度中。在职场上,我们总不能天天讲特殊"关系",时时把特殊"关系"放在第一位吧!郑伯埙模型的"忠诚""才能"与笔者模型中"忠诚贡献"的内容相对应,而且值得关注的是,在矩形结构模型中,"忠诚"不但包含郑伯埙的"情感性忠诚"和"义务性忠诚",而且包含了"了解""迎合"之意。比如,LMR量表中的条目,"我了解他个人的习性和爱好","我能够心领神会他最在意什么",这些部属对领导的主动了解与迎合,是建立良好关系的常用方式。

第二,与杨中芳等人(2008)的"关系"三成分论进行比较。矩形结构模型虽然没有按照既定成分、工具成分、感情成分三种成分进行因素划分,但是LMR量表条目内容兼具这三种成分。例如,"他在加薪和福利上维护我的利益"体现出利益成分,"他设身处地体谅我,将心比心"体现出感情成分,"我感到对领导要'士为知己者死'"体现出既定成分。更为重要的是,在姜定宇(2005)的领导-部属关系形式量表中,利益成分被描述为消极的内容,但是在矩形模型及其LMR量表中,它却是积极的内容,是积极领导-部属关系的表现,这更符合人们工作生活的实际。虽然职场上中国人的表达利益诉求的方式相对隐晦,但对个人利益的关切却也是实实在在的,就像 LMR 量表中陈述的那样,"他在加薪和福利上维护我的利益""他关心我的晋升和进步"。其实,下属可以不表达甚至不在乎自己的利益,但这并不意味着领导可以不关心他们的利益。相反,中国人常用方式的是,下属越是不表达、不在乎自己利益,领导越是要关心他们、爱护他们,甚至牺牲自己利益维护他们。

第三,与 Chen 等人(2009)的领导-部属关系三维度模型进行比较。它的情感依附、个人生活融入、对主管顺从三个维度都包含在矩形模型及其 LMR 量表条目中,同时矩形模型又比其增加了消极关系的维度。这也证明,该模型以 Fiske(1992)社会关系理论为基础所预设的三个维度的代表性存在不足。其实,不知是否是维度命名方式的缘故,"依附""个人生活""顺从"——这些维度的命名,并不像 Chen 等人所说的是家庭似的温馨,而总是暗暗给人以负面的、封建的味道。

应该说,四因素的矩形结构模型,既跳出了差序格局的同心圆框架和"后门"框架,把领导-部属关系定位于组织中、工作中的变量,同时又在"控制划派"和"抵触反对"的消极关系中包含了同心圆框架和"后门"框架的内容,较好体现了中华优秀传统文化的特点。

(二)领导-部属关系的中西方差异

中西方文化差异,是本书的重要切入点。既然这么强调文化差异,那么对于领导-部属关系而言,中西方的差异到底有哪些呢?如同第四章所述,中国人的领导—部属关系是"丰满圆润"之美,而西方人的领导-部属关系是"骨感挺拔"之美。具体来说,各章都包含中西方文化差异的内容,下面有必要进行一个更为系统的归纳总结。

1.西方更为关注"交换",中国更为重视"关系"

西方的领导-部属交换(LMX)是一个基于"交换"的概念,主要表现为基于平等交换的契约交换。甚至我们可以追溯到西方文明发源地古希腊,这种平等性来源于商品交换和民主制中公民的交换活动。后来,基督教的发展更是打破了西欧的家庭观念,强调上帝之下人人平等的基督原则。当然,西方所谓的"平等",只是适用于某个或某些特定种群内部的规则,绝不外溢(苏亦工,2019)。而传统中国是伦理本位的社会(梁漱溟,1921,2010),注重人与人之间的关系,特别是两者对偶关系。伦理关系,就是情谊关系,也是相互间的一种义务关系。伦理关系始于家庭、首重家庭,但不止于家庭。

领导-部属关系——无论是 LMR 还是 SSG 的概念界定,则是一个基于"关系"的概念,更多的强调基于上下位身份的角色义务。在古代中国,君臣一伦或说君臣对偶双方,强调的是互补关系,而非平等关系。在传统儒家思想里,一个人跟他在社会里的角色不能分开。人们在社会里的角色总是不平等的,人与人的关系总的来说是难以平等的。应该说,儒家所重视的是公正(equity)而不是平等(equality)(李晨阳,2005)。当然,新中国成立以来的社会主义文化是高度重视与强调平等的。比如,1980 年 2 月,中国共产党十一届五中全会通过的《关于党内政治生活的若干准则》明确规定,在党内所有党员尽管工作分工有所不同,都是平等的同志和战友。

借用法史学家梅因的概念,可分别将之称为契约关系和身份关系(郭晓薇,2011)。笔者所强调的"上下关系"在 LMR 量表领导视角和部属视角的条目构成、因素分析的结构中都有明显体现,这与西方研究强调基于互惠规范的公平交换大不一样。因此,中华优秀传统文化重视"人伦",讲的就是如何处理"关系";西方文化起源于人与人公平的商品交换,自然更为关注"交换"。

2.西方在领导和部属两个视角上有同一结构,而中国在两个视角上有不同结构

在西方领导-部属交换研究中,领导和部属的分析视角不同,是使用同一把尺子测量对偶的双方,是在公平互惠基础上由于角度不同而带来的感知差异。而在中国传统文化下,差序格局的社会结构造成了重视纵向的等级差异的文化,领导作为上位者和部属作为下位者拥有不同的权利与义务,他们之间社会交换的突出特点是具有不对等性,或称具有非对称性和偏正结构,他们之间的交换要比西方文化下的交换关系内容和形式表现更为复杂。也许,这就像这些年来西方人流行讲"社会资本",中国人喜欢讲"关系网络",表面上看社会资本与关系网络内涵相似,但就中国人关系网络的复杂性而言,两者实在是小巫见大巫。

在双视角、四因素的矩形结构模型中,领导视角的条目、维度和部属视角的条目、维度大不一样。在实际访谈中,笔者请访谈对象既谈论与领导的关系,也谈论与部属的关系,就发现两个视角观察内容并非一致,用词表述也有不同。比如,领导会主动关心部属的家庭生活,这是很常见的,但是反过来,部属主动关心领导的家庭生活,则是比较少见的。其实,日常工作生活中的用语也反映了这种差异,领导主动关心部属的家庭生活——常称之为领导来"关心",部属主动关心领导的家

庭生活——则称之为部属来"打听"。

3. 西方强调从雇佣关系向合作关系的转变,注重"分享式的制衡",而中国强调从冲突关系向和谐关系的转变,注重"互补式的和谐"

在布劳(1964)的社会交换理论的框架下,对于领导-部属交换,"交换质量"的起点是经济交换或说劳资关系。劳资双方相维以利,相胁以势,遇事依法,彼此几乎不发生私人感情。从交换质量差到交换质量高反映的是,由雇佣关系、生人关系向合作关系、亲密关系的转变。相比而言,领导-部属交换理论忽视了对领导-部属之间消极关系的研究。西方的这种合作关系,更为突出个人主义的色彩,强调相互分享、相互制约,可以称之为"分享式的制衡"。

中华文化强调关系和谐、有序,遵循既有的伦理规范,比如,"君臣有义""长幼有序""一争两丑,一让两有"。因此,在矩形结构模型中,领导-部属关系包含积极和消极两个方面,反映的是上下位之间利益冲突、矛盾斗争到关系和谐、上下有序的过程。为达到关系的和谐,领导和部属多采用"双向""互补"的行为方式,可以称之为"互补式的和谐"。

4. 西方看重行为评价,中国同时强调特质评价和角色义务

孙健敏和焦长泉(2002)、王登峰和崔红(2006a)等人的研究,都发现与西方管理者绩效模型不同,中国管理者有着个人特质绩效或称个人品质绩效的维度。Han 和 Altman(2009)的质性研究也发现,中国人的领导-部属关系除了从交换的视角研究外,还可从特质的视角进行分析。同样,与西方领导-部属交换理论不同,笔者在本土的领导-部属关系结构中发现了对特质的关注。角色义务、角色预期等以个人特质的形式呈现出来,构成了领导-部属关系内容的一部分。不仅如此,通过第五章西方、中国香港和中国内地的跨文化比较,也证实了角色义务维度是中西方领导-部属关系差异的重要维度之一。

5. 中国注重由工作关系延伸出的私人关系,而西方相对限制非工作关系的发展

中国人和西方人的领导-部属关系的范围大小不同,或形象地说"胖瘦"不同,即中国人的领导-部属关系包括工作关系及其延伸出的非工作关系或称私人关系,工作与生活边界相对模糊,而西方人则更多把领导-部属关系限制在工作关系上,公与私界限更为清晰。比如,中国访谈对象常会表示,自己与部属在工作之外是朋友关系,甚至是亲如兄弟姐妹。领导和部属之间常保持类似家庭式的氛围,比西方更多一些滋润的温情。再如,在第五章西方、中国香港和中国内地的跨文化比较

中,最能体现情感关心、评价一致性最高、中西方差异最为明显的条目就是"领导帮助下属解决家庭生活中的困难"。究其原因,可能在于中国是人情社会,而西方是契约社会。

6.中西方在领导-部属关系的具体维度内涵上差别明显

西方领导-部属交换中的情感维度在本土的矩形结构模型中,表现为领导对部属的关心(关心支持维度)和部属对领导的了解、迎合(忠诚贡献维度),这和西方领导-部属交换结构中情感就是相互喜欢、吸引是不同的。西方研究所谓忠诚维度和贡献维度则合并到矩形结构模型的忠诚贡献维度,而且忠诚的内涵也大不相同——西方忠诚强调公开支持,矩形结构模型的忠诚则包含公开支持、敢进忠言、了解迎合、坦诚信任的内容,甚至部属的"贡献"本身也是忠诚的表现。西方研究所谓专业尊敬维度的内容,在矩形结构模型的数据统计(探索性因素分析)过程中就已被剔出模型之外了,而矩形结构模型中的"控制划派""抵触反对"维度,则是西方领导-部属交换模型根本没有的内容。

7.领导-部属关系对个体的影响在中国比在西方更为深刻

中华文化的特点使得领导-部属关系与心理健康有着比西方更为密切的关联。这是由于在组织环境中,中国人之间的互动有强烈的关系取向,"关系"既是最有用的工作资源,也是最大的压力源,会造成领导和部属的工作倦怠,使他们的心理健康受到很大影响。比如,在质性研究访谈中,一位受访的领导干部就坦言:"上下级之间相处得不好,比夫妻之间在家庭里相处不好还要痛苦。在工作环境里面,这种矛盾几乎是无法回避的。一个人每天工作基本是 8 小时,如果与领导关系处不好,会是每天 8 小时的不舒服,这比家庭生活的矛盾还要痛苦。"

再如,在第六章中研究发现,不能像西方领导-部属交换理论和 Farh 等人(2007)预期的那样从"社会交换"角度解释文化价值观的调节机制,而是要从领导-部属如何"关系相处"的角度来阐释调节效应。文化价值观影响不仅是影响社会交换理论的互惠规范或诱因-贡献原则,更重要的是影响了个体的角色义务感和"关系"的角色义务成分,影响了个体对"关系"的看重程度和沟通方式。

总之,四因素的矩形结构模型,在一定程度上突破了西方领导-部属交换(LMX)理论的框架和中国领导-部属关系(SSG 或 LMG)研究的相关模型,较好地体现了中华文化的特点,具有一定的理论创新性。它的主要贡献在于:一是将西方对领导-部属"交换"的关注转换到对"关系"的关注上;二是把仅对积极关系的关注扩展到对消极关系的关注上;三是发现领导视角和部属视角有不同的结构,不同于西方研究所认为的两者有同一结构;四是提供了体现中华文化特点的四个维度的矩形结构。它提醒同行研究者,在把领导-部属关系作为变量开展研究或使用西方领导-部属交换量表时,要充分估计到中西方的文化差异。

二、领导-部属关系的"阳"与"阴"

上一节主要对实证研究所得的矩形结构模型的独特性和领导-部属关系的中西差异进行了简要梳理。接下来,需要对领导-部属关系的实证研究进行延伸拓展,从中国历史文化角度进行相对宏观的分析。从中国历史文化角度看,领导-部属关系常是金字塔式的等级结构和同心圆式的差序结构的混合体,笔者形象地称之为"阴""阳"结构。

(一)领导-部属关系"阴""阳"结构的缘起

在政治上,自秦朝起中国就建立了符合马克斯·韦伯定义的现代国家(福山,2012),发展了统一的中央集权政府,发明了一套非人格化和基于能力的官员任用制度,建立起非人格化的科层制的领导-部属关系。此后,君王和各级地方官吏之间以及各级地方官吏相互之间,已经没有原先分封制下普遍存在的血缘联系,逐渐减少基于血缘的私人化的结合。需要说明的是,"非人格化"是韦伯的科层制的最基本特征之一,韦伯认为,非人格化是指"没有憎恨和激情,因此也没有爱和狂热,处于一般的义务概念的压力下,不因人而异,形式上对任何人都一样"。另一方面,"皇权不下县",如费孝通(2013)所言,"中央所派遣的官员到知县为止,不再下去了。自上而下的单轨只筑到县衙门就停了,并不到每家人家大门前或大门之内的"。中央所派遣的官员一般到知县为止,一方面是自上而下的皇权,另一方面是自下而上的绅权和族权,二者平行运作,互相作用。中央集权官僚制度的非人格化的科层制关系与社会民间私人的亲属关系融为一体,为领导-部属关系阴阳结构的形成打了政治方面的基础。

在经济和社会结构上,上述政治上现代国家的建立并没有经济现代化——比如市场经济的陪伴(福山,2012)。传统中国在经济上仍以小农经济为基础,经济重心主要在乡村(钱穆,2001),社会结构以宗法制为基础,领导-部属关系在很大程度上被视为父子关系的放大,被纳入差序格局来处理。比如,儒家主张"亲亲而仁民"(《孟子·尽心上》),儒家的自我存在于人与人的关系网络之中,一个人处于诸多同心圆的中心,其中以家庭为最靠里的内心圆,由此逐渐扩展到国家和世界(李晨阳,2005)。在宗法等级制的社会结构和土地所有制"王有"的背景下,中国古代的君臣关系从某种意义上说,是建立在家庭关系中父子之亲的血缘关系放大到君臣关系基础上的。比如,"父子之道,天性也,君臣之义也"(《孝经·圣治》);"虽外示君臣之义,实内犹父子之亲"(《唐大诏令集》卷一二二《雪王庭凑诏》)。中国古代的君臣关系从某种意义上说,是建立在家庭关系中父子之亲的血缘关系放大到君臣关系基础上的。

在思想文化上,各流派的君臣关系思想都对当今领导-部属关系有或隐或显的重要影响。儒家认为领导和部属的关系是"君仁臣忠"(《礼记·礼运》),强调上下、亲疏有别,对领导-部属之间的积极关系和差序格局的观点有重要影响。法家认为领导和部属之间是利害关系和上下关系,讲求"趋利避害",希望"上下相得"(《韩非子·守道》),对领导-部属之间科层制关系的处理有重要影响。道家倡导师友型的领导-部属关系,对尊重人才、建立平等的领导-部属关系有重要影响。墨家认为领导和部属的关系是"君惠臣忠"(《墨子·兼爱下》),对领导和部属之间要获得必要利益、达到"交相利"有重要启示。对领导-部属关系影响最大的仍是儒家和法家思想。历代帝王的阳儒阴法、儒法并用,为领导-部属关系阴阳结构的形成打了思想基础。

传统中国的家庭与国家高度同构化,从根本上说是一种由等级和差序所主宰的家国共同体(姜义华,2011)。从郡县到皇帝,由个人到家庭、家族,再到国家、天下,构成等级和差序的总格局。等级和差序两者矛盾统一,造成了在领导-部属关系上,以亲属关系为基础的"关系"与非人格化的科层管理长期共存。也就是说,同心圆式的差序结构和金字塔式的等级结构长期共存,两者力量此消彼长。在西方,基督教的发展破坏了西方亲属关系体系,而且亲属关系体系崩溃,被更自愿、更个人形式的团体取代(福山,2012),而在中国,亲属关系体系至今仍发挥重要影响。比如,有调查发现,对于当代中国社会最具根本意义的伦理关系,选择血缘关系的占到40.1%,表明当前家庭仍是伦理关系的牢固基础(樊浩,2009)。还有调查表明,2002—2015年间,江西农民的人际关系仍呈现明显的由亲到疏、由内到外递减的差序格局(余泓波,2017)。历史上的同心圆式差序结构和金字塔式等级结构的共存在一定程度上延续至今,虽然古今内涵已不可同日而语。从某种意义上说,对于中国的领导-部属关系,金字塔式的等级结构是其"阳",同心圆式的差序结构是其"阴",两者此消彼长,既相互斗争,又相互融合。其中,笔者认为,领导-部属关系的"至阳"之处在于"君臣道合","至阴"之处在于"圈子"流弊。

(二)领导-部属关系之"阳":君臣道合

通过较为系统的实证研究,笔者得到了中国人领导-部属关系的矩形结构模型和领导-部属关系的中西方差异。然而,接下来需要深入思考的是,这些文化差异从何而来、又将向哪而去?博大精深的中华优秀传统文化是我们中华民族最根本的精神基因和最深厚的文化软实力。虽然笔者并不从事历史研究,却深感要深刻理解中国人的领导-部属关系,迫切需要从中国历史中发掘领导-部属关系的优秀"文化基因",尽管这可能是一件相当困难的事情。诚如余英时(1987)所言,以整个中华民族而言,中华文化的基本价值并没有完全离我们而去,只不过是存在于一种模糊笼统的状态当中,中国人一般对人、对事、处事、接物的方式,暗中依然有中国价值系统在操纵主持。中华优秀传统文化,特别是儒家思想,尽管经历了焚书坑儒的摧残、改朝换代的冲击、近现代西方文化的压制,但总能寻找到生长空间,反复焕发生机,不断自我重生,表现出对中国当前社会的重要影响。一般而言,关于领导-部属关系的研究,既要防止不管合不合身就全部套上"西装",也要防止传统中陈旧的思想灌入"新瓶"随处可见。但是,笔者感到,目前情况是过于流行"西装",而对传统文化发掘不足或抨击有余。中华优秀传统文化的崩坏将意味着"集体失忆"的危险,我们急需将中国历史文化传统的精华发扬光大。

中华优秀传统文化是我们最深厚的文化软实力和最基本的文化基因。那么,领导-部属关系的优秀文化基因是什么?"君臣道合"(《六臣注文选》卷四十七《圣主得贤臣颂》、《唐会要》卷三六《修撰》等),"君臣之义"(《孝经·圣治》等),"君臣同志"(《资治通鉴》卷二百二十九),"上下相得"(《韩非子·守道》),"帝者与师处"(《战国策·燕策一》),"从道不从君"(《荀子·子道》),应该说是这种优秀文化基因的代表。其中,"君臣道合"应该是中华优秀传统文化关于领导-部属关系最为光辉的思想或称"至阳"之处。诚如,"君臣道合如鸿鹄遇风,一举千里"(《六臣注文选》卷四十七《圣主得贤臣颂》)。

"君臣道合"的表述在隋唐之际开始陆续见于史籍。此前的"君臣之义"更多表现出的是臣属对君主具有的效忠义务,而"君臣道合"则强调君臣双方在道义上所承担的责任。"君臣道合"以责任取代义务,并蕴含了君臣亲密无间、人格尊重、同心同德的内涵(胡宝华,2008)。"君臣道合""从道不从君"的"道"是指什么呢？可以简要理解为共同的理想信念、价值追求和公共利益。与当今西方领导学研究强调领导和追随者之间的共同"愿景"相比,"道合"不仅是包含了领导和部属之间愿景的一致性,而且更增加了"义"的强烈责任感,蕴含了巨大的精神力量。这种道合的强大力量来自于中华优秀传统文化。

　　唐太宗和魏徵是君臣道合的范本,也是古代理想君臣关系的象征(详见下文案例)。《续资治通鉴》记载了宋神宗和王安石的对话,也堪称君臣关系的典范。"己巳,安石谒告,请解机务。帝怪安石求去,曰:'得非为李评事乎？朕与卿相知,近世以来所未有。所以为君臣者,形而已,形固不足累卿;然君臣之义,固重于朋友。若朋友与卿要约勤勤如此,亦宜少屈;朕既与卿为君臣,安得不为朕少屈！'安石欲退,帝又固留,约令入中书。安石复具奏,而合门言:'有旨,不许收接。'安石乃奉诏。"(《续资治通鉴》卷六十七)宋神宗讲,君臣关系不过是一种形式而已,让王安石不必拘泥于这种形式而有任何负担,他对王安石说,君臣之义重于朋友之情,如果朋友如此殷勤邀请你,你也应该委屈一下自己去满足朋友的心愿,更何况我们是君臣,难道不能为我稍微委屈一下自己吗？字里行间流露出宋神宗对王安石留任宰相的深切期望。王瑞来(2015)提出,中国传统社会的历代创业君主,几乎无一不为以宰相为首的士大夫们所改造,促使他们成为内圣外王的标准帝王。改造的方式除了读经读史、潜移默化,更主要的就是上言进谏。

案例　唐太宗和魏徵

　　　　唐太宗和魏徵可以说是君臣道合的范本,也是古代理想君臣关系的象征。据《新唐书》卷九十七《魏徵传》中记载,贞观十三年五月,魏徵趁李世民诏五品以上官上封事之机,全面总结了政事不如贞观之初的事,上奏《十渐不克终疏》。疏中列举了李世民搜求珍玩、纵欲以劳役百姓、亲小人、疏君子、崇尚奢靡、频事游猎、无事兴兵、使百姓疲于徭役等不克终十渐,批评了李世民的骄满情绪,再次提醒他慎终如始。李世民看完奏疏后,欣然接纳,并对他说:"朕今闻过矣,愿改之,以终善道。有违此言,当何施颜面与公相见哉！方以所上疏,列为屏障,庶朝夕见之,兼录付史官,使万世知君臣之义。"

再如,在贞观初年,就有人上书要求去除佞臣,并建议唐太宗假装生气来考验群臣。唐太宗虽然认为这种建议有效,但是他并不采纳,因为他认为:"流水清浊,在其源也。君者政源,人庶犹水,君自为诈,欲臣下行直,是犹源浊而望水清,理不可得"(《贞观政要》)。唐太宗对大臣的关爱也表现在许多细节上,比如,在召见五品以上京官的时候,"皆赐坐与语"(《贞观政要》);亲自为被流矢所伤的右卫大将军李思摩吮血,哪怕是伤兵,仍将之"诏至床前,问其所苦","敕州县医疗之"(《贞观政要》);官员去世,唐太宗"闻而嗟悼,出次发哀"(《贞观政要》)。

当领导的固然需要气度和雅量,作部属的更不但需要勇气,还需要技巧和智慧。唐太宗曾问魏徵忠臣和良臣有什么区别。魏徵回答说,忠臣是只管提意见,不考虑对方能不能接受,结果自己丢了性命,人君也背上恶名,并不可取,正确的做法是让君主成为明君,自己成为良臣。魏徵做事的原则是所有批评和建议都出于公心,他表现出的技巧和智慧则是,所有正确的决定都归功于皇帝,包括贞观年间相对宽松的舆论环境和政治局面。他就曾当众回答唐太宗的表扬说,自己能畅所欲言全由太宗引导,否则又怎么敢屡犯龙鳞呢。(易中天,2015)

案例 "面折廷争,素有风采"的寇准

宋朝的寇准两度担任宰相,他与宋太宗、宋真宗的君臣关系比较典型。寇准有过权势鼎盛、位极人臣,有过贬黜流放、匹夫不如,仕途几起几落,但在史册中基本以正面形象厕身于宋朝官员之列,曾被评价为"面折廷争,素有风采,无如寇公"(《五朝名臣言行录》卷二)。寇准性格十分耿直,要与皇帝处理好关系实属不易。比如,他对宋太宗曾有牵衣之谏:"尝奏事殿中,语不合,帝怒起,准辄引帝衣,令帝复坐,事决乃退"(《宋史·寇准传》)。犯颜直谏到了动手拉住皇帝的衣服,强令皇帝坐下来听其意见的程度,在历代史籍中似乎还不多见。宋太宗曾评价说,"朕得寇准,犹唐

太宗之得魏郑公(魏徵)也"(《续资治通鉴长编》卷三十八至道元年八月壬辰条)。

再如,中国历史上著名的"澶渊之盟"是君臣合力、同心同德的结果。某种程度上说,宋真宗在澶渊之盟前,虽然做到亲征,但犹豫不决、表现消极,几乎各个行动都是在寇准的督促甚至强求下做出的。范仲淹曾评价说,"寇莱公当国,真宗有澶渊之幸,而能左右天子,如山不动,却戎狄,保宗社,天下谓之大忠"(《范文正公集》卷五)。在范仲淹看来,天下谓寇准大忠,正在于他"能左右天子"。此外,王嘉佑曾对寇准讲过,"自古贤相所以能建功业、泽生民者,其君臣相得,皆如鱼之有水,故言听计从,而功名俱美"(《续资治通鉴长编》卷五十五咸平六年十一月己亥条)。"其君臣相得,皆如鱼之有水",一语道出领导和部属的相处之道。

君主专制制度在中国统治两千年之久,一方面与国家制度的不断发展完善有关,另一方面与君臣道合、君臣之义这类政治观念的理性存在有着不可分割的关系。古代君臣观念的产生和发展对两千年历代王朝的传承和延续发挥了重要的作用(胡宝华,2008)。从某种意义上说,中国古代贵族的权力合法性来源是武力和血统,而士人的权力合法性来源则是历史和传统,从先秦时期延续下来的君臣道合的历史文化传统,为出仕的士人提供了强大的理想信念和精神动力。就像宋代范仲淹"先天下之忧而忧,后天下之乐而乐"的伟大志向,张载"为天地立心,为生民立命,为往圣继绝学,为万世开太平"的远大抱负,如果没有良好的君臣关系,要变成现实也只会是空发感慨!

时至今日,市场经济深入发展,信息社会日新月异,即使与40多年前的中国相比,生产力也已发生了翻天覆地的变化。那么,对于先秦时期延续传承下来的"君臣道合""君臣之义",应该继承些什么、发扬些什么?笔者认为,"君臣道合""君臣之义"在当今社会文化环境下,最宝贵、最基本的就是"共同的目标追求"和"强烈的责任担当"。其中,目标要是指整体、长远和公共的目标,责任则是优先于利益交换的角色义务。无论是对部属还是领导而言,目标是共同的,责任是双向的。这种责任意味着不能把自己的工作仅仅当作一个职业,更不能只是当作一个饭碗。在笔者的跨文化比较中,中国香港管理者的角色义务感要高于中国内地管理者;在日本，推崇和运用儒家文化的稻盛和夫取得了企业经营管理的巨大成功。这也从侧面表明了，"君臣道合"的思想在管理工作中与市场经济并行不悖，甚至能够更好地弥补市场经济的缺陷和信息网络社会的弊端。

(三) 领导-部属关系之"阴"："圈子"流弊

西方领导学比较重视领导的"阴暗面"研究，比如，对破坏性领导（destructive leadership）的研究，但遗憾的是，领导-部属交换理论并未深入分析领导-部属交换的阴暗面。与之相对，领导-部属关系的矩形结构模型则及时提出了对领导-部属消极关系的研究。作为对领导-部属消极关系在中国历史文化中的延伸思考，笔者关注到了圈子文化和"关系"盛行的危害。

"君臣道合""君臣之义""上下相得"的对立面，一般而言是"君暗臣谀"（《贞观政要•求谏》）、"君骄臣谄"（《黄宗羲全集》）、"君忌臣危"（关四平，2005）等。因君王权力的至高无上，君王的喜怒无常，"伴君如伴虎"，导致在君臣关系中，臣属常处于被动的无法预期前途的命运之中。在历代君王中，寿高者凤毛麟角，短命者比比皆是；在历代名臣中，宦海沉浮、命途多舛者不乏其人。"宦海沉浮"一词恐折射出了自古领导和部属关系相处的困难。当年明月（2011）在畅销史学读本《明朝那些事儿》后记中坦言，"我发现，其实历史没有变化，技术变了，衣服变了，饮食变了，这都是外壳，里面什么都没变化，还是几千年前那一套，转来转去，该犯的错误还是要犯"，"我看到的那些古文中，只有悲剧结局，无一例外。每一个人，他的飞黄腾达和他的没落，对他本人而言，是几十年，而对我而言，只有几页，前一页他很牛，后一页就怂了"。

然而笔者认为，从中国历史文化视角看，领导-部属关系的真正阴暗面恰在于"圈子"和"关系"盛行，而非"君暗臣谀""君骄臣谄"等领导和部属之间个体层面的差异。从某种意义上说，"圈子"和"关系"盛行与中国社会的差序结构密切关联，并可以视为在儒家正统思想一代代传承之际，在古代官场的现实运转中出现的异化或称流弊。"关系"的发达，虽然意味着情理交融，但也意味着是非难辨、搞变通和打擦边球！

圈子文化中流传了一句话——"进班子不进圈子等于没进班子"，这在古代官场中并不鲜见。吴钩（2010）列举了张集馨宦海沉浮的故事。张集馨说，他作为甘肃布政使，人事大权完全旁落，自感惭愧，而甘肃按察使明绪巧妙地借着私人关系网,嵌入了正式等级制中把持权柄,在事实层面消弥了等级制的鸿沟。换言之,"关系"的差序结构已经暗暗改造了正式的权力等级结构。

时至今日,包围缠绕领导-部属关系的"小圈子",也并未销声匿迹。2020年1月,中央电视台综合频道首播的五集纪实专题片《国家监察》引起了社会强烈反响,一度成为全网最热纪实片。从云南省原省委书记秦光荣与一群商人老板为经济利益而相互勾结的政商圈子,到陕西省原副省长冯新柱与一群老板的"开心团"微信群,从茅台集团原董事长袁仁国利用茅台经营权搞政治攀附、捞政治资本,到中国华融资产管理股份有限公司原董事长赖小民在公司内搞从管理层到食堂大厨的老乡圈,从中央纪委原第十纪检监察室副处长孟弘毅为实现自己尽快提拔而精心编织的关系网,再到无锡市第二人民医院医生后面的"看不见的手"——以至于该医院原院长易利华坦言"我也对这个东西很有体会,确实关系网太厉害了",《国家监察》对小圈子和关系网进行了深刻揭露和分析。由《国家监察》所引发的强烈反响也生动折射出了社会的关切和期许。其实,"关系"和"圈子"盛行,之所以被称为领导-部属关系之"阴",很大程度上也是因为它自古以来少有详细完整的文字记录,难以暴露在光天化日之下,更多地表现为心照不宣的潜规则、坊间流传的暗通道,张集馨的宦海沉浮能够见诸文字也主要靠其个人的失意自述。当前,各色的"小圈子"和潜藏的"关系网"不断被暴晒在阳光之下、现形于公众眼前,主要是中国共产党"刀刃向内"自我革命与党和国家监督体系不断完善的成果。

案例　张集馨的宦海沉浮

清朝道光二十九年(1849),五十岁的四川按察使张集馨接到吏部的委任书——升任贵州布政使。道光皇帝比较器重他,给了他三条"工作指示",即理财、察吏、敢作为。清代布政使(相当于省政府二把手),因受制于督抚(相当于省政府一把手),往往无所作为,道光希望张集馨不要自缚手脚,辜负圣恩。然而,在途中,又接到圣旨改任甘肃布政使。原来他的老上司、四川总督琦善已调到兰州任陕甘总督,奏请皇上钦派明智、干练的藩司来甘肃,虽然没有指出姓名,不过道光皇帝已明白琦善所要的人正是张集馨。张集馨有操守、能力强、外圆内方,此前的政绩也相当不错,还有过担任四川按察使的领导经历。此次主政甘肃,果然做出了好几件漂亮事。他干了与布政使一职相匹配的工作，比如，雷厉风行整饬财政、调剂属吏、遣派差使。当然，这某种程度上也应归功于他与上司琦善"旧交相得，推心置腹"，所以工作上较少受到掣肘。

然而，福兮祸所伏。由于他与琦善的关系密切，在咸丰元年（1851），琦善因案被弹劾，张集馨也因此受到牵连，被革了职，遣戍军台。命运似乎给他开了一个玩笑，咸丰六年，仕途又回到起点：奉特旨署甘肃布政使。张集馨抵任后，发现甘肃的"一把手"乐斌原来是个糊涂虫，最大的爱好就是喝酒听戏。不过，这并不意味着"二把手"张集馨能趁机掌执更大的权柄，因为乐斌宠任亲信、重用私人，在他身边已滋生了一个雨露共沾的小圈子。而张集馨由于没有加入这个小圈子，虽然位居要职，但权力几乎被架空了。原来，甘肃按察使明绪与总督府大红人彭沛霖是拜把子兄弟，与总督乐斌也非常亲昵，挤入了乐斌圈子的中心。在正式权力等级中，按察使的级别与地位低于布政使。然而，官员的权力不仅来自正式的等级制，由关系网络所组成的"圈子"也在源源不断地配送权力，从而改变官员的权力份额，而张集馨则被这一"关系"的差序结构或称私人关系网边缘化了。据张集馨记述，甘肃每出一个职位的空缺，下属们不找主事的张集馨，反而求明绪越俎代庖，替他们游说，而明绪也神通广大，每次出面，都"事无不成"。张集馨说他作为布政使，人事大权完全旁落，自感惭愧。明绪巧妙地借着私人关系网嵌入了正式等级制中把持权柄，在事实层面消弥了等级制的鸿沟。换言之，关系的差序结构已经暗暗改造了正式的权力等级结构。（来源：吴钩. 2010. 隐权力：中国历史弈局的幕后推力. 昆明：云南人民出版社.）

对于周代分封制和秦代郡县制下的君臣关系，邱立波（2006）曾区分为"具体性君臣关系"和"抽象性君臣关系"。周代分封制下的君臣关系，是特定而具体的个人与个人的结合，不是人与职位、人与制度的关系，具有非制度性、情感性的特点，被称为具体性君臣关系。秦代郡县制下的君臣关系，渐渐摆脱个人之间结合的"私性"的特点，建立在客观法理基础之上的，具有抽象性、非个人的和公共性的特点，被称为抽象性君臣关系。然而，韩非子所倡导的中央集权下的抽象性君臣关系并

没有成功。在实际中,周代的宗法国家在总体上解体之后,原先私人化的君臣关系及其伦理表达虽然失去了总体的凭依,但却继续存活下来,并且展示出私人性的特征。

秦汉及以后中央集权帝国在皇权之外,仍然存在着相当多的私人人际结合形式,这些私人人际结合形式对以中央集权为核心的官僚制度构成了巨大的挑战。汉朝统治者尽量将中央集权官僚制度的"抽象性""公共性"与中国社会民间大量私人的亲属关系融为一体,郡县长吏都由皇帝直接任免,而郡县长吏以下的地方事务性官吏则由地方长吏酌情任命,才较好保证了帝国的统一和施政的效率。两汉时期,代行皇权的地方长官往往承认地方利益的特殊性,松弛严密的律令,从而能和地方的事务性官吏在工作关系之外建立私人情谊,长官和属吏之间表现出强烈的个人恩义色彩。

由此,属吏有替长官受过的义务,有与长官共渡厄运的义务,有为长官献身的义务,甚至君臣双方都已离开原来的职务场合,他们原先形成的君臣情谊还会延续,并仍实实在在影响人们的行动(白芳,2003)。例如,《后汉书·缪肜列传》记载,陇西太守梁湛调任京官决曹史,在官位上病逝,缪肜就将他送回陇西安丧。在要安葬的时候,正巧发生了西羌反叛,梁湛妻子为了躲避战乱跑到其他郡去了,但缪肜独留不去,为了建起梁湛坟冢,就白天躲在井窟里,晚上出来负土,等到叛乱被平复的时候,他已经把坟立好了。之后,此事在关西广为流传。再如,"朝堂杀贼名犹在,万古堪称大丈夫"的伍孚,《三国志·董卓传》注引谢承《后汉书》称:"伍孚字德瑜。少有大节,为郡门下书佐。其本邑长有罪,太守使孚出教,敕曹下督邮收之。孚不肯受教,伏地仰谏曰:'君虽不君,臣不可不臣。名府奈何令孚受教,敕外收本邑长乎?更乞授它吏。'太守奇而听之。"特别是其中一句"君虽不君,臣不可不臣",道出了君臣之间情感性和义务性的强烈联系。领导和部属之间在工作之外的延伸交往和强烈的恩义色彩加剧了圈子文化的形成和"关系"的盛行。

儒家的"亲亲""尊尊"原则,把照顾亲属关系合理化,视为合乎人情,而当个人获得好处时,往往归结为某人的恩荫和庇护,这样容易导致领导和部属之间的个人依附关系,进而形成盘根错节的差序关系网。黄仁宇在《万历十五年》(1982,2006)中揭示,古代官员会通过各式各样的社会关系结成小圈子,"乡谊""年谊""姻谊"等多种的"谊",就是形成官员小圈子的一个主要渠道。各派系的主要人物,即后台领导有提拔新进官员的义务,协助解决私人的困难,甚至帮助掩饰错误。被提拔、被帮助的部属则会对后台领导效忠卖力,终身不渝。虽然有的研究认为,"关系网"是人们在法律制度无法充分覆盖的环境下,为了降低经济生活中的不确定性而寻求的一种替代性解决办法(王自亮,陈洁琼,2016),但是,"圈子""关系"流行的直接后果是,在正式组织体系中可以随意安插亲属和亲信,编织扩充"关系"网,特权思想、依附心理不断滋长,裙带关系、群体腐败屡禁不止。

建立在儒家"亲亲""尊尊"原则基础上的差序结构,和法家思想源起的中央集权的科层结构相互交叉,科层结构与关系网相嵌接,使得权力不仅在正式的等级结构中流动,而且通过私人的"关系"网络向外辐射。同心圆式的差序结构嫁接在正式组织的金字塔结构上,就为权力的流动和私利的输送提供了组织之外的路径。本应非人格化的二元对偶的领导-部属关系,被各种"关系""圈子"包裹缠绕,领导或明或暗地把部属划分小圈子、亲疏有别,部属也会通过二元关系之外的小圈子、关系网来影响领导。寄生在正统儒家思想上的"圈子"流弊,确实成为了领导-部属关系的最大阴暗面。

三、"义""情""利""法":增进领导-部属关系的着力点

如前所述,中国人的领导-部属关系,是儒家基础上的同心圆式差序结构和法家源起的金字塔式等级结构的阴阳混合体。西方文化注重个人主义,强调平等互利,领导-部属关系是一种工作关系和交易关系,双方的角色和行为往往集中于工作往来的范畴。而在中华文化情境下,恰恰是这种阴阳混合结构,使得领导-部属关系处理变得更为复杂。华人心理学家杨国枢(1993)曾说:"中国人自小即学会两种对待别人的主要方式,其一是如何对上(对待权威),其二是如何对下。他们最擅长对上与对下,也最习惯以上下关系与人相处;与别人平起平坐(没大没小),反而觉得不自在。"因此,中华文化情境下的领导-部属关系并不好相处。

美国领导学专家库泽斯(Kouzes)说,领导力从本质上来说是一种关系,是一种人与人之间的关系,是领导者与其追随者或称部属之间的关系。中国古代思想家们一直在探讨领导和部属之间通过什么连为一体,是道义,是利益,是情感,还是"法""术"。儒家《礼记·礼运》曾强调要"修人义""治人情""育人利"。目前常说的"事业留人,情感留人,适当待遇留人",也反映了"义""情""利"的关系。同时,当今社会也特别需要强调"法",这里"法"泛指制度和规矩规范。诚如王瑞来(2015)所说,中国古代群臣制约君主的三种主要方式为"天""道""法","法"是指法律、法

令、各种制度规定和各种成例。要真正处理好领导-部属关系，必须深刻认识"义""情""利""法"四个关键要素。

(一) 领导-部属关系之"义"

义，不是江湖义气，而是道义和责任。领导意味着担当，领导就是责任，有多大的担当才能干多大的事业，尽多大的责任才会有多大的成就。领导-部属关系之"义"，不是外力所逼，不是势力均衡的结果，而是真能看重对方、承认对方。在中国古代，以儒生为基本队伍的官僚集团励精图治，不仅是利益驱动，更是理想和责任使然。在他们看来，理想的政治应该是君臣共治天下，建立文官政府行王道，施仁政。

"关系"的研究以及领导-部属关系（SSG）的研究，虽然突出了关系的"义务性"特征，但这种义务性既不是西方所讲的权利和义务，更不是儒家思想所倡导的"君子喻于义，小人喻于利"（《论语·里仁》）的仁义和道义，而是一种满足个体利益的无选择地服务和服从。这种义务性更多地表现为江湖义气，比如，对好朋友的义务就是一定要互相关照和帮助，如果一方一次没有给予帮助和利益满足就可能推翻好朋友"友谊的小船"。以往的"关系"研究，难以解释为什么儒家"重义轻利"的价值体系会转化成为社会个体的一种利益驱动的捷径，把儒家思想沦为了编织关系网络的工具。

一方面，我们应当大力弘扬"君臣道合""君臣之义"等中华优秀传统文化的精华思想，强调责任和道义在领导力中的重要作用，强调领导和部属为了实现共同目标、共同价值追求的责任和使命，而不是功利的利益交换。在中国历史上，道义的强大驱动力不胜枚举。明朝名臣杨涟，深受阉党摧残折磨，"托孤寄命，临大节而不可夺"，到死也没有放弃道统。"君臣道合""君臣之义"在当今社会文化环境下，最宝贵、最基本的就是"共同的目标追求"和"强烈的责任担当"。尽管确实存在庸俗的"关系营销"现象和"熟人好办事"的情况，但应该看到追求人与人之间的和谐关系本身就是中国人生活的目的，良好的领导-部属关系不仅是一种工作的资源，而且本身就是一种工作的目的。现有的不少"关系"研究把理论建立在儒家的"尊尊"法则和"亲亲"法则上，过于强调和放大"关系亲疏"和"地位尊卑"的作用，而对"君臣之义""君臣道合"等精华思想及其现实表现发掘不足。

另一方面，在中华文化环境下，往往通过"义"来实现领导和部属之间互补式的和谐。中国古代，君臣一伦或说君臣对偶双方，强调的是互补关系，而非平等关系。而且，中华优秀传统文化重视"和合性"、追求人际和谐（杨国枢，1993），哪一方都不希望自己先公开破裂关系、破坏和谐。笔者在进行中国管理者和澳大利亚官员的访谈对比中发现,中方强调"互补式的和谐",而澳方强调"分享式的制衡"。中国官员为达到领导和部属之间的关系和谐,经常采用"双向""互补"的行为方式,即"互补式的和谐"。比如,在领导一方,为表示尊重部属和自己谦和,领导常要向部属"主动请教",与自古"帝者与师处,王者与友处"(《战国策·燕策一》)的思想相承;在部属一方,为维护领导权威和表示服从,部属常会向领导"主动请示"。领导的"主动请教"和部属的"主动请示"形成了一对积极关系的互补行为,这种互补模式某种程度上也成为了一种角色义务,即英明的领导和得力的部属理当如此。

(二)领导-部属关系之"情"

情感因素在中国的领导-部属关系处理中非常重要,既要利用好情感因素,又要管理好情感因素。有人认为,经济上或物质上的依赖是稳固部属忠诚的最有效的办法。然而,它也有可能是最不可靠的,这就像是家长用零花钱来让孩子听话。关爱、信任和尊重的情感纽带,比经济上的依赖更加牢固可靠。

在中国古代,领导和部属之间往往具有较强的情感性特征。一方面,领导注重在情感上关心部属。例如,唐太宗对大臣关爱有加表现在许多细节上,亲自为被流矢所伤的右卫大将军李思摩吮血,哪怕是伤兵,仍将之"诏至床前,问其所苦","敕州县医疗之";官员去世,唐太宗"闻而嗟悼,出次发哀"(《贞观政要》)。另一方面,部属也会在情感上回报领导。例如,在《左传》中记载,昭公二十年,公子建遭费无极陷害,逃离楚国,楚平王派奋扬去捉拿他。因为奋扬曾经是公子建的旧臣,就网开一面,把他放走了。后来在楚平王将要治罪之际,奋扬就以曾经是公子建旧臣的理由为自己辩护,结果得到了赦免。公子建与奋扬之间曾经存在过的君臣关系,超越了制度性的逻辑,甚至可以冲击君王的政令,以至于就连被奋扬行为激怒的楚平王本人,最后都对奋扬表示了谅解。

梁漱溟(1921,2010)曾概括中国人的精神为"伦理情谊,人生向上"。在笔者开展的中国和澳大利亚官员关于领导-部属关系的对比研究中,对情感因素和人情因素的处理有着明显的文化差异,即中国人的领导-部属关系是"丰满圆润"之美,而西方人的领导-部属关系是"骨感挺拔"之美。中方注重由工作关系延伸出的私人关系,而澳方相对限制非工作关系的发展。中澳两方领导-部属关系的范围大小不同,或形象地说"胖瘦"不同,即中国人的领导-部属关系包括工作关系及其延伸出的非工作关系或称私人关系,工作与生活边界相对模糊,而西方人则更多把领导-部属关系限制在工作关系上,公与私界限更为清晰。中国访谈对象常会表示,自己与部属在工作之外是朋友关系,甚至是亲如兄弟姐妹。其中,隐含了三层意思:一是表示与部属关系亲密,存有情谊;二是表示平等对待部属;三是希望凝聚部属,有利于与部属沟通和推动工作。中国官员特别注重调动情感来激励部属,比如关心部属的家庭、记住部属的生日等,部属也希望通过帮助领导办理私人事务来体现与领导的亲密关系,领导和部属之间类似家庭的氛围,比西方更多一些滋润的温情,也使得领导-部属关系显得"丰满圆润"。

不过,在领导和部属二元对偶关系之外的人情和关系网络,又会影响领导-部属关系的发展。比如,澳大利亚访谈对象认为熟人的推荐是对于组织有利的,会慎重考虑并纳入公开招聘程序,在推荐对象进入组织之后并不太会区别对待。他们感到,工作之外的友谊一般不会影响到工作本身,相反当私人关系损害到工作利益时,他们会对这段私人关系感到失望。但是,中国访谈对象则感到,这种推荐的人情压力有些棘手,在推荐对象进入组织之后,往往会考虑人情和"关系"因素而对其有些特别照顾。这也提醒管理者,在工作外的生活圈和交往圈中,要把握与部属的合理距离,适当隐藏个人喜好。现实中打制度的"擦边球"、搞"边缘腐败",不少看似领导与部属之间的人情往来,往往是部属掌握了领导的喜好之后发生的。因此,领导一般要与部属保持适当的距离,适当隐藏个人喜好,一旦私人交往影响到组织内领导-部属关系或阻碍组织正常运行,就需要及时做出调整。

(三)领导-部属关系之"利"

人际关系的本质是一种利益关系,与利益得失联系得越紧密,相应的关系也就越难处理(向楠,2012)。在中华文化情境下,"谈钱伤感情",部属往往是在经历了领导-部属紧张关系的消极体验后,才意识到或承认其与领导之间最根本的是"干活拿钱"的利益关系。"利"是领导-部属关系的保障,应当正视和合理引导利益在领导-部属关系中的重要作用。笔者在对比中西方企业领导-部属关系差异的时候,发现西方管理者更重视经济利益的作用,更接受领导和部属之间的交换关系,或说互惠互利,而中国管理者谈到经济利益时则更加隐晦。比如,笔者研究发现,对于"下属和领导之间存在相互的交换关系"表述的典型性评价中,西方企业管理者的分数为5.83,中国香港企业管理者的分数为4.73,而中国内地企业管理者的分数只有3.90。再如,在姜定宇(2005)和其导师郑伯埙编制的领导-部属关系形式量表中,利益关系维度被定义成了对结果变量起消极作用的成分。这表明,在处理正式组织机构中领导和部属的关系时,需要正视部属的合理利益。很多部属感到与领导的关系难相处,往往也是因为领导-部属关系对自己切身利益有重要影响。

领导与部属之间是一种相互依赖的关系。领导想要的是由此而来的权力和影响力,部属则想让别人来替他们做出艰难的选择,提供利益保障。其实,如果你是一位有抱负的领导,慷慨的承诺往往是你要做的第一件事,你必须让部属们知道,你会为他们做些什么。如果你提拔一名部属,最好是大张旗鼓地树立好用人导向,让其他部属也看到他们未来的前景和努力的方向。

同时,需要警惕的是,"关系"盛行、"圈子"流行都是利益给"闹"的。所谓"圈子",不过是以实现个人私利为目的,以各种名义结合在一起的小团体。它实际成为了官员上位晋级的"踏脚石"、商人利益输送的"保护伞"。"圈子"从根本上讲,就是利益链接圈,并穿上了人情世故的外衣。为了私人利益相互勾连、相互利用,这既是圈子形成的缘由,也是其不断强化的动因。"塌方式腐败""拔出萝卜带出泥"就是圈子效应的体现。因此,必须对圈子的"唯利"本质保持高度警惕和清醒认识。

再者,有人会问,如果确实碰到了"坏领导""坏老板",应该如何维护自己的合理利益?2020年1月首播的纪实专题片《国家监察》(第二集)披露,在2018年查处的中国华融资产管理股份有限公司原董事长赖小民案件中,不少违规项目由赖小民自上而下指定合作对象,虽然审批程序倒置,但下属知道这是董事长的意思,对这些项目的评估把关、风险防控也就流于形式。华融国际原总经理白天辉交代:"有很多项目都是赖小民直接交代的,都是他的朋友的,有些时候为了完成领导交代的任务,把一些从市场角度考察的很多因素和点,要么是忽略了,要么是给美化了。"华融国际原董事长汪平华也坦言:"基本上都是老赖说啥就是做啥,我们个人的官帽子,你每年拿多少绩效,你自己想在自己内部集团发展,你想获取多大资金支持,实际上都是老赖一支笔说了算。你要是说在这个事情一次能顶他,如果顶两次、顶三次,我估计你工作岗位就调整了,因为我们也有活生生的例子。"白天辉和汪平华虽然遇到赖小民这样的"坏领导",看上去百般无奈,但最终却因为与赖小民沆瀣一气而锒铛入狱。

遇到"坏领导",会让部属感到身陷困境、无计可施,甚至是走投无路。如果你向领导的领导抱怨,情况可能会变得更糟,更证明了你"难伺候"。遇到糟糕的"一把手",甚至会让你无处抱怨。但如果你无所作为,又会苦不堪言。这确实是一个两难困境。这里,可以考虑至少两种解决办法。一方面是保持定力,继续坚守。主要是继续干好本职工作,坚持履职尽责,让领导以及更高层知道你仍然表现优秀。其实,大多数情况下,坏领导的恶行是有目共睹的,因此坚持不懈地积极工作,会给人留下良好的印象。过一段时间,坏领导会失去威信,或者被同级边缘化,甚至自毁前程。而你可能最后在另一个部门获得更高的职位。另一方面是在机构内部和外部寻找其他出路。把逆境当作机会,重新评估自己的职业规划,更好地平衡工作和生活。当缺乏外在刺激的时候,人们通常很少思考自己的职业轨迹,不愿意离开自己的"舒适圈",偏离既定的职业路径,即使那并不是最佳的发展道路。其实,当遇上一位坏领导,你才会深入反思真正想要的东西,甚至坏领导制造的困境能够迫使你考虑利用多年的积累,闯出一条新路。着眼长远,坏领导反而会使你脑洞大开,让你转换了职业轨迹,也变得更为成熟。

(四)领导-部属关系之"法"

西方研究主张,领导-部属关系建立在利益交换或说契约交换、经济交换基础上,然后进一步发展出社会交换或说情感交换,即一个从"利"上升到"情"的过程。需要注意的是,西方研究的"潜台词"是他们的"利"和"情"都是以"法"为基础和前提的,是在严格缜密的制度框架下运行的。

传统中国的弱点恰恰在法治的缺乏(福山,2012),好徇人情、缺乏法治精神(梁漱溟,1921,2010)。而且,即使有法律、有制度,这些法律和制度也主要是用来约束为臣者的,而不是用来约束为君者的。虽然法家重"利"重"法",主张"利"是君臣关系的基础,要用"法"约束好"利",秦朝建立中央集权的传统是法家的胜利,但自汉朝起,却是儒家东山再起并一直占据主导地位。在中国古代,君主的个人魅力和道德品质并不可靠,个人政治的特点就是人亡政息,不能根本保证长治久安。事实上,贞观之治是典型的人治,其成功主要由于唐太宗和魏徵。因此,它主要适用于动乱时代如三国时期,或雄主时期如唐太宗,而承平之世只能依靠制度(易中天,2015)。而且,这种"法"也好,制度也好,不仅是用来约束部属一方,而且必须用来约束领导一方。

另一方面,从儒家思想来看,儒家思想异化出来的"关系",把义务性置于制度性之上,正式制度在面对"关系"时往往显得多余,有"关系"则制度执行往往大打折扣。早在民国时期,梁漱溟(1921,2010)就曾指出:"中国人的生活,既一向倚重于家庭亲族间……遇事总喜欢托人情。你若说'公事公办',他便说你'打官话'。"也就是说,在有"关系"的状态下,如果你照章办事,而不按照义务行事,就等于告诉对方你们"关系"不好,或你在放弃或破坏与对方的"关系"。因此,现在十分必要正本清源,回归到儒家本原的仁义和道义上去。

应当说,就如Lovett等人(1999)和Davies等人(1995)的观点一样,在全球化的背景下,中国的"关系"体系和西方的市场体系都是必要的,西方更需要依赖基于信任和声誉的人际关系的作用,中国则更需要依靠制度和法治的力量。一方面,在西方,民主制度过于下沉,人们个性过于张扬,反而导致了人们懒惰、经济低迷、领导力弱化,比如2008年金融危机中的希腊。另一方面,在当前中国社会环境下,上下级关系乱象的根子往往在于中国的人治传统,因此再怎么强调制度的作用都不为过。无论是部属,还是领导,都应该在制度的框架内行事,这也是我们要修人义、治人情、育人利基础上增加"法"的因素的原因。

其实,即使在古代,个人化、情感性的君臣关系也不会将工作性、抽象性的君臣关系完全掩盖,将法律权威弃之不顾。例如,《后汉书·苏章传》记述了一个小故事:冀州刺史苏章有老朋友在其属下担任了清河太守,苏章接受任务查证老友的腐败问题。后其得知苏章为其上司,便设宴相请。席间,清河太守陈述了二人平生的情谊,并说:"人皆有一天,我独有二天"(意指苏章为其保护伞)。苏章称,今日我与你故人叙旧是私人关系,明日我是冀州刺史办案,要依法办公事。第二日公堂之上遂将老友拿下,依律治罪。这说明汉代人非常清楚领导-部属关系的"私恩"与国家的"公法"之间的区别。例如,《续资治通鉴长编》卷二十九端拱元年三月乙亥条记载,赵普欲对宋太宗宠爱的不法妖人治罪,宋太宗求情说:"岂有万乘之主不能庇一人乎?"赵普回答:"陛下不诛则乱天下法,法可惜,岂一竖子何足惜哉!"宋太宗不得已,只好"命赐死"。古代史书中,对守法的君主和执法的官员是倍加赞赏的。再如,早在公元前719年的鲁国就有了"大义灭亲"的故事。《左传》记载,卫国老臣石碏的儿子石厚与很得卫庄公宠爱的儿子州吁搅在一起,干了许多坏事。州吁杀了继位君主卫桓公,自立为国君。为除掉祸害,石碏割破手指,写了血书,派人送到陈国,要求陈国抓捕并处死途径陈国的州吁和自己的儿子石厚。卫国的各位大臣主张只杀首恶州吁,免死从犯石厚,石碏还是认为,不应从轻惩处唆使、协助州吁犯罪的石厚,不能舍大义、徇私情,石厚最终被处死。后来,当忠孝难两全之时,对官员演化出制度化的"夺情"制度（苏力，2017）。

制度的规范和约束，首要在领导一方。解决"坏领导""坏老板"的问题，特别是一把手制约失效的问题，从根本上讲要依靠制度和法治！在中国社会，权力架构与运行的方式决定了领导特别是一把手在整个权力体系里居于中心地位，绝大多数人、财、物资源及其配置权掌握在"关键少数"手中。在纪实专题片《国家监察》中，内蒙古自治区人民政府原副主席白向群就坦言："在一个地区特别是当了主官，手中有两个权力，对干部来讲，他主要看你干部的任免权，对老板来讲是资源的配置权、土地的开发权。"无论在什么样的组织机构中，一把手的人事任免权、资源配置权都对领导-部属关系有至关重要的影响。因此，需要通过制度建设和法治手段，制定权力清单，明确权责边界，规范权力运行，增强权力制衡，强化监督问责，真正把权力关进制度的笼子，给"关系"带上法治的紧箍。

"经国序民，正其制度"。完善制度、依法治理是保持健康向上领导-部属关系的根本之道，是整治"小圈子"、清理"关系网"的根本之策。当前，中国正在加强和完善国家制度与国家治理体系，实施全面依法治国战略，各级各类管理者应自觉树立法治思维、法治观念，理直气壮地坚持法治，依法用权、依法办事，正确处理好义与法、情与法、利与法的关系。在为人处世过程中，讲人情更要讲原则，讲交情更要讲规矩。其实，"靠山"容易成为"火山"，"圈子"容易画"圈"为牢。我们应让领导-部属关系回归理性和本真，做到干干净净、清清爽爽、规规矩矩。即使是在领导和部属分离之后，"相忘于江湖"也不失为一个好的选择。

附录 1
领导-部属关系结构质性研究的方法与结果*

一、质性研究方法

扎根理论的研究方法是质性研究方法中最常用的方法之一,它是一项由人的经验开始、又回归人的经验的探索过程,它植根于系统收集技术和分析资料之中,可被用于理论的探索和发展(陈向明,2000;曹爱华,2007)。在这个过程中,资料的收集、分析和理论本身相互处于一种彼此互惠的关系,研究者本人不仅是收集资料的工具,而且是对研究过程中各种暧昧状况的评判者。根据第三章质性研究的目的,这里适当简化了资料分析中三级编码(开放式编码、关联式编码和核心式编码)的程序,同时增加了开放式问卷调查和文学著作分析的内容。

(一) 行为事件访谈

通过访谈,可以深入细致、互动式地收集领导-部属关系的典型表现和影响因素。采用行为事件访谈(BEI)和360°深度访谈的技术,每位访谈对象访谈时间为60~90分钟,总体访谈时间不少于25小时。访谈均在安静、无打扰的房间内,由笔者和访谈对象一对一单独进行。访谈主要询问访谈对象与其直接部属之间、与其直接领导之间相处关系融洽、相处关系紧张的具体实例,以及做好访谈对象的直接领导、直接部属以及访谈对象自身工作所需要的个人特点和能力。例如,访谈对象会讲述自己与直接部属或领导从相识到默契的过程,描述与他们发生冲突和矛盾的经历及原因;如确实忌讳谈论与当前领导的矛盾,还可以回忆与前任领导的冲突经历。

---

* 补充用于第三章第一节。

访谈采用目的性抽样,选取党政机关、企业、事业单位的管理者 19 人。其中,男性 15 人,女性 4 人;正厅级 5 人,副厅级 3 人,正处级 3 人,副处级 5 人,正科级 3 人;分别来自北京、上海、重庆、黑龙江、河南、江苏、江西等 7 个省市。访谈对象为中央和国家部委司局长、地级市市长、大学校长和党委书记、乡镇党委书记和镇长、县市职能局局长、企业总经理等各部门、地方和企事业单位的主要负责人,他们任现职平均年限为 3.37 年,任现级别平均年限为 5.74 年,能够有时间充分形成对其直接领导和直接部属的看法。

(二)开放式问卷调查

通过开放式的问卷调查,可以大样本、快捷广泛地收集领导-部属关系的各种表现和影响因素,为建立领导-部属关系的典型表现样本库打下基础。开放式问卷包含三个问题:(1)领导和部属建立和谐的工作关系的因素和表现;(2)部属为领导付出额外工作努力的因素和表现,进一步深挖和谐工作关系的表现;(3)双方关系紧张的因素和表现。请研究对象逐一提供三个其认为最重要的因素,例如,"领导对下属放下架子、平易近人""领导对下属施以知遇之恩""下属挑战领导的权威"。

样本为党政机关、企业、事业单位的管理者 284 人,平衡了厅处科不同级别、中央与地方、东中西不同地区人员的构成。其中,厅局级 86 人,占 30.3%,县处级 109 人,占 38.3%,乡科级 53 人,占 18.7%,企业管理者 36 人,占 12.7%;男性 208 人,占 73.2%,女性 59 人,占 20.8%,未填写性别 17 人,占 6.0%。其中还包括全国 12 个地级市的市长或副市长和 43 个县的县长。问卷在某国家级干部教育培训基地的不同类别培训班上分若干批次发放,给予充分填答时间,并由研究者当场回收。

(三)文学著作分析

采用文学著作分析作为访谈和开放式问卷调查的补充方法,从文学著作中析取领导-部属关系的信息。叙事研究是质性研究的方法之一,笔者发现研究对象有时忌讳谈论自己的领导和紧张的上下级关系,而优秀的文学著作通过感性的表达方式,往往能够鞭辟入里地反映所要探讨的社会现实问题。

本研究选择了流行的职场小说《杜拉拉升职记》(李可,2007)作为分析材料。它讲述了主人公杜拉拉没有特殊背景,受过较好的教育,靠个人奋斗,历经各种职场磨炼,最终成为一名外企人力资源负责人的故事。一般的书籍销售量达到5万册就称畅销书,超过10万册就非常畅销,年销售量超过100万册的屈指可数,而《杜拉拉升职记》至少有350万册以上的销售量,在社会上有较好的反响,因此具有较强的代表性(肖伟,2010)。从该书中提取的领导-部属关系条目有"领导担心下属会威胁自己的权威和地位""下属会明里暗里和领导对着干"等。该文学著作的分析,既可以弥补访谈和问卷调查的不足之处,也可以弥补外资企业和民营企业取样的相对不足。

(四)三种来源资料的整理

借鉴 Farh 等人(2004)与李超平、时勘(2005)的条目整理方法,三种来源的资料初步整理情况如下:

第一,开放式问卷的三个问题共计收集原始条目 2526 条,由 2 位心理学工作者共同整理问卷条目,先删除含义模糊、表达不清的条目,再合并内涵类似的条目,共保留条目 525 条,删除率为 79.2%。删除率高的主要原因在于,要求研究对象列出各问题中"最重要"的三个因素,而这些因素之间存在很多重复的信息,这也表明开放式问卷达到了信息饱和。

第二,访谈共收集到条目 764 条,同样由上述 2 位心理学工作者共同讨论删除含义模糊、表达不清的条目,合并内涵类似的条目,最终得到条目 349 条,删除率为 54.3%。合并的原则是尽量尊重被访者的原意,一般使用原句,确保条目的文化契合性。访谈资料整理的具体步骤为:第一步为将录音转誊成逐字稿,再结合当时记录的其他线索对逐字稿进行补充,防止遗漏信息。第二步为通读逐字稿,标注出所有与领导-部属关系有关的信息。第三步为再次通读逐字稿,提取信息(词条和短语),然后根据描述的双方互动情况,补充主语,形成短句。

第三,文学著作的分析主要是通过三次通读,依次标注、登记、提取直接描述和反映领导-部属关系表现的词条或语句,对出现二次以上的信息不再重复提取,累计提取条目 65 条。文学著作的分析步骤为:第一步,仔细阅读熟悉小说的主要内容;第二步,在第二、三次通读时,标注与领导-部属关系相关的信息;第三步,登记和提取领导-部属关系的词条或语句。

二、领导-部属关系条目的分类

领导-部属关系条目的汇总分类,采用 Farh 等人(2004)对组织公民行为条目进行的基于条目内容相似性的分类方法,具体进行三轮分类。第一轮分类主要是汇总不同来源的条目,进行初步归类。根据条目是否直接描述和反映领导-部属关系,将条目分成三个大类。第二轮分类主要是基于条目内容的相似性,对条目进行再次分类,形成类别系统。第三轮分类则旨在检验第二轮分类的信度。前两轮分类由 3 位心理学工作者完成,他们先独立分类,再集中讨论形成一致意见。第三轮分类由另外 3 位有一定行政工作经历的相关学科的青年教师完成,先对他们进行 30 分钟培训,然后由他们按照第二轮得到的类别系统进行独立分类。第三轮分类得到四种结果:①全部同意,即三位评判人将此条目正确归入指定的分类中;②二人同意,即三位评判人中有两位将条目正确归类;③一人同意;④零同意。分类后,计算分类一致性的比例,然后据此删除"一人同意"或"零同意"的条目。

(一)第一轮分类结果

如上述资料整理部分所述,三种来源的条目汇总后共计 939 条。其中,不少条目在内涵上相互交叉或重叠,比如,"领导不给下属发展和晋升机会"和"领导不及时提拔下属",这在一定程度上说明三种方法的结果交互验证。根据条目是否能直接描述和反映领导-部属关系,将条目分成三个大类:一是领导-部属关系内容的条目,如"领导帮助部属解决家庭生活中的困难",共计 382 条;二是领导-部属关系影响因素的条目,如"领导没有权力选择部属",共计 255 条;三是与领导-部属关系有关的角色义务的条目,如"领导知人善任",共计 273 条。在分类过程中,删除了 29 条归类非常模糊的条目,三类条目共计 910 条。

笔者观察到,每个类别下面都会出现两个维度:一是领导视角和部属视角的区分。以领导为条目主语(领导视角)和以部属为条目主语(部属视角)之间存在内涵上和结构上有很大的差异,而且领导视角的条目要远多于部属视角的条目。二是积极关系和消极关系的区分。在条目的表述和内涵上,一部分是积极关系的表述,如"领导关心部属的晋升和进步";一部分是消极关系的表述,如"部属担心领导会冷不防给自己下绊子";还有少部分难以判断为积极关系或消极关系,如"领导保持对部属的威严"。

(二) 第二轮和第三轮分类结果

1. 领导-部属关系的结构

根据第三章的研究目标，主要对直接描述和反映领导-部属关系内容的这一类条目作深入分析。根据第一轮分类的结果，再将领导-部属关系内容的条目，按照领导视角和部属视角分别归类。第一轮分类后该类别条目共计 382 条，在第二轮分类中，删除了其中 13 条分类不明晰的条目，得到有效条目 369 条。其中，领导视角的条目 232 条，部属视角的条目 137 条。通过第二轮分类中 3 位心理学工作者的独立归类和讨论一致，把领导视角和部属视角条目各分成了 7 个类别。

附表 1-1 领导-部属关系条目分类的一致性

视角	全部同意		两人同意		一人同意		零同意	
	频数	百分比	频数	百分比	频数	百分比	频数	百分比
领导视角($N=232$)	103	44.4%	79	34.1%	24	10.3%	26	11.2%
部属视角($N=137$)	41	29.9%	43	31.4%	18	13.1%	35	25.6%

为检验第二轮分类的一致性或称信度，在第三轮分类中，由另外 3 位青年教师对领导-部属关系条目进行再次归类，结果见附表 1-1。第三轮分类的结果表明，领导视角和部属视角的分类一致性都比较高，证明了在第二轮分类中构建的分类维度是基本准确的。同时，为了进一步精简条目，在领导视角的条目中，删除了 24 条"一人同意"和 26 条"零同意"的条目，保留了条目 182 条；在部属视角的条目中，由于条目总数比较少，仅删除 35 条"零同意"的条目，保留了条目 102 条。在第三轮分类后，直接描述领导-部属关系内容的条目的分类、条目数和举例说明，请见附表 1-2。

2. 领导-部属关系的影响因素

根据第一轮分类的结果，将领导-部属关系影响因素的条目，按照领导视角和部属视角分别归类。第一轮分类后该类别条目共计 255 条，其中，领导视角的条目 206 条，部属视角的条目 49 条。

在第二轮分类中，领导-部属关系的影响因素共归纳出了 6 个类别，具体为：① 领导的工作方式与艺术：主要指领导如何管理和对待部属，包括愿景式、命令式、民主式、指导式等。② 部属的处事方式：主要指部属如何为人处事，例如部属及时报告自己的工作进展、部属之间相互合作等。③ 工作环境和氛围：主要指领导和部属所在团队或部门的工作环境和工作氛围,例如和谐、宽容的工作氛围。④工作制度和体制:主要指工作制度和体制层面的规定性,例如领导所拥有的对部属奖惩权的大小、对领导和部属的工作职能的界定等。⑤领导-部属的匹配度:主要指领导和部属在年龄、能力、个性、价值观和志向方面相一致或不一致的情况。⑥领导或部属的社会资本:主要是领导或部属所拥有的社会资本情况,例如领导有广泛的人脉资源,部属有一定社会关系背景。此外,领导和部属的能力、人格等也肯定是领导-部属关系的重要影响因素,由于在条目分类时将该部分内容归入了领导-部属关系有关特质(角色预期)的大类中,因此其重要性在此没有体现出来。第三轮分类的结果见附表1-3,该表说明对领导-部属关系影响因素的分类标准同样是有效的。

附表1-2 经三轮分类后领导-部属关系条目的类别与举例

视角	类别	条目数	举例
领导视角		182	
	1 提供利益与机会	33	领导关心部属的晋升和进步
	2 关爱体谅与情感交流	46	领导帮助部属解决家庭生活中的困难
	3 提供支持与保护	23	领导主动承担部属过失的责任
	4 保持权威与控制	20	领导保持对部属的威严
	5 关心背景与划分派系	25	领导把部属划分小团体,区别对待
	6 信任	17	领导器重部属,交予重要的任务
	7 尊重和认可	18	领导不当众大声批评部属
部属视角		102	
	1 尊敬、认同与敬畏	25	部属学习领导的为人处世和工作风格
	2 支持和贡献	9	部属为领导分忧,让领导省心
	3 忠诚	16	部属在公开场合维护领导威信
	4 迎合和逢迎	11	部属投领导所好
	5 顺从和服从	7	部属愿接受和服从领导
	6 抵触和反对	27	部属暗地与领导较劲
	7 信任	7	部属愿意跟自己领导讲真话、心里话

附表1-3 领导-部属关系影响因素条目分类的一致性

视角	全部同意		两人同意		一人同意		零同意	
	频数	百分比	频数	百分比	频数	百分比	频数	百分比
领导视角($N = 206$)	89	43.2%	76	36.9%	20	9.7%	21	10.2%
部属视角($N = 49$)	17	34.7%	16	32.7%	6	12.2%	10	20.4%

3.与领导-部属关系有关的特质

根据第一轮分类的结果,将领导-部属关系有关特质的条目,按照领导视角和部属视角分别归类。第一轮分类后,该类别条目共计 273 条,在第二轮分类中又进行了合并同类项,得到有效条目 169 条。其中,领导视角条目 90 条,部属视角条目 79 条。在第二轮分类中,有关领导的特质共归纳出了 4 个类别,即知识与能力、品德、性格、作风。有关部属的特质共归纳出了类似的 5 个类别,即知识与能力、品德、性格、作风和责任心。由于领导-部属关系有关特质的分类并不是研究的重点,主要是为后续量化研究补充提供条目,因此对该部分内容未再做深入分析。

附录2
领导-部属关系结构因素分析的方法与结果[*]

一、研究方法

(一) 初始领导-部属关系(LMR)量表的编制

在领导-部属关系结构质性研究基础上,利用第三轮分类后的领导-部属关系条目库,选择代表性条目组成初始量表。借鉴 Farh 等人(2004)、李超平和时勘(2005)的条目筛选方法,根据前述质性研究中领导视角条目和部属视角条目的数量和分布比例,经由3位心理学工作者反复讨论,在领导视角的7个维度下,各选择7个条目组成领导视角关系问卷;在部属视角的7个维度下,原则上各选择4个条目组成部属视角关系问卷。由于部属视角7个维度条目数量分布不均匀,因此条目多的"抵触和反对"和"尊敬、认同与敬畏"维度分别选择6个和5个,条目少的"顺从和服从"和"支持和贡献"维度分别选择2个和3个条目。

同时,根据笔者前述的质性研究与 Han 和 Altman(2009)质性研究的结果,考虑到领导-部属关系可能是基于彼此间的角色义务而建立起来的(郑伯埙,1995),笔者拟考察与领导-部属有关特质能否进入领导-部属关系的结构,并表现为角色义务的成分。因此,经工作小组反复讨论,在领导特质条目中选择了7个条目进入领导视角关系量表,如"领导胸怀宽广,为人正派""领导独断专行,搞'一言堂'";在部属特质条目中选择了4个条目进入部属视角关系量表,如"部属在工作中'不用扬鞭自奋蹄'""部属创造性地开展工作和解决问题"。

最终,初始的领导视角关系量表有56个条目,部属视角关系量表有32个条目,合计组成88个条目的领导-部属关系量表,简称 LMR 量表。所有条目按维度

---

[*] 补充用于第三章第二节。

交叉混合排列,使用 Likert 7 点量表评分,1 为"从未"出现该行为或表现,7 为"一贯"出现该行为或表现。

(二)研究对象

样本1:领导样本。选取地方党政机关、事业单位和企业的高层和中层管理人员参加研究,因此将该样本称为"领导样本"。在某国家级干部教育培训基地的培训班,发放问卷480份,回收有效问卷391份,问卷回收率为81.5%。取样具有全国东、中、西部地域上的代表性,涉及上海、广东、河南、陕西、山西、湖北、宁夏、内蒙古等8个省区市;级别上兼顾了从副科至正厅的6个等级和企业的中高层。岗位性质上几乎囊括了教育、交通、经济、人事、公安、法院等目前大部分的党政机关和部分的事业单位、企业。研究对象平均年龄42.28岁;男性317人,占81.1%,女性56人,占14.3%,未填写性别18人,占4.6%。他们与其现任直接领导相处的平均年限为3.42年,表明他们均适合对自己与直接领导的关系进行评价。该样本的有关描述性统计量参见附表2-6。

样本2:领导-部属匹配样本。为克服共同方法偏差(common method bias),笔者对部属和其直接领导进行了一一对应的匹配,该样本称为"领导-部属匹配样本",或称"部属样本"。在山东某市5个区县各20个党政机关和事业单位选择领导-部属匹配样本,发放问卷100套,回收有效问卷98套,问卷回收率为98%,其中领导和部属一一对应,各98人。每对领导-部属均来自不同单位,领导为各单位负责人,部属为其分管的员工,涉及教育、交通、农业、公安、妇联等约20个具有代表性的党政机关和事业单位。从上海某一民营企业选择领导-部属匹配样本,发放问卷40套,回收有效问卷35套,其中,领导9人,部属35人,问卷回收率为87.5%。领导为公司办公室、策划、人事、保安等各部门的负责人,部属为对应部门的员工。

领导-部属匹配样本合计133对领导-部属,其中,部属133人,平均年龄33.09岁,男性78人,占58.6%,女性55人,占41.4%;其中,领导107人,平均年龄40.88岁,男性74人,占69.2%,女性22人,占30.8%。部属和其直接领导的平均相处年限为3.76年,适合进行领导-部属关系的评价。该样本的有关描述性统计量参见附表2-7。

样本3:因素分析的补充样本。除将上述两个样本在初始领导-部属关系量表上作答的数据用于探索性和验证性因素分析之外,为补充用于因素分析样本的数量,又从新疆某市党政机关选取了基层部属 72 人。其中,男性 39 人,占 54.9%,女性 17 人,占 23.9%,未填写性别 15 人,占 21.1%;研究生学历 7 人,占 9.9%,本科学历 42 人,占 59.2%,专科学历 8 人,占 11.3%,未填写学历 14 人,占 19.7%。72 名部属平均年龄为 41.51 岁($SD = 7.52$),平均工龄为 20.63 年($SD = 8.51$),本单位工作年限为 9.74 年($SD = 6.52$),与目前领导相处年限为 6.91 年($SD = 5.57$)。该样本仅用于补充因素分析的样本数量。

综上,用于领导-部属关系结构的因素分析的样本共计 596 人或称 596 个数据点。鉴于样本具有较大的异质性,将它们混合后随机分半,组成 294 人的探索性因素分析样本和 302 人的验证性因素分析样本,经检验,它们在年龄、性别、教育程度等方面均差异不显著($p > 0.05$)。

(三)测量工具

1.领导-部属关系的测量

一是采用上述新开发的本土 LMR 量表。请研究对象评估其与现任直接领导的互动情况;二是采用 Graen 和 Uhl-Bien(1995)的 LMX-7 量表,由吴荣先、朱永新等译校(诺思豪斯,2000,2002)。LMX-7 是单维度量表,包括 7 个条目。它是 20 世纪 80 年代和 90 年代使用最频繁的测量领导-部属交换的工具(Gerstner & Day,1997)。量表采用 Likert 5 点计分,1 代表"很少知道""完全不可能""完全不同意",5 代表"非常清楚""完全可能""完全同意"。计分范围为 1~5 分。这里,要求研究对象评估其与现任直接领导的互动情况。

2.工作成果行为指标的测量

一是任务绩效,使用 Tsui 等人(1997)编制的量表,该量表是单维度量表,有 11 个条目,其中 6 条为评价工作的数量、质量、效率等方面,5 条为评价工作的能力、知识、创造性等方面。量表采用 Likert 7 点计分,1 代表"非常不同意""非常差",7 代表"非常同意""非常优秀"。计分范围为 1~7 分。该量表由笔者自行翻译。需要说明的是,在领导样本中,由研究对象对其现任直接领导的任务绩效进行评价,即对"领导的任务绩效"的评价;在领导-部属匹配样本中,由参加研究的领导对其一一对应的直接部属进行评价,即对"部属的任务绩效"的评价(Gerstner & Day,1997;王登峰,崔红,2006a)。

二是组织公民行为,参照 Farh 等人(2007)的做法,节选采用中国组织公民行为量表(Farh, Zhong, & Organ, 2004)的"工作上帮助同事""办事积极主动""敢于表达意见"三个分量表。它们条目数分别为3个、4个、2个,共计9个。量表采用 Likert 5 点计分,1 代表"从来不这样做",5 代表"总是这样做"。计分范围为 1～5 分。

3.工作成果态度指标的测量

一是情感承诺,采用 Meyer 等人(1993)组织承诺量表的情感承诺分量表,由 Chen 和 Francesco(2003)修订。情感承诺分量表有 6 个条目,采用 Likert 7 点计分,1 代表"非常不同意",7 代表"非常同意"。计分范围为 1～7 分。

二是离职意向,采用 Farh 等人(1998)编制的离职意向量表。该量表共 4 个条目,采用 Likert 7 点计分,1 代表"非常不同意",7 代表"非常同意"。计分范围为 1～7分。

需要说明的是,组织公民行为、离职意向、情感承诺等三个指标一般用于员工,而用于组织中的中高层管理人员则意义不大,因此在领导-部属匹配样本中对这三个指标进行了测量,而在领导样本中未实施测量。

4.心理健康指标的测量

心理健康包括积极和消极两个方面,消极心理健康包括工作倦怠、与压力有关的心理健康等两个指标,积极心理健康包括工作满意度和生活幸福感两个指标。

一是工作倦怠,采用 Maslach 等人开发的工作倦怠通用量表(MBI-GS)(Schaufeil et al., 1996),中文版由李超平等修订(李超平,时勘,2003)。修订后的量表包括情绪衰竭、玩世不恭和成就感低落 3 个分量表,分别由 5、4、6 个条目所组成,采用 Likert 7 点计分,1 代表"从不",7 代表"每天"。计分采用 De Hoogh 和 Den Hartog(2009)将所有条目分数的平均分作为工作倦怠的指标,计分范围为 1～7分。

二是与压力有关的心理健康、工作满意度,分别采用 Cooper 等人(1988)编制工作压力检测量表(ISO-2)的心理健康分量表和工作满意度分量表,中文版由陆洛修订(Lu et al., 2003)。心理健康分量表有 12 个条目,测量心理满足、心理弹性和心理平静三个维度,三个维度之和为心理健康分数。分数越高代表心理健康越好。量表使用 Likert 6 点计分。计分方法是求所有条目的总分,计分范围为 12～72分。工作满意度分量表有 12 个条目,测量工作本身满意度和组织满意度两个维度,两个维度之和为工作满意度分数。量表使用 Likert 6 点量表,1 代表非常不满意,6代表非常满意。分数越高代表工作越满意。计分方法是求所有条目的总分,计分范围为12～72分。

三是生活幸福感,采用Andrews和Withey(1976)所编制的面部表情量表,由汪向东、王希林和马弘(1999)修订,它是被广泛应用的测量幸福感的单条目量表。虽然单条目量表存在一定缺陷,但是面部表情量表以图画的形式展现,消除了一定的文化特异性。计分范围为1～7分,分数越低代表幸福感越强。

5.控制变量

先前研究表明,年龄、性别、教育程度、所在单位的工作年限、领导-部属的相处时间在领导-部属关系研究中常用作控制变量。因此,将这五个变量作为控制变量。领导样本和领导-部属匹配样本的重要区别在于管理级别上的不同,因此在领导样本中还将级别作为控制变量。

(四)研究程序

对于领导样本的施测,各量表按照拉丁方设计的方式排序,组成不同版本的问卷包,并保持作答不同版本的研究对象数目基本平衡。问卷在上述国家级干部教育培训基地的不同地区和级别培训班上分别施测,研究对象在25～35分钟时间里按照问卷上的指导语进行评定,评定结束后由笔者统一收回。

对于领导-部属匹配样本的施测,每套领导-部属匹配样本的问卷都分为领导问卷和部属问卷两部分,领导问卷由任务绩效量表和组织公民行为量表组成,部属问卷由其他各量表(或分量表)组成,同上按照拉丁方设计排序。企业的施测采用实名作答的方式,参与调查的领导和部属均分开独立填写问卷,并采用专用信封密封,投入专用信箱,由笔者开启信箱、回收问卷。党政机关和事业单位的施测采用匿名作答的方式,由所在地的组织人事部门实施,要求参与调查的领导和部属分开后统一时间填答问卷,再根据参与人员的单位等个人信息,将问卷一一对应编号,并邮寄给笔者。两个样本分了若干批次进行施测,在时间、空间和施测方法上有效分离,特别是领导-部属匹配样本同时采用实名和匿名方式测量,有利于从程序控制角度减少共同方法偏差。

二、研究结果

(一)探索性因素分析的结果

根据前面质性研究的结果,由于领导视角和部属视角的条目来源、表达方式和理论假定均有所不同,因此,对领导视角的56个条目和部属视角的32个条目分开进行探索性因素分析。下面,先将294人在LMR量表的数据进行探索性因素分析,该量表的88个条目按照LMR1至LMR88进行编号。

1. 领导视角条目的探索性因素分析

采用主成分分析法(Principal Component Analysis)和最优斜交法(Promax)对领导视角的条目进行因素分析,并抽取因素。Bartlett球形检验(Bartlett test of sphericity)的结果显著($\chi^2(703) = 7622.15, p < 0.01$),KMO系数为0.96,说明该数据非常适合做探索性因素分析。参照特征根和碎石图(附图2-1),取2个因素最为合适,可以解释总方差的53.51%。在因素分析中,逐步删除了载荷量低(小于0.45)、共通度低(低于0.20)和存在交叉负载(在两个因素上都超过0.30)的18个条目,保留38个条目。保留后条目中,L1因素有22条,L2因素有16条,具体如附表2-1所示。

从因素分析结果来看,因素一主要内容包括领导关心部属的诉求和生活,维护部属的利益,体谅部属的困难;支持部属开展工作,给予资源,提供保护等,笔者把这一因素命名为"关心支持",简称L1。因素二主要内容包括领导要保持对部属的控制和权威,揽功推过,不主动培养和提拔部属;对部属进行划派,区分远近亲疏,看重部属的关系背景等,笔者把这一因素命名为"控制划派",简称L2。

附表2-1 领导视角条目的因素载荷

编号	条目内容	共通度	因素L1	因素L2
LMR45	他了解我的需求和苦恼	0.68	0.88	0.11
LMR43	他关心我个人所关注的利益诉求	0.62	0.88	0.18
LMR57	他帮助我解决家庭生活中的困难	0.56	0.83	0.15
LMR56	他给我在培训和发展方面以优先照顾	0.54	0.81	0.14
LMR47	他会在我遇到困难的时候帮助说话	0.67	0.80	−0.02
LMR31	他在加薪和福利上维护我的利益	0.51	0.80	0.18

续表

编号	条目内容	共通度	因素 L1	因素 L2
LMR59	他动用自己的资源帮助我解决工作难题	0.49	0.78	0.17
LMR33	他和我交谈住房、婚姻和子女等问题	0.46	0.78	0.23
LMR34	他主动承担我工作过失的责任	0.61	0.76	−0.03
LMR17	他会向上级推荐我	0.61	0.73	−0.09
LMR81	他设身处地体谅我,将心比心	0.67	0.72	−0.15
LMR71	他在公开场合表示对我的支持	0.39	0.70	0.16
LMR3	他把我当作自己兄弟姐妹或子女一样来对待	0.61	0.70	−0.13
LMR39	他器重我,交予我重要的任务	0.47	0.67	−0.02
LMR21	他对我的工作给予有力指导	0.63	0.66	−0.21
LMR40	他对我的工作给予充分肯定	0.48	0.65	−0.07
LMR1	他关心我的晋升和进步	0.59	0.65	−0.18
LMR5	他不计或牺牲个人利益来发展和保护我	0.58	0.65	−0.17
LMR69	他将我看作朋友	0.56	0.63	−0.18
LMR42	他具有战略眼光,看问题长远	0.62	0.55	−0.29
LMR30	他具备人格魅力	0.58	0.49	−0.29
LMR51	他对我充分授权,让我放手去干工作	0.42	0.45	−0.28
LMR84	他担心我会威胁其权威和地位	0.52	0.12	0.78
LMR62	他给有背景的部属特殊待遇	0.57	0.04	0.78
LMR25	他把部属划分类别,区别对待	0.58	0.01	0.77
LMR85	他对我打击报复	0.54	0.05	0.76
LMR74	他和部属的关系是"一朝天子一朝臣"	0.58	−0.01	0.76
LMR65	他在背后议论评价我的好坏	0.44	0.13	0.73
LMR53	他对我颐指气使	0.55	−0.01	0.73
LMR60	他给我穿小鞋	0.45	0.11	0.73
LMR83	他把工作成绩留给自己,把问题的责任推给我	0.62	−0.10	0.73
LMR37	他对不同部属有远近亲疏之分	0.52	−0.01	0.72
LMR48	他对我有戒备之心	0.49	0.02	0.71
LMR15	他独断专行,搞"一言堂"	0.57	−0.12	0.68
LMR23	他对我端着领导架子,彼此有高低之分	0.55	−0.15	0.65
LMR9	他看重我的关系背景	0.32	0.16	0.64
LMR27	他从负面理解我主动接触的愿望或举动	0.29	0.22	0.63
LMR68	他不肯主动培养和提拔我	0.43	−0.09	0.60
	特征根		16.16	4.17
	解释的方差变异量		42.53%	10.98%
	内部一致性系数		0.96	0.93

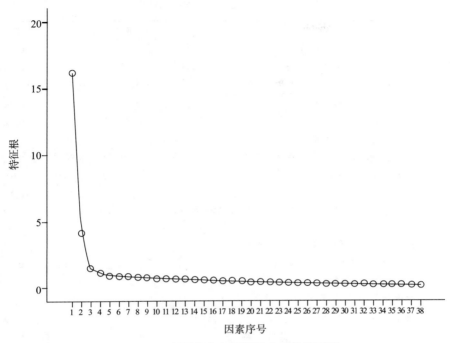

附图 2-1　领导视角条目因素分析的碎石图

2.部属视角条目的探索性因素分析

同上方法进行因素分析,参照特征根和碎石图(附图 2-2),取 2 个因素比较合适,可以解释总方差的 42.24%。删除条目的标准与领导视角的因素分析相一致,只是条目在某一因素上的载荷标准由超过 0.45 调整为超过 0.40。这一过程共删除 14 个条目,保留 18 个条目。保留后条目中,因素一有 12 个条目,因素二有 6 个条目,具体如附表 2-2 所示。

从因素分析结果来看,因素一主要内容包括部属忠诚于领导,愿意讲真话,善于领会领导意图,公开表示支持领导;部属能够为领导做出贡献,加班加点,创造性开展工作,是领导的得力助手等,笔者把这一因素命名为"忠诚贡献",简称 M1。因素二主要内容包括部属抵触领导,担心领导欺压自己,给自己下绊子;部属反对领导,议论和顶撞领导等,笔者把这一因素命名为"抵触反对",简称 M2。

附表 2-2　部属视角条目的因素载荷

编号	条目内容	共通度	因素 M1	因素 M2
LMR70	我了解他个人的习性和爱好	0.46	0.72	0.25
LMR32	我与他在工作时间之外是朋友	0.52	0.65	−0.16
LMR22	我感到对领导要"士为知己者死"	0.39	0.63	−0.02
LMR14	我愿意跟他讲真话和心里话	0.55	0.63	−0.24
LMR55	我能够心领神会他最在意什么	0.35	0.60	0.02
LMR20	我为了他加班加点地工作	0.29	0.56	0.12
LMR16	我能够创造性地开展工作和解决问题	0.29	0.55	0.05
LMR24	我关心他的个人生活	0.25	0.53	0.19
LMR4	我是他的得力助手	0.37	0.52	−0.19
LMR67	我主动告知他可能出现的错误,尽管他会难以接受	0.24	0.52	0.26
LMR6	我公开表示对他的支持,即使他不在跟前	0.42	0.41	−0.28
LMR44	我在公开场合维护他的威信	0.39	0.41	−0.26
LMR52	我对他有抵触情绪	0.64	0.03	0.81
LMR73	我感觉他整人、欺压自己	0.63	0.06	0.81
LMR79	我担心他会冷不防给自己下绊子	0.65	−0.06	0.78
LMR76	我忍不住在背后议论他,以表不满	0.52	0.17	0.76
LMR49	我当面顶撞他	0.38	0.12	0.65
LMR29	我暗地与他较劲	0.28	0.12	0.55
	特征根		4.29	2.68
	解释的方差变异量		27.35%	14.89%
	内部一致性系数		0.81	0.81

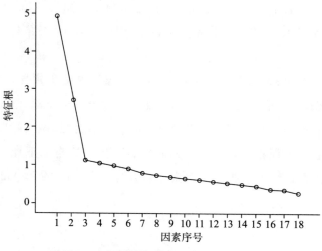

附图 2-2　部属视角条目因素分析的碎石图

3. 二阶因素分析

为进一步对 L1、L2、M1、M2 四个因素的关系进行分析，采用同上方法继续将 4 个因素的分数进行因素分析。虽然只有一个因素特征根大于 1，即为 2.70，第二个因素特征根为 0.96，但参照碎石图（附图 2-3）和解释方差情况，取 2 个因素更为合适，解释总方差的 91.42%。二阶因素 G1 和 G2 之间保持中度负相关（$r = -0.47, p < 0.01$）。从因素分析结果来看，G1 内容包括 M2 和 L2，主要从消极方面描述领导和部属之间的关系；G2 内容包括 M1 和 L1，主要从积极方面描述领导和部属之间的关系。因此，G1 二阶因素命名为"消极关系"，G2 二阶因素命名为"积极关系"。

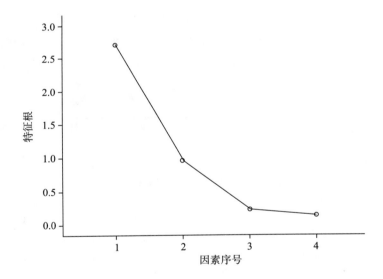

附图 2-3　二阶因素分析的碎石图

附表 2-3　二阶因素载荷

编号	条目内容	共通度	二阶因素 G1	二阶因素 G2
M2	抵触反对	0.91	0.98	0.05
L2	控制划派	0.92	0.93	−0.05
M1	忠诚贡献	0.93	0.12	1.01
L1	关心支持	0.90	−0.16	0.86
	特征根		2.70	0.96
	解释的方差变异量		67.49%	23.93%
	内部一致性系数		0.89	0.91

4. 整个量表 88 个条目的探索性因素分析

为与领导视角和部属视角条目分开作因素分析的方法进行对比，笔者将 88 个条目放在一起进行因素分析。采用同上方法，参照特征根和碎石图，取 3 个因素最为合适，可以解释总方差的 51.62%。删除条目的标准与领导视角的因素分析完全一致，逐步删除 42 个条目，保留 46 个条目。保留后条目中，P1 因素有 19 个条目，P2 因素有 18 个条目，P3 因素有 9 个条目，具体如附表 2-4 所示。

从因素分析结果来看，因素一主要内容包括领导关心部属的诉求和生活，维护部属的利益，体谅部属的困难；支持部属开展工作，给予资源，提供保护等，因此命名为"领导关心支持"，简称 P1。因素二主要内容为领导和部属之间的紧张关系，包括领导对部属压制、划派、揽功推过，看重部属的关系背景，部属对领导保持戒备和担心等，笔者命名为"领导部属矛盾"，简称 P2。因素三主要内容包括部属工作积极努力、对工作负责、为人可靠，因此命名为"部属贡献可靠"，简称 P3。

附表 2-4　全量表探索性因素分析的条目因素载荷

编号	条目内容	共通度	因素 P1	因素 P2	因素 P3
LMR45	他了解我的需求和苦恼	0.68	0.89	0.08	−0.05
LMR43	他关心我个人所关注的利益诉求	0.62	0.88	0.13	−0.06
LMR57	他帮助我解决家庭生活中的困难	0.60	0.82	0.15	0.05
LMR34	他主动承担我工作过失的责任	0.63	0.79	−0.04	−0.04
LMR31	他在加薪和福利上维护我的利益	0.50	0.79	0.13	−0.05
LMR5	他不计或牺牲个人利益来发展和保护我	0.62	0.75	−0.17	−0.14
LMR17	他会向上级推荐我	0.61	0.74	−0.12	−0.06
LMR33	他和我交谈住房、婚姻和子女等问题	0.46	0.74	0.20	0.04
LMR3	他把我当作自己兄弟姐妹或子女一样来对待	0.62	0.74	−0.13	−0.05
LMR32	我与他在工作时间之外是朋友	0.59	0.73	−0.06	0.00
LMR56	他给我在培训和发展方面以优先照顾	0.53	0.72	0.10	0.10
LMR47	他会在我遇到困难的时候帮助说话	0.66	0.71	−0.07	0.12
LMR1	他关心我的晋升和进步	0.61	0.70	−0.18	−0.07
LMR19	他跟我有工作之外的个人交往	0.35	0.67	0.27	0.03
LMR59	他动用自己的资源帮助我解决工作难题	0.49	0.66	0.16	0.19
LMR21	他对我的工作给予有力指导	0.63	0.64	−0.20	0.05
LMR81	他设身处地体谅我，将心比心	0.68	0.62	−0.18	0.17
LMR69	他将我看作朋友	0.57	0.58	−0.17	0.12
LMR14	我愿意跟他讲真话和心里话	0.50	0.48	−0.17	0.19

续表

编号	条目内容	共通度	因素 P1	因素 P2	因素 P3
LMR73	我感觉他整人、欺压自己	0.62	0.10	0.80	−0.09
LMR84	他担心我会威胁其权威和地位	0.56	0.12	0.79	−0.02
LMR85	他对我打击报复	0.61	0.12	0.78	−0.14
LMR52	我对他有抵触情绪	0.57	0.10	0.77	−0.10
LMR83	他把工作成绩留给自己,把问题的责任推给我	0.66	−0.12	0.75	0.02
LMR60	他给我穿小鞋	0.50	0.14	0.73	−0.10
LMR62	他给有背景的部属特殊待遇	0.54	−0.06	0.72	0.05
LMR65	他在背后议论评价我的好坏	0.45	0.05	0.72	0.08
LMR74	他和部属的关系是"一朝天子一朝臣"	0.57	−0.08	0.71	0.00
LMR53	他对我颐指气使	0.54	−0.07	0.71	0.04
LMR79	我担心他会冷不防给自己下绊子	0.59	0.02	0.70	−0.17
LMR48	他对我有戒备之心	0.49	−0.03	0.70	0.04
LMR25	他把部属划分类别,区别对待	0.55	−0.23	0.68	0.26
LMR15	他独断专行,搞"一言堂"	0.58	−0.29	0.64	0.19
LMR27	他从负面理解我主动接触的愿望或举动	0.30	0.21	0.63	−0.01
LMR86	他让我帮助办他的私事	0.27	0.16	0.59	0.05
LMR68	他不肯主动培养和提拔我	0.43	−0.13	0.58	0.01
LMR9	他看重我的关系背景	0.28	0.05	0.58	0.07
LMR58	我在工作中"不用扬鞭自奋蹄"	0.47	−0.03	0.08	0.72
LMR82	我发自内心为工作着急,对工作负责	0.52	−0.09	−0.18	0.68
LMR64	我虚心接受他的批评	0.58	0.01	−0.21	0.65
LMR63	他感觉我可靠,不会给他惹麻烦	0.39	0.06	0.04	0.61
LMR44	我在公开场合维护他的威信	0.46	0.05	−0.10	0.60
LMR41	我认为应该把工作做好,而不是追求领导的赏识和关注	0.30	−0.08	−0.02	0.58
LMR35	我在工作上不顾疲劳连续作战	0.45	0.12	0.27	0.55
LMR72	他维护与我之间的纲常关系	0.34	0.19	0.20	0.53
LMR13	他认可我的为人	0.35	0.09	−0.08	0.51
	特征根		16.40	4.91	2.44
	解释的方差变异量		35.65%	10.67%	5.30%
	内部一致性系数		0.95	0.94	0.81

与领导和部属视角分别进行因素分析的结果相比,上述结果再次表明,区分领导视角和部属视角、积极关系和消极关系是有意义的。这两种方法的相同点在于:一是都存在领导视角和部属视角。P1因素的绝大部分条目是领导视角,以"他"为

条目主语,与 L1 因素内涵相一致;而 P3 因素的大部分条目是部属视角,以"我"为条目主语,即使是以"他"为条目主语,反映的内容也是部属可靠、为人好,与 M1 因素内涵基本一致。二是都存在积极关系和消极关系。P2 因素反映的是消极关系,与 L2、M2 因素内涵相一致;P1 和 P3 因素则反映的积极关系,与 L1、M1 因素内涵分别相一致。

通过比较,笔者也发现,二阶四因素模型在理论解释上要优于三因素模型。两者的不同点在于:一是消极关系细分上的不同。在三因素模型中,虽然 P2 因素反映的是消极关系,但是将领导和部属的行为、感受混杂在了一起,应当说领导的控制行为、划派行为与部属的抵触行为、焦虑感受是有所不同的。相反,二阶四因素模型则通过 L2 和 M2 因素,对消极关系进行了细分,逻辑关系更为清晰。二是部属条目表述上的不同。通过两种模型下 56 个条目和 46 个条目的对比可见,P1 和 L1 因素的条目绝大部分相一致,P2 因素的绝大部分条目也都包含在 L2 和 M2 因素条目中,但是部属视角 P3 的条目与 M1 的条目大多不同。P3 因素内容侧重部属积极工作、责任心强、为人可靠,M1 因素内容侧重忠诚领导、善于领会意图、创造性开展工作、做出贡献等。相比之下,M1 和 M2 因素在内容上比 P3 更加与质性研究的结构模型相一致。

(二)验证性因素分析的结果

根据验证性因素分析样本 302 人对 LMR 量表的评定,使用 Lisrel 8.7 统计软件对上述探索性因素分析确定的领导视角的模型结构和部属视角的模型结构分别进行验证,结果如附图 2-4 和附图 2-5 所示。根据温忠麟、侯杰泰、马什赫伯特(2004)和侯杰泰、温忠麟、成子娟(2004)的建议,结构方程模型检验一般报告的拟合指标有 χ^2(卡方),df(自由度),RMSEA(近似误差均方根),NNFI(非范拟合指数)和 CFI(比较拟合指数)。对于拟合"好"的模型,NNFI 和 CFI 界值为 0.9,越大越好;RMSEA 界值为 0.08,越小越好;χ^2/df 一般小于 3,越小越好。拟合优度卡方检验(χ^2 goodness-of-fit test)说明模型正确性的概率,χ^2/df 是直接检验样本协方差矩阵和所估计的方差矩阵间的相似程度的统计量。结果发现,在温忠麟、侯杰泰、马什赫伯特(2004)和侯杰泰、温忠麟、成子娟(2004)建议报告的拟合指标上,领导视角模型的拟合指数均达到比较理想的标准($\chi^2=1800.19, df=664, \chi^2/df=2.71$,RMSEA $=0.08$,NNFI $=0.96$,CFI $=0.97$),部属视角模型也达到了比较理想的标准($\chi^2 = 311.1, df = 134, \chi^2/df = 2.32, \text{RMSEA} = 0.07, \text{NNFI} = 0.93, \text{CFI} = 0.94$)。

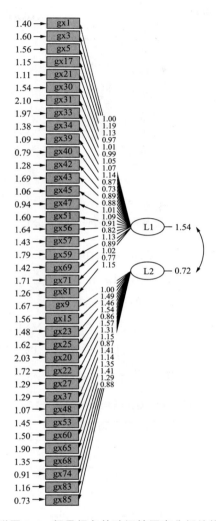

附图 2-4　领导视角的验证性因素分析结构

图中"gx"为"关系"的简称，即指 LMR 量表的条目编号，下同。

接着，对 LMR 量表的整体结构进行检验。笔者设计了 5 个备选模型：①一因素模型：LMR 量表 56 个条目可以聚合为单一的领导-部属关系因素；②领导-部属二因素模型：领导视角的条目聚合为一个维度，部属视角的条目聚合为第二个维度；③积极-消极二因素模型：消极关系的条目聚合在一起，积极关系的条目聚合为第二个维度；④四因素模型：LMR 量表由 L1、L2、M1、M2 四个维度组成，形成一个

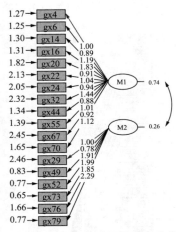

附图 2-5　部属视角的验证性因素分析结构

完整量表；⑤二阶四因素模型：LMR 全量表由 L1、L2、M1、M2 四个维度组成，同时 L1 和 M1 聚合为积极关系的二阶因素，L2 和 M2 聚合为消极关系的二阶因素。此外，所有 88 个条目的三因素模型的拟合指数也达到了比较理想的标准（$\chi^2 = 2477.10, df = 986, \chi^2/df = 2.51, \text{RMSEA} = 0.08, \text{NNFI} = 0.96, \text{CFI} = 0.96$），由于它与二阶四因素模型的条目数量不同，拟合指数难以直接比较，未列入附表 2-5，但二阶四因素模型的拟合指数确实优于三因素模型。

附表 2-5　领导-部属关系结构模型的拟合指数（$n = 302$）

	χ^2	df	$\Delta\chi^2$	Δdf	χ^2/df	RMSEA	NNFI	CFI
1.一因素模型	5452.29	1484			3.67	0.16	0.92	0.92
2.领导-部属二因素模型	5413.14	1483	39.15	1	3.65	0.15	0.92	0.92
3.积极-消极二因素模型	3833.76	1484	1618.53	4	2.58	0.08	0.95	0.95
4.四因素模型	3691.65	1478	1760.64	2	2.50	0.07	0.96	0.96
5.二阶四因素模型	3637.34	1480	1814.95	4	2.46	0.07	0.96	0.96

从附表 2-5 可见，四因素模型和二阶四因素模型都是拟合好的模型，也就是说 LMR 量表可以作为一个完整的量表，而不是两个独立使用的量表。而且，领导-部属二因素模型的检验中发现，领导的条目和部属的条目存在高度相关，不适合作为两个独立使用的量表。如附图 2-6 和附图 2-7 所示，从四因素模型和二阶四因素模型比较来看，二阶四因素模型是最优模型，这也验证了二阶探索性因素分析的结果。

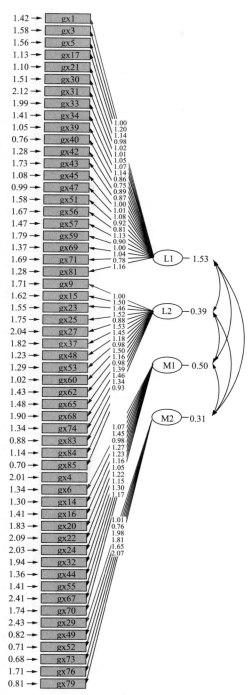

附图 2-6　验证性因素分析得到的全量表四因素结构

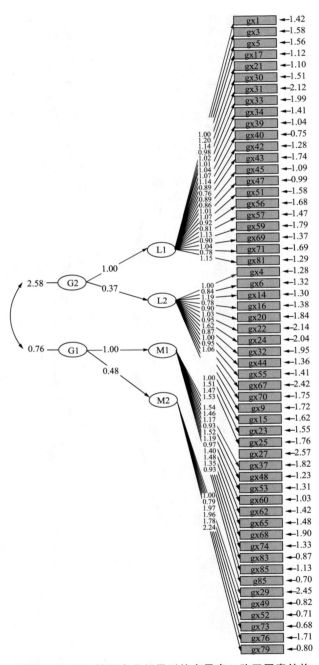

附图 2-7 验证性因素分析得到的全量表二阶四因素结构

(三)信度和效度分析

通过探索性和验证性因素分析,在初始88个条目的基础上,得到了新的本土领导-部属关系量表(简称LMR量表),它由关心支持(L1)、控制划派(L2)、忠诚贡献(M1)、抵触反对(M2)四个因素,以及积极关系和消极关系两个二阶因素构成,四个因素的条目数分别为22、16、12、6,共计56个条目。计分方法是求量表各条目的平均分,总量表和各分量表的计分范围都为1~7分。在计算总量表分数时,L2和M2两个分量表都是反向计分。

西方领导-部属关系量表的编制存在两个突出问题,即忽视文化差异和忽视心理测量学上的规范性(Schriesheim et al., 1999;任真等人,2010)。在LMR量表编制和检验过程中,我们充分考虑到了中华文化因素和心理测量学上的规范性。在探索性因素分析样本中,L1、L2、M1、M2四个分量表的α系数分别为0.96、0.93、0.81、0.81,总量表为0.86,表明LMR量表具有较好的内部一致性信度。本土的LMR量表的条目是在前面质性研究基础上得到的,质性研究为量表的编制建立起全面而有代表性的条目库,因此LMR量表的内容效度是有保证的。同时,验证性因素分析结果提供了LMR量表结构效度的检验,表明量表具有良好的结构效度。

对于量表的汇聚效度和区分效度,LMX-7是20世纪八九十年代使用最频繁的测量领导-部属交换的工具(Gerstner & Day, 1997)。L1、L2、M1、M2四个分量表和LMR总量表与LMX-7量表的相关系数,在领导样本中分别为0.61,-0.47,0.51,-0.35,0.65(见附表2-6),在领导-部属匹配样本中分别为0.77,-0.45,0.69,-0.36,0.76(见附表2-7),表明LMR量表具有良好的汇聚效度。从附表2-8和附表2-10可见,4个分量表可以预测不同的结果变量,表明它们具有一定的区分效度。

对于量表的效标关联效度,笔者分别在领导样本和领导-部属匹配样本中,检验领导-部属关系与工作成果指标、心理健康指标之间的关系并相互验证。在领导样本中,如附表2-6所示,除生活幸福感以外,其他各结果变量均与L1、L2、M1、M2都存在显著相关。特别是对领导任务绩效的评估,与四个领导-部属关系维度相关都比较高。在领导-部属匹配样本中,如附表2-7所示,L1和M1与各结果变量都存在显著相关;L2除部属任务绩效和组织公民行为外,与各变量存在显著相关;M2除部属任务绩效外,与各变量存在显著相关。

附表 2-6　领导样本各变量的描述性统计分析结果（$n = 391$）

变量	M	SD	1	2	3	4	5	6	7	8	9	10	11	12	13	14	15	16	17
1.年龄	42.28	8.24																	
2.性别	1.15	0.37	−0.07																
3.教育程度	1.97	0.72	0.16**	0.07															
4.级别	4.57	1.85	−0.74**	−0.04	−0.03														
5.单位工作年限	10.24	8.38	0.32**	0.03	0.19**	−0.14**													
6.领导部属相处年限	3.42	2.90	0.20**	0.12	0.15**	−0.21**	0.18**												
7.领导任务绩效	5.23	1.16	−0.02	0.05	−0.08	0.01	0.03	0.02	(0.96)										
8.工作满意度	49.12	10.94	0.17**	−0.01	0.09	−0.13*	0.04	0.13*	0.41**	(0.94)									
9.生活幸福感	3.06	1.01	−0.01	−0.07	−0.07	0.00	0.04	0.00	−0.05	−0.18**	—								
10.工作倦怠	2.72	0.81	−0.09	0.01	0.07	0.10	0.07	0.05	−0.17**	−0.33**	0.28**	(0.82)							
11.心理健康	47.90	8.43	0.09	−0.10	−0.05	−0.03	−0.06	−0.08	0.13*	0.26**	−0.29**	−0.56**	(0.80)						
12.L1	4.16	1.15	−0.12*	−0.03	−0.06	0.12*	−0.01	0.05	0.63**	0.36**	−0.10	−0.25**	0.16**	(0.95)					
13.L2	2.73	1.08	−0.03	−0.16**	−0.06	0.00	0.00	−0.01	−0.48**	−0.35**	0.05	0.28**	−0.28**	−0.48**	(0.92)				
14.M1	4.62	0.85	−0.05	−0.15**	−0.08	0.06	−0.03	0.10	0.49**	0.27**	−0.10	−0.28**	0.17**	0.75**	−0.18**	(0.80)			
15.M2	2.05	0.99	−0.04	−0.09	−0.01	0.02	0.02	−0.01	−0.39**	−0.25**	0.04	0.32**	−0.22**	−0.37**	0.77**	−0.20**	(0.82)		
16.LMX-7	3.65	0.59	0.08	−0.07	−0.06	−0.04	0.04	−0.05	0.54**	0.45**	−0.05	−0.33**	0.30**	0.61**	−0.47**	0.51**	−0.35**	(0.82)	
17.LMR量表分数	4.78	0.84	−0.06	0.01	−0.02	0.07	−0.02	0.06	0.67**	0.41**	−0.10*	−0.34**	0.25**	0.91**	−0.76**	0.70**	−0.65**	0.65**	(0.88)

注：① * 代表 $p < 0.05$，** 代表 $p < 0.01$，下同。② 括号内为内部一致性系数。① 性别 1＝男，2＝女。② 文化程度 1＝研究生，2＝本科，3＝大专，4＝高中，5＝初中。① 级别 1＝正局级，2＝副局级，3＝正处级，4＝副处级，5＝正科级，6＝副科级，7＝员工，8＝其他。① 生活幸福感分数越低代表幸福感越高。

附表 2-7 领导-部属匹配样本各变量的描述性统计分析结果（$n = 133$）

	M	SD	1	2	3	4	5	6	7	8	9	10	11	12	13	14	15	16	17	18	19
1.部属年龄	33.09	7.04																			
2.部属性别	1.43	0.50	−0.05																		
3.部属教育程度	2.44	0.79	0.23**	−0.19*																	
4.单位工作年限	6.46	6.28	0.54**	0.00	−0.12																
5.领导部属相处年限	3.76	3.99	0.29**	0.06	−0.14	0.54**															
6.部属任务绩效	6.11	0.94	0.04	−0.20*	−0.13	0.21*	0.22*	(0.97)													
7.组织公民行为	4.33	0.63	0.03	−0.09	−0.12	0.20*	0.25**	0.81**	(0.91)												
8.工作满意度	58.74	11.82	0.11	−0.03	−0.04	0.04	0.15	0.25**	0.23**	(0.96)											
9.生活幸福感	2.51	1.09	−0.02	−0.08	0.17**	−0.12	−0.10	−0.10	−0.08	−0.38**	—										
10.工作倦怠	2.24	0.92	0.07	0.05	0.06	0.01	−0.09	−0.19*	−0.06	−0.42**	0.46**	(0.74)									
11.心理健康	53.42	8.63	0.09	−0.01	0.06	−0.04	0.02	0.10	0.14	0.49**	−0.38**	−0.54**	(0.81)								
12.离职意向	2.17	1.13	−0.12	−0.02	0.15	−0.11	−0.15	−0.16	−0.13	−0.55**	0.47**	0.42**	−0.42**	(0.73)							
13.情感承诺	5.77	1.04	0.20*	0.00	−0.08	0.31**	0.23**	0.23**	0.24**	0.55**	−0.42**	−0.41**	0.42**	−0.65**	(0.84)						
14.L1	5.11	1.20	0.10	−0.20*	−0.08	0.13	0.22*	0.22*	0.27**	0.52**	−0.24**	−0.30**	0.44**	−0.46**	0.40**	(0.95)					
15.L2	1.77	0.88	0.08	0.00	0.12	0.06	−0.02	−0.17	−0.16	−0.44**	0.24**	0.30**	−0.39**	0.38**	−0.23**	−0.54**	(0.91)				
16.M1	5.04	1.01	0.13	−0.26**	−0.14	0.14	0.25**	0.26**	0.29**	0.53**	−0.18*	−0.34**	0.36**	−0.40**	0.40**	0.83**	−0.32**	(0.85)			
17.M2	1.58	0.88	0.12	0.03	0.14	0.04	−0.05	−0.15	−0.18*	−0.26**	0.17*	0.25**	−0.28**	0.32**	−0.25**	−0.36**	0.70**	−0.20*	(0.80)		
18.LMX-7	3.98	0.59	0.13	−0.06	−0.10	0.12	0.24**	0.22*	0.29**	0.52**	−0.24**	−0.27**	0.36**	−0.51**	0.50**	0.77**	−0.45**	0.69**	−0.36**	(0.82)	
19.LMR 量表分数	5.56	0.86	0.05	−0.17	−0.12	0.08	0.19*	0.25**	0.28**	0.58**	−0.26**	−0.36**	0.48**	−0.49**	0.41**	0.95**	−0.75**	0.81**	−0.56**	0.76**	(0.88)

附表 2-8　领导样本 LMR 量表的层次回归结果($n = 391$)

变量	领导任务绩效	工作倦怠	心理健康	工作满意度	生活幸福感
第 1 步					
年龄	0.00	−0.09	0.18*	0.13†	−0.04
性别	0.05	0.00	−0.07	−0.01	−0.07
教育程度	−0.09†	0.06	−0.04	0.06	−0.07
单位年限	0.04	0.08	−0.09†	−0.02	0.06
相处年限	0.02	0.04	−0.05	0.07	0.01
级别	0.02	0.05	0.08	−0.02	−0.02
F	0.74	1.59	2.04†	2.30*	0.82
R^2	0.01	0.02	0.03†	0.03†	0.01
第 2 步					
L1	0.37***	0.09	−0.16†	0.21**	−0.05
L2	−0.25***	0.13	−0.34***	−0.26***	0.01
M1	0.17**	−0.29***	0.23**	0.08	−0.08
M2	−0.02	0.19**	0.02	0.05	−0.01
F	31.73***	8.36***	5.80***	10.34***	1.06
ΔR^2	0.44***	0.16***	0.10***	0.18***	0.01

注：①† $p < 0.10$，* $p < 0.05$，** $p < 0.01$，*** $p < 0.001$，下同。②表中回归系数为标准化的回归系数(β)。

从附表 2-8 看,在领导样本中,即使在控制了研究对象年龄、性别、教育程度、与领导相处年限、单位工作年限、级别等 6 个变量的影响后,除生活幸福感之外,4 个维度整体上 ΔR^2 的指标都显著,表明它们整体上对结果变量都有显著的预测作用。4 个维度对领导的任务绩效预测效果最为明显,对工作倦怠、心理健康和工作满意度也有比较好的预测作用。从单一维度看,L1 和 L2 对领导任务绩效、工作满意度、心理健康有显著预测作用;M1 对领导任务绩效、工作倦怠、心理健康有显著预测作用;M2 对工作倦怠有显著预测作用。

从附表 2-10 看,在领导-部属匹配样本中,除部属任务绩效外,即使在控制了部属年龄、性别、教育程度、领导-部属相处年限、单位工作年限等 5 个变量的影响,4 个维度整体上 ΔR^2 的指标都显著,表明它们整体上对各结果变量都有显著的预测作用,尤其对工作满意度、心理健康、工作倦怠、离职意向、情感承诺预测效果比较明显。从单一维度看,L2 对工作满意度有显著预测作用;M1 对工作倦怠、工作满意度、情感承诺有显著预测作用;M2 对情感承诺有显著预测作用。

附表 2-9　领导样本 LMR 量表和 LMX-7 量表的层次回归结果($n = 391$)

变量	领导任务绩效	工作倦怠	心理健康	工作满意度	生活幸福感
第 1 步					
年龄	0.00	−0.09	0.18*	0.13†	−0.04
性别	0.05	0.00	−0.07	−0.01	−0.07
教育程度	−0.09†	0.06	−0.04	0.06	−0.07
单位年限	0.04	0.08	−0.09†	−0.02	0.06
相处年限	0.02	0.04	−0.05	0.07	0.01
级别	0.02	0.05	0.08	−0.02	−0.02
F	0.74	1.59	2.04†	2.30*	0.82
R^2	0.01	0.02	0.03†	0.03*	0.01
第 2 步					
LMX-7	0.54***	−0.33***	0.29***	0.44***	−0.06
F	23.45***	8.05***	6.98***	16.15***	0.87
ΔR^2	0.29***	0.10***	0.08***	0.19***	0.00
第 3 步					
L1	0.32***	0.14†	−0.23**	0.13	−0.06
L2	−0.19**	0.06	−0.27**	−0.16*	0.02
M1	0.13*	−0.25***	0.18*	0.01	−0.09
M2	−0.03	0.21**	0.01	0.03	−0.01
F	30.62***	8.53***	6.40***	12.08***	0.98
ΔR^2	0.17***	0.07***	0.04***	0.03***	0.01

(四)LMR 量表与西方 LMX-7 量表的比较

为比较 LMR 量表和 LMX-7 量表在预测结果变量上的成效,将 LMX-7 量表分数在层次回归的第二步纳入回归方程,然后在第三步纳入 LMR 量表分数,考察 LMR 量表是否还有新的效度增益。附表 2-9 表明,在领导样本中,LMR 量表在领导任务绩效、工作满意度、工作倦怠、心理健康等 1 个工作绩效指标和 3 个心理健康指标上有显著效度增益。也就是说,在 5 个指标中有 4 个有显著增益,而对余下的生活幸福感指标,LMX-7 和 LMR 量表都缺乏预测力。附表 2-11 则表明,在领导-部属匹配样本中,LMR 量表在工作倦怠、心理健康、工作满意度等 3 个工作中的心理健康指标的预测效度上有显著增益。两个样本之间交互验证表明,与经典的 LMX-7 量表相比,LMR 量表在预测工作中的心理健康指标(工作倦怠、心理健康和工作满意度)上优势明显。此外,在领导样本中,LMR 量表对领导任务绩效的预测要明显优于 LMX-7 量表；在领导-部属匹配样本中，比较附表 2-10 和附表 2-11 可见，LMR 量表虽然在部属任务绩效上 ΔR^2 略高于 LMX-7 量表，但可能受到样本容量较小的影响而没有达到显著水平，需要在今后研究中进一步检验。其实，在理论上，领导-部属关系（SSG）和领导-部属交换之间类似于并列关系，可能更加容易发现领导-部属关系（SSG）的效度增益，而领导-部属关系（LMR）和领导-部属交换之间类似于包含关系，发现领导-部属关系（LMR）效度增益本身就较为困难。不过，从增益效度值来看，即使是本文中较低的增益值 0.03 和 0.04（见附表 2-9），在同类研究中（如 Bernerth，2005，2007；Chen et al.，2009）也比较常见。

附表 2-10　领导-部属匹配样本 LMR 量表的层次回归结果（$n = 133$）

变量	部属任务绩效	组织公民行为	工作倦怠	心理健康	工作满意度	生活幸福感	离职意向	情感承诺
第 1 步								
部属年龄	−0.07	−0.09	0.07	0.15	0.15	−0.01	−0.16	0.08
部属性别	−0.23**	−0.12	0.07	0.00	−0.04	−0.05	0.01	−0.01
教育程度	−0.12	−0.07	0.05	0.01	−0.08	0.15	0.18†	−0.07
单位年限	0.14	0.13	0.06	−0.15	−0.14	−0.08	0.06	0.21†
相处年限	0.16†	0.21*	−0.14	0.06	0.18†	−0.03	−0.11	0.08
F	3.62**	2.67*	0.64	0.55	1.08	1.12	1.49	2.89*
R^2	0.12**	0.10*	0.02	0.02	0.04	0.04	0.06	0.10*
第 2 步								
L1	−0.11	0.02	0.20	0.21	−0.03	−0.14	−0.23	0.12
L2	−0.13	0.00	0.20	−0.19	−0.35**	0.15	0.12	0.05
M1	0.20	0.18	−0.43**	0.16	0.47***	−0.01	−0.13	0.27†
M2	−0.04	−0.11	0.09	−0.07	0.05	0.01	0.13	−0.21†
F	2.63**	2.42**	2.91**	4.88***	8.63***	1.66†	5.26***	5.10***
ΔR^2	0.04	0.06†	0.15***	0.24***	0.35***	0.07†	0.22***	0.17***

附表 2-11　领导-部属匹配样本 LMR 量表和 LMX-7 量表的层次回归结果（$n = 133$）

变量	部属任务绩效	组织公民行为	工作倦怠	心理健康	工作满意度	生活幸福感	离职意向	情感承诺
第 1 步								
部属年龄	−0.07	−0.09	0.07	0.15	0.15	−0.01	−0.16	0.08
部属性别	−0.23**	−0.12	0.07	0.00	−0.04	−0.05	0.01	−0.01
教育程度	−0.12	−0.07	0.05	0.01	−0.08	0.15	0.18†	−0.07
单位年限	0.14	0.13	0.06	−0.15	−0.14	−0.08	0.06	0.21†

续表

变量	部属任务绩效	组织公民行为	工作倦怠	心理健康	工作满意度	生活幸福感	离职意向	情感承诺
相处年限	0.16†	0.21*	−0.14	0.06	0.18†	−0.03	−0.11	0.08
F	3.62**	2.67*	0.64	0.55	1.08	1.12	1.49	2.89*
R^2	0.12**	0.10*	0.02	0.02	0.04	0.04	0.06	0.10*
第2步								
LMX-7	0.16†	0.24**	−0.26**	0.38***	0.51***	−0.23**	−0.49***	0.48***
F	3.64**	3.67**	2.01†	3.81**	8.10***	2.06†	8.01***	9.48***
ΔR^2	0.02†	0.05**	0.06**	0.13***	0.24***	0.05**	0.22***	0.21***
第3步								
L1	−0.17	−0.07	0.21	0.21	−0.14	−0.09	−0.06	−0.11
L2	−0.13	0.00	0.20	−0.19	−0.35**	0.15	0.12	0.05
M1	0.18	0.15	−0.43**	0.16	0.43**	0.01	−0.06	0.18
M2	−0.03	−0.09	0.09	−0.07	0.08	−0.01	0.09	−0.16
F	2.42**	2.33**	2.60**	4.35***	8.19***	1.54	5.60***	6.04***
ΔR^2	0.02	0.01	0.09**	0.11***	0.12***	0.02	0.04	0.02

附录 3
西方、中国香港与中国内地管理者评定代表性量表的方法与结果[*]

一、研究方法

(一)研究对象

选取 24 名中国内地企业管理者、28 名中国香港企业管理者、10 名欧洲各国商会的高中层管理人员,分别作为中华文化背景、中华文化和西方文化融合背景、西方文化背景的研究对象。中国内地企业管理者均为中国大型国有企业高层管理人员,如总经理、副总经理、董事会主要成员;这些企业涉及通信、医药、航空、交通、钢铁、水利、电力、石油等 24 个不同行业。中国香港企业管理者均为本地人,是中国香港中资企业的高层和中层管理人员,来自 28 个经营不同行业的中资企业。欧洲各国商会的高中层管理人员主要负责管理商会对华业务往来,其中英国 1 人、德国 1 人、西班牙 1 人、匈牙利 2 人、比利时 2 人、意大利 3 人,均能熟练使用英语。由于取样上的困难,西方文化背景的研究对象数量相对较少。由附表 3-1 可见,中国内地、中国香港和欧洲的研究对象在年龄、性别、担任领导职务的年限方面大致类同,均来自企业及企业相关领域,具有一定可比性。

附表 3-1 不同文化背景研究对象的匹配情况

	年 龄			担任领导的年限			性 别		
	中国内地	中国香港	欧洲	中国内地	中国香港	欧洲	中国内地	中国香港	欧洲
平均数	50.43	48.32	42.20	11.86	13.91	8.30	1.04	1.36	1.40
标准差	3.78	8.33	7.01	6.43	7.63	5.36	0.21	0.49	0.52

---

[*] 补充用于第五章第一节。

(二) 材料

选取 LMR 初始量表、LMX-7 量表(Graen & Uhl-Bien,1995)、LMX-MDM 量表(Liden & Maslyn,1998)、LMSX 量表(Bernerth,2005)、领导-部属关系量表(Law et al.,2000)、领导-部属关系形式量表(姜定宇,2005)等 6 个量表的条目为实验材料,它们的条目分别为 88、7、12、8、6、15,共计 136 条。为克服顺序效应,将 6 个量表 136 个条目随机混排,之后制作成正序 1—136 和反序 136—1 两种版本,在研究对象中等量发放。需要说明的是,这里 LMR 量表施测时采用 88 个条目的初始量表,但在统计分析时只对最终版 LMR 量表的 56 个条目进行内容效度分析,也就是说所有需要评价的条目总计 104 个。

为便于内容效度评价,所有量表在内容表达上,都将句子中的施动者和受动者由人称代词(如"我""他")改为对应的领导或部属,即评价的视角由领导和部属互动双方中的一方,改为他们之外的第三方。

由笔者和两位具有海外博士、硕士学习背景的管理学专业人士组成翻译小组,经过多次讨论和修改,将 136 个条目翻译成为中文版(包括简体字版和繁体字版)和对应的英文版,确保两种语言版本材料的一致性。

(三) 实验设计

准实验采用多因素重复测量的实验设计。自变量有两个:①材料类别:包含 6 个水平,即 6 个领导-部属关系量表。②文化背景:包含 3 个水平,中华文化背景、西方文化背景、中西融合的文化背景,分别对应中国内地、欧洲国家、中国香港的研究对象。因变量为研究对象在 6 个领导-部属关系量表上的作答情况,控制变量则详见附表 3-1。

实验要求研究对象就条目的典型性进行判断,指导语如下:"请您思考一下您自身所经历和所了解到的您周围的领导与其直接部属、部属与其直接领导之间典型的互动过程。据此,请您作为评审专家,评定下列条目在多大程度上描述或反映出领导与部属之间一对一关系的典型表现和常见行为。例如,如果您认为条目的描述非常典型,请圈选 7。需要注意的是,这里有的条目描述了关系和谐的情况,有的描述了关系紧张的情况,请就典型性进行评价,而不是判断行为的好坏。"

相应的英文指导语如下:"Please recall the supervisor-subordinate interactions which you experienced and what you know about it in your working environment. According to your recognition, please evaluate to what degree the following sentences describe or reflect the typical performances and common behaviors concerning the good or bad relationship between a supervisor and an immediate subordinate. Please note that it is not to judge that the following descriptions are right or wrong."研究对象作答采用 Likert 7 点评价,1 代表"非常不典型"(Extremely non-typical),7 代表"非常典型"(Extremely typical)。

二、研究结果

笔者分别从量表、维度和条目三个层面考察分析文化背景的效应。其中,量表层面是指以 6 个量表为单位,考察材料类型和文化背景的效应;维度层面是指以量表的维度为单位(不包含单维度量表),主要考察量表维度和文化背景的效应;条目层面是指以 6 个量表的 104 个条目为单位,分析在所有条目上文化背景的效应。根据研究目的和实验设计,维度层面和条目层面的分析都属于事后检验。

(一) 量表层面的分析

对以材料类型和文化背景为自变量的样本数据进行重复测量的方差分析。球形检验(Mauchly's Test of Sphericity)结果为 $\chi^2(12) = 89.82$,$p < 0.01$,说明重复测量数据之间存在相关性,适合用重复测量的方差分析进行检验(张文彤,2002)。从附表 3-3 可见,被试内变量——材料类别的主效应在 Pillai 轨迹、Wilks'λ、Hotelling 轨迹、Roy 最大根统计量四种检验方法下都显著;材料类别变量和文化背景变量之间交互作用显著。然而,被试间变量——文化背景的主效应则不显著($F(2) = 0.60$, $n.s.$)。

由于材料类别的主效应显著,因此笔者比较了材料类别 6 个水平——6 种量表之间的差异。结合附表 3-2 和附表 3-4 可见,6 种量表内容效度相互比较结果是:首先,LMX-7 和 LMX-MDM 量表内容效度最高,并相互不存在显著差异;其次是 LMR 量表和 LMSX 量表,它们两者也不存在显著差异;再次是关系形式量表,最低的是 Law 等人的关系量表。总体而言,LMR 量表的内容效度比较理想,它略低于 LMX-7 量表和 LMX-MDM 两个西方常用的量表,但高于 Law 的领导-部属关系量表、领导-部属关系形式量表。

附录3 西方、中国香港与中国内地管理者评定代表性量表的方法与结果

附表3-3表明,文化背景和材料类别之间交互作用显著,附表3-4和附图3-1则表明,交互作用主要体现在LMR量表分别与LMSX量表、Law等人关系量表、LMX-MDM量表之间,以及关系形式量表和Law等人关系量表之间的两两比较上,这表明不同文化背景在各量表上评价的趋势存在不一致的情况,而非笔者所预期的中国研究对象给中国量表高的评价,西方研究对象给西方量表高的评价。

附表3-2 不同文化背景研究对象对各领导-部属关系量表评定的平均数和标准差

量表	类别	M	SD
LMR量表	中国内地企业管理者	4.22	0.81
	中国香港企业管理者	4.25	0.46
	欧洲企业管理者	4.29	0.37
	总平均分	4.25	0.60
关系形式量表	中国内地企业管理者	3.89	0.75
	中国香港企业管理者	4.14	0.54
	欧洲企业管理者	4.16	0.78
	总平均分	4.05	0.67
Law关系量表	中国内地企业管理者	3.79	0.81
	中国香港企业管理者	3.83	0.95
	欧洲企业管理者	3.22	1.13
	总平均分	3.72	0.94
LMSX量表	中国内地企业管理者	4.02	1.07
	中国香港企业管理者	4.46	0.75
	欧洲企业管理者	4.11	0.77
	总平均分	4.23	0.90
LMX-7量表	中国内地企业管理者	4.54	1.29
	中国香港企业管理者	4.63	0.78
	欧洲企业管理者	4.63	0.44
	总平均分	4.60	0.96
LMX-MDM量表	中国内地企业管理者	4.53	0.84
	中国香港企业管理者	4.65	0.57
	欧洲企业管理者	4.27	0.51
	总平均分	4.54	0.68

附表3-3 对材料类别的方差分析(材料类别与文化背景为自变量)

		F	df
材料类别	Pillai轨迹	10.00**	5
	Wilks' λ	10.00**	5
	Hotelling轨迹	10.00**	5

续表

		F	df
材料类别×文化背景	Roy 最大根	10.00**	5
	Pillai 轨迹	2.32*	10
	Wilks' λ	2.30*	10
	Hotelling 轨迹	2.29*	10
	Roy 最大根	3.18*	5

注：†$p < 0.10$，*$p < 0.05$，**$p < 0.01$，下表同。

附表 3-4　六个领导-部属关系量表评定结果之间的两两比较

		F	df
材料类别	关系形式量表与 LMR 量表	9.96**	1
	Law 关系量表与 LMR 量表	35.81**	1
	LMSX 量表与 LMR 量表	0.49	1
	LMX-7 量表与 LMR 量表	11.83**	1
	LMX-MDM 量表与 LMR 量表	10.46**	1
	关系形式量表与 Law 关系量表	17.51**	1
	Law 关系量表与 LMSX 量表	16.58**	1
	LMSX 量表与 LMX-7 量表	15.38**	1
	LMX-7 量表与 LMX-MDM 量表	1.97	1
材料类别×文化背景	关系形式量表与 LMR 量表	1.80	2
	Law 关系量表与 LMR 量表	3.10†	2
	LMSX 量表与 LMR 量表	3.63*	2
	LMX-7 量表与 LMR 量表	0.05	2
	LMX-MDM 量表与 LMR 量表	2.73†	2
	关系形式量表与 Law 关系量表	4.31*	2
	Law 关系量表与 LMSX 量表	1.80	2
	LMSX 量表与 LMX-7 量表	1.72	2
	LMX-7 量表与 LMX-MDM 量表	1.54	2

然而，笔者没有发现文化背景显著的主效应，特别是在 LMR 量表评定上，三种文化背景的研究对象基本评价一致。这可能是因为文化差异主要表现在维度或条目的层次上。因此，下面分别在维度层面和条目层面对文化差异进行事后分析。

（二）维度层面的分析

首先，进一步分析 LMR 量表的内容效度。虽然 LMR 量表内容效度略低于 LMX-7 量表和 LMX-MDM 量表，但 LMR 量表可能是由于包含消极关系评价的内容而导致内容效度的降低——因为社会赞许性会降低对消极关系条目的内容效度的评价。因此,笔者进一步对 LMR 量表的四个关系维度(分量表)内容效度与 LMX-7、LMX-MDM 量表进行比较。

对以 LMR 量表维度(包含 6 个水平,即 L1、L2、M1、M2、LMX-7 和 LMX-MDM)和文化背景为自变量的数据进行重复测量的方差分析。球形检验结果为 $\chi^2(14) = 254.06, p < 0.001$,说明重复测量数据之间存在相关性,适合用重复测量的方差分析进行检验(张文彤,2002)。

从附表 3-6 可见,被试内变量——LMR 量表维度的主效应在 Pillai 轨迹、Wilks' λ、Hotelling 轨迹、Roy 最大根统计量四种检验方法下都显著;LMR 量表维度和文化背景之间交互作用显著。同样,被试间变量——文化背景的主效应仍不显著($F(2) = 0.15, n.s.$)。

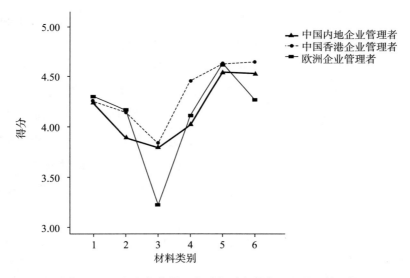

附图 3-1　不同文化背景研究对象对各量表评定结果的比较

注:在横坐标中,1 代表 LMR 量表,2 代表领导-部属关系形式量表,3 代表 Law 等人的领导-部属关系量表,4 代表 LMSX 量表,5 代表 LMX-7 量表,6 代表 LMX-MDM 量表。

附表 3-5　不同文化背景研究对象对 LMR 量表维度评价的平均值和标准差

LMR 量表维度	类别	M	SD
L1	中国内地企业管理者	4.72	1.22
	中国香港企业管理者	4.74	0.70
	欧洲企业管理者	4.52	0.40
	总平均分	4.70	0.90

续表

LMR 量表维度	类别	M	SD
L2	中国内地企业管理者	3.73	1.25
	中国香港企业管理者	3.67	0.83
	欧洲企业管理者	4.02	0.53
	总平均分	3.75	0.97
M1	中国内地企业管理者	4.52	1.06
	中国香港企业管理者	4.53	0.68
	欧洲企业管理者	4.51	0.58
	总平均分	4.52	0.83
M2	中国内地企业管理者	3.11	1.02
	中国香港企业管理者	3.41	0.90
	欧洲企业管理者	3.78	0.69
	总平均分	3.35	0.94

由于 LMR 量表维度的主效应显著，因此笔者将 LMR 量表四个维度和 LMX-7、LMX-MDM 量表进行比较。由附表 3-5、附表 3-2 和附表 3-7 可见，L1 的内容效度与 LMX-7 没有显著差异，但显著高于 LMX-MDM 量表；M1 的内容效度则与 LMX-MDM 量表、LMX-7 量表都没有显著差异。同时，与笔者判断相一致的是，L2 和 M2 两个消极关系维度可能受社会赞许性影响，明显低于 L1、M1、LMX-7 量表和 LMX-MDM 量表。由于除 LMR 量表之外，其他量表都没有关于消极关系的描述，因此不能简单认为 L2 和 M2 的内容效度低。尽管 LMR 量表受到了消极关系条目的影响，但是它仍然能够在 6 个量表中排名第三位，这也进一步印证了 LMR 量表具有良好的内容效度。

附表 3-6　对 LMR 量表维度的方差分析

		F	df
LMR 量表维度	Pillai 轨迹	12.06**	5
	Wilks' λ	12.06**	5
	Hotelling 轨迹	12.06**	5
	Roy 最大根	12.06**	5
LMR 量表维度×文化背景	Pillai 轨迹	1.74†	10
	Wilks' λ	1.73†	10
	Hotelling 轨迹	1.72†	10
	Roy 最大根	2.46*	5

从附表 3-6 和附图 3-2 可见，量表维度和文化背景之间存在边缘显著的交互作

用。这进一步说明,不同文化背景的研究对象在各量表上评价的趋势存在不一致的情况。

附表 3-7　LMR 量表维度与 LMX-MDM、LMX-7 评定结果之间的比较

	F	df
L1 与 LMX-7 量表	0.88	1
L2 与 LMX-7 量表	15.20**	1
M1 与 LMX-7 量表	0.98	1
M2 与 LMX-7 量表	33.24**	1
L1 与 LMX-MDM 量表	6.40*	1
L2 与 LMX-MDM 量表	16.41**	1
M1 与 LMX-MDM 量表	0.26	1
M2 与 LMX-MDM 量表	40.78**	1

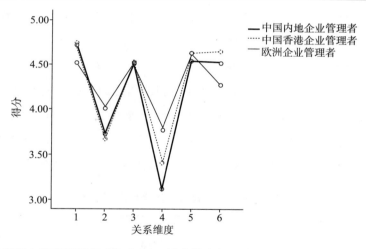

附图 3-2　不同文化背景研究对象对 LMR 量表维度和 LMX-7、LMX-MDM 评定结果的比较

注:在横坐标中,1 代表 L1 维度,2 代表 L2 维度,3 代表 M1 维度,4 代表 M2 维度,5 代表 LMX-7 量表,6 代表 LMX-MDM 量表。

在分析了 LMR 量表的内容效度后,笔者分析了文化背景在维度层面上是否存在影响。将文化背景作为自变量,LMR 量表的 4 个维度、关系形式量表的 3 个维度、LMX-MDM 的 4 个维度上的评定分数作为因变量,进行多元方差分析。需要说明的是,单维度的 LMX-7、LMSX 量表和 Law 等人的关系量表未纳入该分析。

附表 3-8　维度层面上文化背景的方差分析

		F	df
文化背景	Pillai 轨迹	2.52**	22
	Wilks' λ	2.54**	22
	Hotelling 轨迹	2.56**	22
	Roy 最大根	3.70**	11

附表 3-8 表明,文化背景在维度层面上具有显著的主效应。采用事后检验中的 LSD 方法,结合附表 3-9 的结果,发现在"利益关系"维度上,西方研究对象的评价显著高于中国香港研究对象(事后检验 LSD 指标上,$p < 0.05$)和中国内地研究对象(事后检验 LSD 指标上,$p < 0.05$);在"角色义务"维度上,中国香港研究对象的评价显著高于西方研究对象(事后检验 LSD 指标上,$p < 0.05$);在"情感"维度上,西方研究对象的评价显著低于中国香港研究对象(事后检验 LSD 指标上,$p < 0.05$)和中国内地研究对象(事后检验 LSD 指标上,$p < 0.10$);在"贡献"维度上,中国香港研究对象的评价显著高于中国内地研究对象(事后检验 LSD 指标上,$p < 0.05$)。这表明,西方研究对象对领导和部属之间直接利益交换的内容评价更高,中国研究对象特别是中国香港研究对象对情感上喜欢、角色义务(包含部属应做出贡献的内容)的内容评价更高。同时,体现文化差异的维度有的来自中国量表,有的来自西方量表,这也表明文化差异更多体现量表具体内容上。

附表 3-9　各维度的文化背景差异情况

量表	维度	中国内地均值	中国香港均值	欧洲均值	F
LMR 量表	L1 关心支持	4.72	4.74	4.52	0.24
	L2 控制划派	3.73	3.67	4.02	0.47
	M1 忠诚贡献	4.52	4.53	4.51	0.00
	M2 抵触反对	3.11	3.41	3.78	1.97
关系形式量表	人际情感	4.07	4.02	3.96	0.03
	利益关系	3.03	3.51	4.30	5.14*
	角色义务	4.58	4.89	4.22	2.96†
LMX-MDM 量表	情感	4.35	4.44	3.47	3.26†
	忠诚	4.58	4.44	4.50	0.11
	贡献	4.03	4.60	4.43	2.57†
	专业尊敬	5.15	5.12	4.67	1.01

(三) 条目层面的分析

在 LMR 量表的四个维度上和三个单维度量表上没有发现文化差异,这是否是因为条目层面上的正负向的文化差异相互抵消呢?笔者进一步在条目层面上分析文化背景差异。将文化背景作为自变量,研究对象在 104 个条目上作答的结果作为因变量,进行多元方差分析。从附表 3-10 可见,文化背景在 Pillai 轨迹和 Hotelling 轨迹上不显著,但是在 Wilks' λ 和 Roy 最大根两个统计量上则差异显著。尽管笔者认为在条目层面上文化背景具有显著的主效应,但是分析的重点并不在于主效应,而在于究竟哪些条目上存在文化差异。

附表 3-10 条目层面上文化背景的方差分析

		F	df
文化背景	Pillai 轨迹	0.65	118
	Wilks' λ	27.30*	118
	Hotelling 轨迹	0.00	118
	Roy 最大根	8711.11**	59

为此,把 104 个条目进行逐一的方差分析,并将在文化背景上具有显著差异的条目(包括边缘显著的条目,即 $p < 0.10$)汇总在附表 3-11 中。从条目来源的量表看,除 LMX-7 量表以外,LMR 量表、关系形式量表、Law 的关系量表、LMSM、LMX-MDM 等 5 个量表上都有存在文化差异的条目。这表明,无论西方量表还是中国量表都可能在条目内容上存在文化差异,不能简单以量表来自中国还是西方来区分文化差异。

从条目内容上看,104 个条目中有 22 个表现出了显著的文化差异,具体表现在如下几个方面:①对于领导和部属相处的消极条目,西方研究对象评价一般要高于中国内地和中国香港研究对象,例如,领导独断专行、领导给部属"穿小鞋"、部属暗地与领导较劲等。②对于描述直接利益交换的条目,西方研究对象的评价一般要高于中国内地和中国香港研究对象,例如,部属与领导讲求互利、部属与领导之间亲兄弟明算账等。③对于领导和部属相互维护、支持的条目,中国内地和中国香港研究对象的评价一般要高于西方研究对象,例如,领导让部属放手去干工作、部属会坚定地站在自己领导这一边等。④对于情感交流和关心生活的条目,中国内地和中国香港研究对象的评价一般要高于西方研究对象,例如,部属非常喜欢领导、领导将部属看作朋友、领导帮助部属解决家庭生活中的困难等。⑤对于角色义务的条目，中国香港研究对象的评价要高于中国内地和西方研究对象，例如，部属就是要尽到做部属的本分、部属愿意为领导做超出自己职责范畴的工作。

附表 3-11　文化背景差异显著的条目

量表	量表条目	中国内地均值	中国香港均值	欧洲均值	F
LMR 量表	领导独断专行，搞"一言堂"	3.21	3.21	4.50	3.28†
	部属暗地与领导较劲	3.00	3.32	4.30	4.20*
	部属当面顶撞自己领导	2.08	2.96	3.20	4.13*
	领导对部属充分授权，让部属放手去干工作	4.79	4.93	3.20	5.20*
	领导帮助部属解决家庭生活中的困难	4.79	4.25	2.40	10.23**
	领导给部属"穿小鞋"	2.96	2.82	4.40	4.13*
	部属主动告知领导其可能出现的错误，尽管领导会难以接受	3.58	4.25	5.20	7.13**
	领导将部属看作朋友	4.67	4.75	3.40	4.00*
关系形式量表	部属与领导讲求互利，除非领导给部属额外的好处，否则部属并不需要为领导多做什么	3.00	3.07	4.20	3.01†
	部属与领导的关系是基于实质利益而来，部属要听从领导命令的原因，是由于领导是部属的衣食父母	3.04	3.96	4.30	3.84*
	部属与领导之间亲兄弟明算账，部属努力工作到什么程度，要看领导给他（她）什么奖励而定	3.17	3.39	4.50	2.89†
	部属与领导的关系，无非是一种利益交换关系	2.75	3.25	4.60	5.02*
	部属与领导的上下关系，就如同子女与父母，部属应该服从领导的带领	3.71	4.54	3.20	4.21*
	部属就是要尽到做部属的本分，与领导是谁关系不大	4.79	5.57	4.60	3.56*
Law 关系量表	如果存在意见冲突，部属会坚定地站在自己领导这一边	4.71	4.93	3.90	3.41*
LMSX 量表	部属和领导之间存在相互的交换关系	3.00	4.04	4.70	5.50*
	部属在对领导的付出和领导给其回报之间保持平衡	3.88	4.39	3.40	3.21†
	部属和领导之间的关系是由相平衡的投入和回报构成的	3.00	3.07	4.20	3.68*

续表

量表	量表条目	中国内地均值	中国香港均值	欧洲均值	F
LMX-MDM 量表	部属非常喜欢领导这个人	4.13	4.43	3.00	4.67*
	领导是一个部属喜欢和其做朋友的人	4.54	4.21	3.20	3.42*
	领导会在上级面前为部属的工作行为辩护，即使领导对事情并没有充分的了解	4.42	3.86	3.20	2.89†
	部属愿意为领导做超出其职责范畴之外的工作	4.00	4.79	4.40	2.98†

注：†$p < 0.10$，*$p < 0.05$，**$p < 0.01$。

附录4 在文化情境条件下西方、中国香港与中国内地管理者比较的方法与结果*

一、研究方法

(一) 实验设计

准实验采用 3×2×2 多因素重复测量的实验设计。3 个自变量为:①研究对象的文化背景变量,包含中华文化背景、西方文化背景、中西融合文化背景 3 个水平;②领导-部属关系条目的材料类别变量,包含 2 个水平,即领导-部属条目分为中华文化组和西方文化组;③文化启动的情境类别变量,包括 2 个水平,即以个人主义文化为内容的阅读材料和以集体主义文化为内容的阅读材料。其中,文化背景和情境类别为被试间变量,领导-部属关系条目的材料类别为被试内变量。实验的因变量为研究对象在阅读启动情境材料之后,对领导-部属关系条目的评定分数。同时,把社会赞许性作为主要的控制变量纳入研究。

(二) 研究对象

附表 4-1 研究对象的匹配情况

	年龄			学历			性别		
	西方	中国内地	中国香港	西方	中国内地	中国香港	西方	中国内地	中国香港
平均数	45.83	47.97	46.86	2.83	2.23	1.70	1.50	1.15	1.31
标准差	7.61	6.69	7.33	0.94	0.61	0.80	0.52	0.36	0.47

注:学历的 0 代表高中,1 代表大专,2 代表本科,3 代表硕士,4 代表博士;性别的 1 代表男性,2 代表女性。

研究对象均选自某国家级干部教育培训基地的学员,具体包括代表西方文化

---

* 补充用于第五章第二节。

的澳大利亚政府的管理人员,代表中华文化的中国党政领导干部,代表中西融合文化的中国香港公务员。发放澳大利亚研究对象问卷15份,其中有效问卷12份,有效回收率为80%,由于取样上的困难,西方文化背景的研究对象数量相对较少;发放中国内地研究对象问卷87份,其中有效问卷67份,有效回收率为77%;发放61份中国香港研究对象的问卷,其中有效问卷60份,有效回收率为98%。为使研究结果更具说服力,尽可能使各组研究对象之间除文化背景外的其他个人信息能相互匹配,如附表4-1所示,他们在年龄、性别、学历方面大致类同,基本匹配合适,具有一定可比性。

(三)实验材料

1. 文化启动的情境材料

由研究者编制2种情境阅读材料来实施文化启动,一篇是以个人主义文化为企业背景的情境,另一篇以集体主义文化为企业背景的情境。2份阅读材料主题相似,描述方式一致,所涉及的人数相同,角色之间的关系也相同。它们均以企业为背景,各分为4个事件,事件内容也相似,不同点只在于对于不同文化背景将有不同的处理方式。此外,材料在开始前均包含2句代表个人主义或集体主义的名人名言或谚语。英文版的翻译由研究者翻译后,经英文专业的学生和西方学者协助校对,两种材料字数上尽量做到相互匹配,中文版实验材料字数约为700个字,英文版实验材料字数约为450个字。

集体主义版本称为A卷,主要体现:①集体主义将团队的成功看作是整个公司成功的重要原因;②集体主义认为社会是最重要的,个人的利益应该服从集体的利益,对那些为抢救财产而献身的人们大加赞扬,并号召人们向英雄学习;③集体主义讲究组内合作关系,认为礼尚往来是很平常的事,是朋友就应该在需要时给予帮助;④集体主义有明显的圈内和圈外的差别。

个人主义版本称为B卷,主要体现:①个人主义试图努力确定个别高绩效的员工;②个人主义认为人是所有有价值的事物中最为重要的,在他们看来,任何财富无论其有多宝贵,都抵不过生命宝贵;③个人主义看重独立和平等,注重凡事要依靠自己,不要过分依赖他人,要有个人的独立性,个人的利益高于集体的利益;④个人主义没有圈内和圈外的明显差别。情境阅读内容以及对应的名人名言或谚语目的都在于对研究对象起到对应的文化启动的效果。

中文版本的指导语为:请您用 3 分钟左右的时间来认真阅读以下内容。您有足够的阅读时间,所以希望您能够尽可能地理解文字所要表达的意思,以及涉及的各个事件情境,在阅读的同时在脑海中形成相应的画面。阅读完毕后,请回答文章最后的问题。

英文版本的指导语为:Please read the following material carefully in about 3 minutes. There is enough time for your reading. Please try to understand the meaning of it and the scenario of each event. At the same time, form the corresponding picture in the mind. When you finish reading, answer the questions below the passage.

为保证研究对象认真阅读材料,从而达到文化启动的效果,指导语中均提示研究对象在阅读完毕之后会有提问。所有版本的问卷之后,均包含了 2 个问题:一是"文章中是否出现过'精神'(spirit)这个词";二是"您的工作经历中是否遇到过类似的情境"。其中,第一个问题要求研究对象判断探测词是否在所读短文中出现过,以保证研究对象认真阅读文章。问题需要作肯定判断,其中,"精神"在文中出现的频率在中文的 A、B 版中均为 2 次,而对应的英文版中"spirit"也同样出现 2 次。问题的答案不纳入实验结果分析。考虑到研究对象群体为有丰富社会经验的管理人员,为防止研究对象猜测问题一存在的原因,或者感到问题一过于简单化而质疑研究的目的,因而设置了问题二来使得问题一不至于太突兀。

2. 领导-部属关系条目的评分材料

所有领导-部属关系的条目均来自 6 个量表,即 LMR 量表、LMX-7 量表(Graen & Uhl-Bien, 1995)、LMX-MDM 量表(Liden & Maslyn, 1998)、LMSX 量表(Bernerth, 2005)、领导-部属关系量表(Law et al., 2000)、领导-部属关系形式量表(姜定宇, 2005),它们对应的条目数分别为 88、7、12、8、6、15,共计 136 条。根据上一研究的统计结果,按照条目得分的差异显著性(即 P 值一般小于 0.30)进行筛选,并分别归为中华文化组或西方文化组。文化差异主要来自于两种情况:一是某一行为表现为中国特有或西方特有。二是某一行为中西方都有,但对此重视程度有所不同。

同时,采用专家评价法,由两位心理学工作者一起根据条目内涵的相似性,对中华文化组和西方文化组下的条目分别进行归类,结果各提取出 4 个维度。其中,中华文化组的四个维度为:①情感关心;②角色义务;③工作之外关系;④忠诚信任。西方文化组的四个维度为:①互惠交换;②领导控制;③部属抵触;④利益牺牲。在归类结束后,对条目进行筛选,筛选的条件为:①每个维度 5 个条目,保持条目数量的相对均衡;②剔除有明显褒义或贬义的条目;③剔除内涵明显与其他条目重复的条目;④考虑条目来源量表、领导视角和部属视角条目数量的均衡。经专家筛选,得到了中华文化组和西方文化组条目各 20 条,总计 40 条。

为克服顺序效应,将 40 个条目随机混合排序,制作成正序和逆序两种版本,在研究对象中等量发放。其中,正序为版本 A,逆序为版本 B。为便于评价,所有量表在内容表达上,都将句子中的施动者和受动者由人称代词(如"我""他")改为对应的领导或部属,即评价的视角由领导和部属互动双方中的一方,改为他们之外的第三方。

3. 社会赞许性的测量

采用 Reynolds(1982)根据 Marlowe-Crowne 社会赞许性量表(Crowne & Marlowe,1960)改编的简版量表 Form C(MC-C),中文版及评分方式来自于《心理卫生评定量表手册》(汪向东,王希林,马弘,1999)。它包含 13 个条目,内部一致性系数在 0.62 到 0.76 之间,重测信度达到 0.74,具有较好的测量属性。

(四)施测程序

施测方式是请研究对象在填写个人基本信息后,先阅读一段情境材料,即实施文化启动,然后填写量表。研究对象群体来自于某国家级干部培训基地,在他们培训的教室中统一发放问卷,给出充足时间填写问卷,完成后统一回收。为克服顺序效应,实验材料等量分成 AB、BA、AA、BB 四种不同的版本装订,即前一个 A 或 B 是指个人主义或集体主义情境材料,后一个 A 或 B 是指评分条目按正序或逆序排列。实验材料在每一种文化背景的研究对象群体中随机分配,使得阅读个人主义材料的研究对象和阅读集体主义材料的研究对象各一半。根据不同培训班情况,数据分若干批次获得,每次均在不同的时间、地点和群体进行施测,有助于在程序上克服共同方法偏差。

在完成个人基本信息的填写后,实验分为三个步骤进行。步骤一要求研究对象根据指导语完成材料的阅读。研究对象会随机接受 2 种材料,分别为个人主义的情境阅读材料或集体主义的情境阅读材料。由于常人的阅读速度在 300～500 字/分钟,为了保证研究对象能够充分阅读并理解原本不熟悉的材料,并且材料中还包含 2 个问题,所以给予 3 分钟充足的时间来完成阅读。

步骤二则是要求研究对象根据指导语对 40 个领导-部属关系的条目进行评分。这里,研究目的是根据研究对象对条目典型性的评分差异来探索自变量对因变量的影响。具体指导语如下:"请您思考一下您自身所经历和所了解到的您周围的领导与其直接部属、部属与其直接领导之间典型的互动过程。据此,请您作为评审专家,评定下列条目在多大程度上描述或反映出领导与部属之间一对一关系的典型表现和常见行为。例如,如果您认为条目的描述非常典型,请圈选 7。需要注意的是,这里有的条目描述了关系和谐的情况,有的描述了关系紧张的情况,请就典型性进行评价,而不是判断行为的好坏。"

相应的英文指导语如下:Please recall the supervisor-subordinate interactions which you experienced and what you know about it in your working environment. According to your recognition, please evaluate to what degree the following sentences describe or reflect the typical performances and common behaviors concerning the good or bad relationship between a supervisor and an immediate subordinate. Please note that it is not to judge that the following descriptions are right or wrong.

研究对象作答采用 Likert 7 点评价,1 代表"非常不典型"(extremely non-typical),7 代表"非常典型"(extremely typical)。

步骤三需要研究对象对 13 条平时生活中会遇到的事进行判断,主要测量研究对象的社会赞许性得分。具体指导语如下:"下面是一些每个人在社会上都可能会遇到的情况。请您仔细阅读每个条目,然后根据自己的实际情况来做出'是'或'否'判断,并在相应的地方标记'○'。答案没有对、错之分,请不要对每个陈述花太多的时间去考虑。"相应的英文指导语如下:Following are situations that may happen in everyone's social life. Please read every sentence carefully, and decide whether these descriptions are in accordance with your own case. Please make judgment by "yes" or "no" and tick the appropriate options with "○". There is no right or wrong answer. Please do not think too much about each statement.

(五) 统计方法

研究使用 SPSS 16.0 对数据结果进行统计分析,分别从评分材料的组别、维度和条目三个层面考察文化背景变量、材料类别变量、情境类别变量的效应。一是在组别层面上,将材料类别变量作为重复测量的被试内自变量,将文化背景变量和情境类别变量作为被试间变量,评分材料不同类别上的评分分值作为因变量,进行重复测量的多因素方差分析。同时,采用事后检验的方法,进一步分析被试间变量"文化背景"与被试内变量"材料类别"之间的交互作用。二是在维度层面上,用多因素方差分析的方法,并结合最小显著差法分析文化背景与维度之间的交互作用。三是在条目层面上,将不同条目上的得分作为因变量,文化背景作为自变量,逐一进行单因素的方差分析。根据研究目的和实验设计,维度层面和条目层面的分析都属于事后检验。

二、研究结果

在实验设计时,考虑到中国内地研究对象、西方研究对象、中国香港研究对象均来自不同的文化。他们在进行评价时,可能受到社会赞许度的干扰,对作答产生一定的影响。因此,在实验时收集了三种不同文化背景的研究对象在社会赞许度上的得分,具体为西方研究对象均值 $9.17(SD = 1.12)$、中国内地研究对象均值 $8.60(SD = 2.09)$、中国香港研究对象均值 $8.33(SD = 2.36)$,经方差检验,三者差异不显著$(F(2) = 0.81, n.s.)$。这表明,在该实验中,社会赞许性没有显著影响研究对象的评分,因此在后续统计分析中没有再将其纳入协变量分析。

附表 4-2　被试间变量不同水平的样本数量

	西方研究对象	中国内地研究对象	中国香港研究对象
集体主义	5	33	28
个人主义	7	34	32

研究在实施时是按照个人主义、集体主义两种情境材料与正序、逆序评分两种评分材料的 4 种组合,等量并随机在各水平上的研究对象中分发的,自变量各水平上的样本数量上表所示。由于回收时有少部分无效问卷,因此研究对象数量在各水平上并不完全相同。

(一) 材料组别层面的分析

在设计实验时,通过专家评价法,把 40 个领导-部属关系条目分成了中华文化组和西方文化组两类,所有的研究对象都要对两个组别的材料进行评分。对材料类别、文化背景、情境类别变量的数据进行重复测量的方差分析。协方差矩阵相等的检验结果表明,Box's $M = 33.31, F(2) = 2.035, p < 0.05$,表明重复测量数据之间存在相关性,适合用重复测量的方差分析进行检验。

附表 4-3　不同文化背景研究对象在不同阅读情境下对不同类别材料的分数

材料类别	文化背景	情境类别	M	SD
中华文化组	西方研究对象	集体主义	3.57	0.28
		个人主义	3.61	0.54
		总分	3.59	0.44
	中国内地研究对象	集体主义	4.64	0.69
		个人主义	4.69	0.72
		总分	4.67	0.70
	中国香港研究对象	集体主义	4.43	0.52
		个人主义	4.37	0.44
		总分	4.40	0.47
西方文化组	西方研究对象	集体主义	3.92	0.43
		个人主义	3.70	0.54
		总分	3.79	0.49
	中国内地研究对象	集体主义	3.76	0.78
		个人主义	3.70	0.76
		总分	3.73	0.76
	中国香港研究对象	集体主义	3.50	0.62
		个人主义	3.79	0.45
		总分	3.65	0.55

从附表 4-3 可见,在对中华文化组的条目进行典型性的评定时,三组不同文化背景的研究对象的均分情况为:中国内地研究对象＞中国香港研究对象＞西方研究对象;在对西方文化组的条目进行典型性的评定时,不同文化背景研究对象的均分情况为:西方研究对象＞中国内地研究对象＞中国香港研究对象。因此,从总体水平来看,代表中华文化的中国内地研究对象无论接受任何一种情境阅读的条件,对于中华文化组条目的典型性评分均比代表中西融合文化的中国香港研究对象和代表西方文化的西方研究对象的分值要高。同样,代表西方文化的西方研究对象无论接受任何一种情境阅读的条件,对于西方文化组条目的典型性评分均比代表中华文化的中国内地研究对象和代表中西融合文化的中国香港研究对象的分值要高。

附表 4-4　多因素方差分析的结果

		F	df
材料类别	Pillai 轨迹	31.21**	1
	Wilks' λ	31.21**	1
	Hotelling 轨迹	31.21**	1
	Roy 最大根	31.21**	1
材料类别×文化背景	Pillai 轨迹	11.24**	2
	Wilks' λ	11.24**	2
	Hotelling 轨迹	11.24**	2
	Roy 最大根	11.24**	2
材料类别×情境类别	Pillai 轨迹	0.001	1
	Wilks' λ	0.001	1
	Hotelling 轨迹	0.001	1
	Roy 最大根	0.001	1
材料类别×文化背景×情境类别	Pillai 轨迹	1.69	2
	Wilks' λ	1.69	2
	Hotelling 轨迹	1.69	2
	Roy 最大根	1.69	2

注：†$p<0.10$，*$p<0.05$，**$p<0.01$，下同。

根据实验的研究假设 5-5："文化情境变量具有显著的主效应"，原本期望对于中华文化组的条目而言，阅读集体主义情境材料的中国内地研究对象受到集体主义文化启动，应该更为表现出集体主义的认知和行为，因此给其典型性的打分应最高。同样地，对于西方文化组的条目而言，阅读个人主义情境材料的西方研究对象受到个人主义文化启动，应该更为表现出个人主义的认知和行为，因此给其典型性的打分应最高。不过，从数据结果看，在中华文化组的条目上，阅读集体主义材料的中国内地研究对象分值(4.64)反而略低于阅读个人主义材料的中国内地研究对象分值(4.69)；在西方文化组的条目上，接受个人主义启动的西方研究对象分值(3.70)反而低于接受集体主义启动的西方研究对象分值(3.92)。也就是说，研究结果不支持 5-5 的假设。

重复测量的多因素方差分析结果显示，被试内变量——材料类别变量的主效应在 Pillai 轨迹、Wilks' λ、Hotelling 轨迹、Roy 最大根统计量四种检验方法下都非常显著($p<0.01$)；材料类别变量和被试间变量——文化背景变量之间的交互作用也非常显著($p<0.01$)。该交互作用可以从附图 4-1 上充分体现。然而，材料类别与另一个被试间变量——情境阅读材料变量的主效应则不显著，材料类别、

文化背景和情境类别三者之间交互作用也不显著。数据结果进一步验证了研究假设 5-3:"中华文化组的领导-部属关系条目和西方文化组的领导-部属关系条目之间评分存在显著差异,即材料类别变量具有显著的主效应"。同时,部分支持研究假设 5-6:"材料类别变量、文化背景变量、文化情境变量之间存在显著的交互作用"。

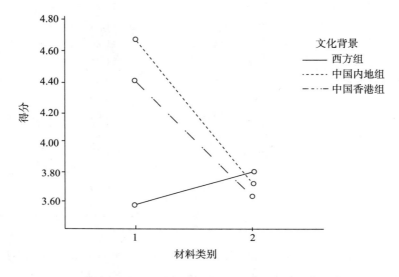

附图 4-1　不同文化背景研究对象对不同材料类别评定结果的比较

注:在横坐标中,1 表示中华文化组条目,2 表示西方文化组条目。

附表 4-5　被试间变量的检验

变量	F	df
文化背景	5.67**	2
情境类别	0.00	1
文化背景×情境类别	0.34	2

在确认了材料类别变量的主效应后,通过多因素方差分析,对被试间变量,即文化背景变量和情境类别变量进行检验。如附表 4-5 所示,文化背景的主效应非常显著($p < 0.01$),但情境类别的主效应并不显著,文化背景与情境阅读材料之间的交互作用也不显著。因此,研究结果支持研究假设 5-4,即中华文化背景、西方文化背景、中西融合文化背景的研究对象之间评分存在显著差异,但不支持研究假设 5-5,即集体主义文化启动材料和个人主义文化启动材料并没有显著影响研究对象

的评分。

通过 LSD(最小显著差法)进行事后分析发现,如附表 4-6 所示,中国内地、西方及中国香港研究对象两两之间,在中华文化组上的条目都存在着显著差异。其中,西方研究对象与中国内地研究对象和中国香港研究对象之间都存在显著差异($p < 0.01$),中国香港研究对象与中国内地研究对象之间也存在显著差异($p < 0.01$)。但是,在西方文化组的条目上,西方研究对象、中国内地研究对象与中国香港研究对象两两之间不存在显著差异。

附表 4-6　不同文化背景的研究对象在不同材料类别上分值的显著性检验(LSD)

材料类别	文化背景(I)	文化背景(J)	平均数差值(I-J)	SE
中华文化组	西方	中国内地	-1.07*	0.19
		中国香港	-0.81*	0.19
	中国内地	西方	1.07*	0.19
		中国香港	0.27*	0.11
	中国香港	西方	0.81*	0.19
		中国内地	-0.27*	0.11
西方文化组	西方	中国内地	0.06	0.21
		中国香港	0.14	0.21
	中国内地	西方	-0.06	0.21
		中国香港	0.08	0.12
	中国香港	西方	-0.14	0.21
		中国内地	-0.08	0.12

在中华文化组条目中,不同文化背景研究对象评分的具体情况为:中国内地研究对象>中国香港研究对象>西方研究对象。这里,进一步验证了不同文化背景之间差异的存在和领导-部属关系材料类别之间差异的存在。从中可以看出,中华文化组的条目具有符合中国领导-部属行为的典型性,所以中国内地研究对象对其典型性的评分分值最高,而由于中华文化和西方文化之间的差异,西方研究对象给其典型性的评分较低。中国香港研究对象作为中西方文化融合的代表,则同时受到了中西两种文化的影响。

(二) 维度层面的分析

文化背景变量和材料类别变量的主效应显著,但在西方文化组条目上却没有发现中国内地、西方和中国香港研究对象之间的两两差异。这种差异是否会表现在西方文化组的 4 个维度上呢？考虑到中华文化组和西方文化组条目各自包含 4 个维度，这里进一步在维度层面检验自变量是否存在影响。因此，将文化背景和情境类别作为自变量，材料类别下 8 个维度的分数作为因变量，继续进行重复测量的多元方差分析。

如附表 4-7 所示，文化背景无论是按照 Pillai 轨迹、Wilks' λ、Hotelling 轨迹还是 Roy 最大根统计量来分析，均存在维度层面上具有显著的主效应。如附表 4-8 所示，文化背景在中华文化组下的情感关心维度、角色义务维度、工作之外关系维度上均存在显著的主效应，在西方文化组下的领导控制维度和利益牺牲维度上也存在显著的主效应。同时，与之前分析相一致，情境类别变量对于不同维度而言仍然没有显著的主效应；文化背景和情境类别之间在不同维度上也没有显著的交互作用。

附表 4-7 维度层面上文化背景的方差分析

		F	df
文化背景	Pillai 轨迹	11.96**	16
	Wilks' λ	12.47**	16
	Hotelling 轨迹	12.98**	16
	Roy 最大根	19.18**	8

附表 4-8 文化背景和情境类别在不同维度上的主效应和交互效应检验

		维度	F	df
文化背景	中华文化组	情感关心	11.71**	2
		角色义务	4.03*	2
		工作之外关系	36.23**	2
		忠诚信任	2.27	2
	西方文化组	互惠交换	1.95	2
		领导控制	3.80*	2
		部属抵触	2.24	2
		利益牺牲	8.00**	2
情境类别	中华文化组	情感关心	0.03	1
		角色义务	0.20	1
		工作之外关系	0.23	1
		忠诚信任	0.10	1
	西方文化组	互惠交换	3.03	1
		领导控制	1.50	1
		部属抵触	0.01	1

附录 4 在文化情境条件下西方、中国香港与中国内地管理者比较的方法与结果 | 233

续表

		维度	F	df
文化背景× 情境类别	中华文化组	利益牺牲	0.09	1
		情感关心	0.30	2
		角色义务	0.44	2
		工作之外关系	0.46	2
		忠诚信任	0.49	2
	西方文化组	互惠交换	2.45	2
		领导控制	1.17	2
		部属抵触	1.27	2
		利益牺牲	0.02	2

附表 4-9 不同文化背景的研究对象在主效应显著的维度上的两两比较

条目维度	文化背景(I)	文化背景(J)	平均数差值(I−J)	SE
情感关心	西方	中国内地	−1.40**	0.29
		中国香港	−1.01*	0.29
	中国内地	西方	1.40*	0.29
		中国香港	0.39*	0.16
角色义务	西方	中国内地	−0.24	0.27
		中国香港	−0.58*	0.27
	中国内地	西方	0.24	0.27
		中国香港	−0.35*	0.15
工作之外关系	西方	中国内地	−2.08*	0.27
		中国香港	−1.26*	0.27
	中国内地	西方	2.08*	0.27
		中国香港	0.83*	0.15
领导控制	西方	中国内地	−0.87*	0.35
		中国香港	−0.95*	0.35
	中国内地	西方	0.87*	0.35
		中国香港	−0.08	0.20
利益牺牲	西方	中国内地	0.28	0.30
		中国香港	0.89*	0.31
	中国内地	西方	−0.28	0.31
		中国香港	0.61*	0.17

采用事后检验的 LSD 方法,对文化背景主效应显著的 5 个维度进行比较。从附表 4-9 可见,不同文化背景的研究对象对情感关心维度的条目典型性的评分情

况为：中国内地研究对象＞中国香港研究对象＞西方研究对象，三者之间两两差异显著。对角色义务维度的评分情况为：中国香港研究对象＞中国内地研究对象＞西方研究对象，其中中国香港研究对象与西方研究对象、中国香港研究对象与中国内地研究对象之间差异显著，但中国内地研究对象与西方研究对象之间差异不显著。对工作之外关系维度的评分情况为：中国内地研究对象＞中国香港研究对象＞西方研究对象，三者两两之间差异非常显著。而在西方文化组下，各文化组研究对象对领导控制维度的评分情况为：中国香港研究对象＞中国内地研究对象＞西方研究对象，西方研究对象与中国内地研究对象、中国香港研究对象之间存在显著差异，但中国香港研究对象和中国内地研究对象之间不存在显著差异。对利益牺牲维度的评分情况为：西方研究对象＞中国内地研究对象＞中国香港研究对象，中国香港研究对象和西方研究对象、中国香港研究对象和中国内地研究对象之间存在显著差异，其他两者之间的差异不显著。

（三）条目层面的分析

由于无论从材料组别层面，还是从维度层面上来看，情境类别变量均不存在显著的主效应及交互作用。不考虑情境类别变量的影响，从条目层面上通过单因素方差分析的方式，进一步检验文化背景变量对研究对象在每一个条目上的影响。为此，将40个条目进行逐一的方差分析，并将在文化背景上具有显著差异的条目汇总在附表4-10中。

从条目的文化组别看，尽管文化背景变量并不是在每一个维度上都有显著的主效应，但8个维度均有部分条目受到文化背景的显著影响。从条目内容上看，40个条目中有21个表现出了显著的文化差异。如附表4-10所示，每一个维度下均有条目有显著文化差异，其中，情感关心、角色义务、工作之外关系、领导控制、利益牺牲维度下各有3个条目有显著差异；部属抵触维度下虽然也有3个条目有显著差异，但其中两个是仅达到边缘显著（$p < 0.10$）。另外，互惠关系维度下有2个条目有显著差异，忠诚信任维度下仅有1个条目有显著差异。这一结果与维度层面的分析相契合，即情感关心、角色义务、工作之外关系、领导控制、利益牺牲5个维度差异显著，它们各自的5个条目中均有3个条目差异显著，而部属抵触、互惠关系、忠诚信任3个维度没有达到显著差异。

附表 4-10 文化背景差异显著的条目

维度	条目	西方对象均值	中国内地对象均值	中国香港对象均值	df	F
情感关心	领导设身处地体谅下属，将心比心	3.92	4.84	4.97	2	2.86†
	下属非常喜欢领导这个人	2.92	4.37	4.23	2	6.83**
	领导帮助下属解决家庭生活中的困难	2.08	4.97	3.10	2	31.10**
角色义务	下属与领导的上下关系，就如同子女与父母，下属应该服从领导的带领	2.08	3.49	4.13	2	10.21**
	下属发自内心对工作着急和负责	4.83	4.37	5.32	2	6.79**
	下属就是要尽到做下属的本分，与领导是谁关系不大	3.50	4.57	5.17	2	5.56**
工作之外关系	在假期当中或者工作之余，部属会打电话给领导或拜访领导	2.00	4.57	3.33	2	20.72**
	领导给有背景的下属特殊待遇	3.81	2.00	4.79	2	15.47**
	领导让下属帮助办自己的私事	2.00	4.09	3.05	2	9.31**
忠诚信任	领导会在上级面前为下属的工作行为辩护，即使领导对事情并没有充分的了解	3.83	4.70	3.73	2	7.16**
互惠关系	下属和领导之间存在相互的交换关系	5.83	3.90	4.73	2	9.78**
	下属和领导之间的关系是由相平衡的投入和回报构成的	4.58	4.36	5.17	2	4.62**
领导控制	领导给下属穿小鞋	1.67	3.40	3.17	2	6.09**
	领导把工作成绩留给自己，把问题的责任推给下属	2.25	3.69	4.02	2	4.83**
	领导担心下属会威胁自己的权威和地位	2.58	3.64	3.85	2	2.90†
部属抵触	下属当众推托领导安排的工作	3.92	2.93	2.88	2	2.91†
	下属对领导说话冲，提不同意见且不顾及领导的面子	5.00	3.18	2.63	2	15.59**
	下属对领导有抵触情绪	3.08	3.61	3.98	2	2.65†
利益牺牲	领导用其权力帮助下属摆脱困境，无论领导的正式权力有多大	5.00	4.57	3.87	2	5.30**
	领导会动用自己的资源帮助下属解决工作难题	5.17	5.09	3.75	2	12.68**
	领导会利用机会给下属更多津贴或好的经济待遇	3.75	4.34	3.03	2	9.44**

注：†$p<0.10$，*$p<0.05$，**$p<0.01$。

附录 5
文化价值观对领导-部属关系调节机制的方法与结果[*]

一、研究方法

(一)研究对象

考虑到主要考察员工的权力距离和传统性的调节机制,在领导样本不作施测。研究对象与第三章的领导-部属匹配样本为同一样本。即在山东某市5个区县的党政机关和事业单位进行问卷调查,由所在地组织人事部门实施,采用匿名作答的方式,要求参与调查的领导和部属分开后统一时间填答问卷,再根据参与人员的单位等个人信息,将问卷一一对应编号,并邮寄给笔者。发放问卷100套,回收有效问卷98套,问卷回收率为98%,其中领导和部属一一对应,各98人。每对领导-部属均来自不同单位,领导为各单位负责人,部属为其分管的员工,涉及教育、交通、农业、公安、妇联等约20个具有代表性的党政机关和事业单位。

同时,在上海某一民营企业发放问卷,采用实名作答的方式,参与调查的领导和部属均分开独立填写问卷,并采用专用信封密封,投入专用信箱,由笔者开启信箱、回收问卷。发放问卷40套,回收有效问卷35套,其中领导9人,部属35人,问卷回收率为87.5%。领导为公司办公室、策划、人事、保安等各部门的负责人,部属为相应部门的员工。上述样本合计133对领导-部属,其中部属133人,平均年龄33.09岁;男性78人,占58.6%,女性55人,占41.4%。部属与领导的平均相处年限为3.76年,适合进行双方的相互评价。

(二)测量工具

前因变量和结果变量的测量同第三章的测量工具,调节变量——文化价值观

---

[*] 补充用于第六章第二节。

的测量如下:权力距离的测量,采用 Farh 等人(2007)使用的由 Dorfman 和 Howell(1988)编制的权力距离量表中文版,它由 6 个条目组成,例如"上级做的大多数决定都不用咨询下级"。个体传统性的测量,采用 Farh 等人(2007)使用的个体传统性量表,包括 5 个条目,由杨国枢编制的"多元个体传统性量表"(Yang,2003;杨国枢,2008)缩减改编而成,例如"要避免发生错误,最好的办法是听从长者的话"。两者均采用 Likert 7 点计分,计分范围为 1~7 分。

上述量表组成套装的领导问卷和部属问卷,其中领导问卷由任务绩效量表和组织公民行为量表组成,部属问卷由其他各量表组成。它们按照拉丁方设计的方式排序,组成不同版本的问卷包,并保持作答不同版本的研究对象数目基本平衡。此外,先前研究表明,年龄、性别、教育程度、所在单位的工作年限、领导-部属的相处时间在领导-部属关系研究中常用作控制变量,因此将这五个变量作为控制变量。

二、研究结果

(一)测量工具的信效度分析

为检验本研究所涉及变量的构念区分性,笔者按各量表的结构使用 Lisrel 8.7 软件进行验证性因素分析。侯杰泰、温忠麟和成子娟(2004)提出,结构方程模型样本最少大于 100,样本容量较小时应增加因素内的条目数,每个因素应至少有 3 个条目测量,以补偿样本容量的不足。据此,本研究样本容量 133,条目最少的因素也有 5 个条目,LMR 的测量则有 56 个条目,适合进行验证性因素分析。

侯杰泰、温忠麟和成子娟(2004)建议报告的有关拟合指标见附表 5-1,在领导评价的 2 个指标上,两因素模型的各项拟合指数比较理想,并优于单因素模型;在部属评价的 7 个指标上,七因素模型的各项拟合指数尚可接受,并优于模型 3 至模型 6。如前文所述,在理论上领导-部属关系(LMR)和领导-部属交换是包含关系,七因素模型和六因素模型 A 的拟合指数基本一致,也证明了两者的包含关系。

结合附表 5-1 和附表 5-2,本研究所涉及的 9 个变量具有一定的区分效度,代表了 9 个不同的构念。同时,如附表 5-2 所示,各量表的内部一致性系数介于 0.72~0.97 之间,表明它们信度也较好。

附表 5-1 验证性因素分析的拟合指数

模型	χ^2	df	$\Delta\chi^2$	χ^2/df	RMSEA	NNFI	CFI
领导评价的指标							
两因素模型	341.05	164		2.08	0.08	0.98	0.98
单因素模型	375.58	165	34.53	2.28	0.10	0.97	0.97
部属评价的指标							
七因素模型	13715.32	6179		2.22	0.07	0.86	0.86
六因素模型 A	13720.40	6185	5.08	2.22	0.07	0.86	0.86
六因素模型 B	14989.65	6200	1274.33	2.42	0.09	0.84	0.84
五因素模型	15743.25	6205	2027.93	2.54	0.11	0.82	0.83
三因素模型	15910.96	6212	2195.64	2.56	0.11	0.82	0.82
单因素模型	16970.44	6215	3255.12	2.73	0.13	0.79	0.79

注：领导评价的指标：两因素模型（绩效、公民行为）、单因素模型（绩效＋公民行为）。部属评价的指标：七因素模型（LMR、LMX、权力距离、传统性、满意度、工作倦怠、心理健康）、六因素模型 A（LMR＋LMX、权力距离、传统性、满意度、工作倦怠、心理健康）、六因素模型 B（LMR、LMX、权力距离＋传统性、满意度、工作倦怠、心理健康）、五因素模型（LMR、LMX、权力距离、传统性、满意度＋工作倦怠＋心理健康）、三因素模型（LMR＋LMX、权力距离＋传统性、满意度＋工作倦怠＋心理健康）、单因素模型（LMR＋LMX＋权力距离＋传统性＋满意度＋工作倦怠＋心理健康）。

（二）共同方法偏差检验

一方面，本研究采用程序控制方法，即样本采用领导-部属匹配样本，测量采用实名和匿名两种方式，并在施测时间和空间上有效分离，能够从程序控制上减少共同方法偏差（周浩，龙立荣，2004）。

另一方面，采用 Harman 单因素检验法考察本研究的共同方法偏差，将由部属评估的所有变量的测量条目放在一起进行未旋转的因素分析，结果显示第一个主成分解释的变异为 24.78%，未占到总变异解释量（78.70%）的一半，这进一步表明本研究不存在严重的共同方法偏差问题（周浩，龙立荣，2004；李锐，凌文辁，柳士顺，2012）。

（三）描述性统计分析

各变量的均值、标准差、相关系数及内部一致性系数如附表 5-2 所示。个体传统性与权力距离分别作为主位（emic）和客位（etic）的文化价值观变量，仅保持低度相关（$r = 0.17$，$p < 0.05$），研究对象在个体传统性上的分数也明显高于权力距离的分数。领导-部属关系（LMR）和领导-部属交换则保持高度相关（$r = 0.76$，$p < 0.01$），表明两者有一定汇聚效度。

附表 5-2　各变量的描述性统计结果（$n = 133$）

变量	M	SD	1	2	3	4	5	6	7	8	9	10	11	12	13	14
1.年龄	33.09	7.04														
2.性别	1.43	0.50	-0.05													
3.教育程度	2.44	0.79	0.23**	-0.19*												
4.单位年限	6.46	6.28	0.54**	0.00	-0.12											
5.相处年限	3.76	3.99	0.29**	0.06	-0.14	0.54**										
6.任务绩效	6.11	0.94	0.04	-0.20*	-0.13	0.21*	0.22*	(0.97)								
7.组织公民行为	4.33	0.63	0.03	-0.09	-0.12	0.20*	0.25**	0.81**	(0.91)							
8.工作满意度	58.74	11.82	0.11	-0.03	-0.04	0.04	0.15	0.25**	0.23**	(0.96)						
9.工作倦怠	2.24	0.92	0.07	0.05	0.06	0.01	-0.09	-0.19*	-0.06	-0.42**	(0.74)					
10.心理健康	53.42	8.63	0.09	-0.01	0.06	-0.04	0.02	0.10	0.14	0.49**	-0.54**	(0.81)				
11.个体传统性	4.37	1.16	-0.04	0.14	0.04	-0.10	-0.08	0.02	0.01	0.25**	-0.05	0.05	(0.72)			
12.权力距离	2.64	1.07	0.11	0.20*	0.05	-0.05	-0.03	-0.35**	-0.24**	-0.14	0.33**	-0.24**	0.17*	(0.76)		
13.LMX	3.98	0.59	0.13	-0.06	-0.10	0.12	0.24**	0.22**	0.29**	0.52**	-0.27**	0.36**	0.16	-0.11	(0.82)	
14.LMR	5.56	0.86	0.05	-0.17	-0.12	0.08	0.19*	0.25**	0.28**	0.58**	-0.36**	0.48**	0.11	-0.20*	0.76**	(0.88)

注：① * 代表 $p < 0.05$，** 代表 $p < 0.01$，下同。② 括号内为内部一致性系数。③ 性别 1 = 男，2 = 女。④ 文化程度 1 = 研究生，2 = 本科，3 = 大专，4 = 高中，5 = 初中。

从附表 5-3 的模型 1 结果可见，领导-部属关系（LMR）的所有 β 值均显著，且均高于领导-部属交换的 β 值，表明本土化的领导-部属关系（LMR）能够较好预测工作成果指标和心理健康指标。

（四）层次回归分析

为减少多重共线性问题的影响，根据 Aiken 和 West（1991）的建议，将自变量和调节变量先做中心化处理再相乘后得到交互效应项。参照 Farh 等人（2007）层次回归分析的方法，将领导-部属关系（LMR）和控制变量一起，在第一步纳入回归方程，结果见附表 5-3 的模型 1。然后，将传统性、权力距离及其与领导-部属关系（LMR）的交互效应项，分别独立地纳入第二步回归方程，结果见附表 5-3 的模型 2（个体传统性）和模型 3（权力距离）。为比较传统性和权力距离调节效应的大小，再将传统性、权力距离及其交互效应项，同时纳入第二步回归方程，结果见附表 5-3 的模型 4。为进一步解释调节效应，参照量表区分度计算的分组方法（Kelly，1939；金瑜，2005），将调节变量按样本分数的前 27% 作为低分组，后 27% 作为高分组，然后依次在高低水平上做因变量对自变量的回归分析，将结果绘制成图，说明调节变量对领导-部属关系（LMR）与结果变量之间相关的影响。这里，考虑到样本容量不大，没有采用 Aiken 和 West（1991）将高于均值一个标准差和低于均值一个标准差的调节变量分组方法。同时，为比较领导-部属关系（LMR）与领导-部属交换（LMX）的调节效应，采用同样方法分析传统性和权力距离对领导-部属交换的调节效应，结果见附表 5-3 的下半部分。

从附表 5-3 的模型 3 可见，权力距离对领导-部属关系（LMR）与部属任务绩效之间相关有正向调节作用。如附图 5-1 所示，尽管受样本容量较小影响，β 值没有达到显著水平，但是对于高权力距离的个体，领导-部属关系（LMR）与任务绩效之间呈现更强的正相关（$\beta = 0.21, n.s.$），而对于低权力距离的个体，领导-部属关系（LMR）与任务绩效之间则几乎不相关（$\beta = 0.03, n.s.$）。这一结果与 Farh 等人（2007）的发现正好相反。权力距离对领导-部属关系（LMR）与部属组织公民行为之间相关有正向调节作用。与任务绩效的调节效应类似，对于高权力距离的个体，领导-部属关系（LMR）与组织公民行为之间呈现更强的正相关（$\beta = 0.26, p < 0.10$），而对于低权力距离的个体，领导-部属关系与组织公民行为之间则不相关（$\beta = -0.01, n.s.$）。

附表 5-3 LMR、LMX 和传统性、权力距离对结果变量的层次回归结果（$n = 133$）

变量	任务绩效 M1	M2	M3	M4	组织公民行为 M1	M2	M3	M4	工作满意度 M1	M2	M3	M4	工作倦怠 M1	M2	M3	M4	心理健康 M1	M2	M3	M4
控制变量																				
年龄	−0.09	−0.08	−0.05	−0.04	−0.11	−0.10	−0.08	−0.08	0.10	0.10	0.11	0.12	0.10	0.09	0.04	0.03	0.11	0.13	0.15	0.16
性别	−0.19*	−0.18*	−0.15†	−0.17†	−0.08	−0.08	−0.07	−0.08	0.05	0.02	0.07	0.05	0.01	−0.01	−0.05	−0.07	0.10	0.13	0.14†	0.16†
教育程度	−0.07	−0.09	−0.10	−0.12	−0.02	−0.03	−0.06	−0.07	0.01	0.00	0.04	0.02	0.01	0.02	−0.03	−0.02	0.07	0.07	0.08	0.09
单位年限	0.15	0.14	0.12	0.13	0.12	0.11	0.10	0.11	−0.11	−0.10	−0.11	−0.11	0.03	0.05	0.06	0.07	−0.12	−0.14	−0.14	−0.15
相处年限	0.14	0.18†	0.16†	0.18†	0.18*	0.20*	0.21*	0.21*	0.07	0.09	0.04	0.07	−0.07	−0.11	−0.03	−0.06	−0.04	−0.01	−0.06	−0.04
主效应																				
LMR		0.18†	0.17†	0.11	0.08		0.21*	0.16*	0.14		0.57***	0.54***	0.58***	0.54***		−0.34***	−0.33***	−0.31***	−0.32***
传统性		0.04		0.14		0.00		0.08		0.19**		0.18*		0.00		0.00		−0.05		−0.05
权力距离			−0.22*	−0.23*			−0.10	−0.11			−0.08	−0.10			0.35***	0.32***			−0.22**	−0.19*
调节效应																				
LMR×传统性				0.04				0.10				0.02				−0.19*				−0.20*
LMR×权力距离			0.18*	0.19*			0.21*	0.23*			−0.13†	−0.10			0.19**	0.25**			−0.07	−0.12
ΔR^2		0.03	0.09*	0.11**		0.01	0.06*	0.07*		0.03†	0.02	0.05*		0.03	0.17	0.14**		0.03	0.04*	0.06*
R^2	0.15	0.18	0.24	0.26	0.13	0.14	0.19	0.20	0.34	0.38	0.36	0.39	0.13	0.17	0.24	0.28	0.24	0.27	0.28	0.31
F	3.43**	3.13**	4.55***	3.98***	2.96**	2.34*	3.43***	2.78**	10.07***	8.58***	7.98***	7.14***	2.96**	2.83**	4.57***	4.25***	6.22***	5.28***	5.67***	4.94***

续表

变量	任务绩效				组织公民行为				工作满意度				工作倦怠				心理健康			
	M1	M2	M3	M4	M1	M2	M3	M4	M1	M2	M3	M4	M1	M2	M3	M4	M1	M2	M3	M4
主效应																				
LMX	0.15*	0.14	0.12	0.10	0.19*	0.18*	0.17*	0.16*	0.52***	0.49***	0.52***	0.48***	−0.28***	−0.27***	−0.25***	−0.23***	0.40***	0.40***	0.37***	0.37***
传统性		0.06		0.11		0.00		0.03		0.21**		0.22**		−0.04		−0.06		−0.01		0.02
权力距离			−0.25**	−0.27**			−0.16*	−0.16*			−0.10	−0.13†			0.36***	0.37***			−0.25***	−0.25**
调节效应																				
LMX×传统性		0.15*		0.09		0.14		0.11		−0.08		−0.06		−0.06		−0.14		0.03		0.04
LMX×权力距离			0.11	0.08			0.08	0.04			−0.12	−0.09			0.23**	0.28**			−0.07	−0.09
ΔR²		0.03	0.08**	0.10*		0.02	0.03	0.05		0.02	0.04	0.06*		0.00	0.14**	0.16**		0.00	0.06*	0.06*
R²	0.14	0.17	0.23	0.25	0.15	0.15	0.16	0.17	0.30	0.32	0.34	0.36	0.10	0.11	0.24	0.26	0.17	0.17	0.22	0.22
F	3.27**	2.92**	4.14***	3.65***	2.80**	2.43*	2.72**	2.33*	8.19***	7.41***	6.63***	6.33***	2.19*	1.70	4.51***	3.95***	3.81***	2.82**	4.05***	3.22***

注：① † $p < 0.10$，* $p < 0.05$，** $p < 0.01$，*** $p < 0.001$。② 表中回归系数为标准化的回归系数（β）。③ 表头 M1 是指模型 1，依次类推。

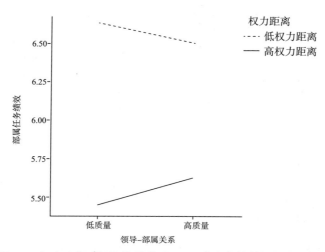

附图 5-1　权力距离对领导-部属关系(LMR)与任务绩效相关的调节效应

在与 Farh 等人(2007)、蔡松纯等人(2009)使用相同的权力距离量表、组织公民行为量表的前提下,这一结果与 Farh 等人(2007)的发现相反,而与蔡松纯等人(2009)的发现相类似。上述结果支持研究假设 6-1。

权力距离对领导-部属关系(LMR)与部属工作倦怠之间相关有正向调节作用。如附图 5-2 所示,对于低权力距离的个体,领导-部属关系(LMR)与工作倦怠之间的负相关会相对更强($\beta = -0.74, p < 0.01$),而对于高权力距离的个体,领导-部属关系(LMR)对工作倦怠的影响更弱($\beta = -0.09, n.s.$)。权力距离对领导-部属关系(LMR)与部属工作满意度之间相关有负向调节作用。与工作倦怠的调节效应类似,对于低权力距离的个体,领导-部属关系(LMR)与工作满意度之间的正相关更强($\beta = 0.77, p < 0.01$),而对高权力距离的个体,领导-部属关系(LMR)对工作满意度的影响较弱($\beta = 0.45, p < 0.01$)。这一结果与 Lin 等(2013)的研究发现相类似。不过,权力距离对领导-部属关系(LMR)和心理健康之间相关调节效应不显著。上述结果与研究假设 6-2 预期的调节方向相反。

从附表 5-3 的模型 2 可见,传统性对领导-部属关系(LMR)与部属任务绩效之间相关有正向调节作用。如附图 5-3 所示,对于高传统性的个体,领导-部属关系(LMR)与任务绩效之间的正相关更强($\beta = 0.55, p < 0.01$),而对低传统性的个体,领导-部属关系(LMR)对部属任务绩效的影响更弱($\beta = 0.17, n.s.$)。这一结果与 Farh 等人(2007)的发现相反。传统性对领导-部属关系(LMR)和组织公民行为之间相关的调节效应则不

显著。这一结果部分支持研究假设 6-3。

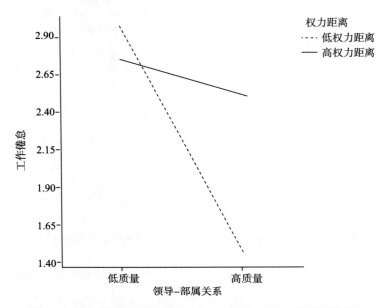

附图 5-2　权力距离对领导-部属关系(LMR)与工作倦怠相关的调节效应

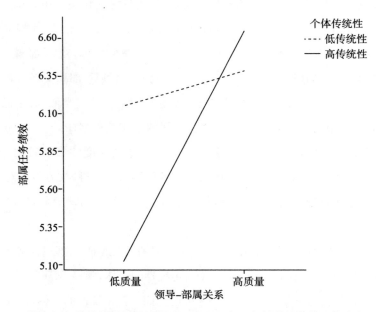

附图 5-3　传统性对领导-部属关系(LMR)与任务绩效相关的调节效应

传统性对领导-部属关系(LMR)与部属工作倦怠之间相关有负向调节作用。如附图5-4所示,对于高传统性的个体,领导-部属关系(LMR)与工作倦怠有很强的负相关($\beta = -0.57$, $p < 0.01$),对于低传统性的个体,领导-部属关系(LMR)与工作倦怠则相关较低($\beta = -0.29$, $p < 0.10$)。传统性对领导-部属关系(LMR)与部属心理健康之间相关有正向调节作用。对于高传统性的个体,领导-部属关系(LMR)与心理健康呈现更强的正相关($\beta = 0.55$, $p < 0.01$),而对于低传统性的个体,领导-部属关系(LMR)与心理健康则表现出较弱的正相关($\beta = 0.30$, $p < 0.05$)。传统性对领导-部属关系(LMR)和部属工作满意度之间相关的调节效应则不显著。上述结果部分支持研究假设 6-4。

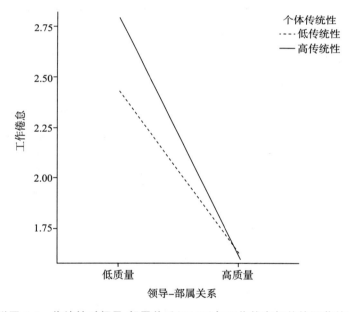

附图 5-4　传统性对领导-部属关系(LMR)与工作倦怠相关的调节效应

同时,对传统性和权力距离的调节效应进行了比较。从附表 5-3 的模型 4 可见,传统性和权力距离的调节效应相比较,在部属任务绩效($\beta = 0.19$, $p < 0.05$)、组织公民行为($\beta = 0.23$, $p < 0.05$)上权力距离的调节效应显著,而传统性调节效应不显著;在工作倦怠上,权力距离($\beta = 0.25$, $p < 0.01$)和传统性($\beta = -0.20$, $p < 0.05$)调节效应都显著,但它们的调节方向相反;在心理健康上传统性的调节效应边缘显著($\beta = 0.17$, $p < 0.10$),权力距离与之调节方向相反,不过并不显著。

此外，在工作满意度上两者的调节效应则都不显著。由于在不同结果变量上，传统性和权力距离调节效应不同，且调节方向有的相反，因此像 Farh 等人（2007）那样比较两者效应大小似乎意义不大。

最后，从附表 5-3 的下半部分数据可见，权力距离和个体传统性对领导-部属交换各有 1 项调节效应。一是传统性对领导-部属交换与部属任务绩效之间相关有正向调节作用。如附图 5-5 所示，对于高传统性的个体，领导-部属交换与任务绩效之间的正相关更强（$\beta = 0.38, p < 0.05$），而对低传统性的个体，领导-部属交换对部属任务绩效的影响更弱（$\beta = 0.14, n.s.$）。二是权力距离对领导-部属交换与部属工作倦怠之间相关有正向调节作用。如附图 5-6 所示，对于低权力距离的个体，领导-部属交换与工作倦怠之间的负相关更强（$\beta = -0.54, p < 0.01$），而对于高权力距离的个体，领导-部属交换对工作倦怠几乎没有影响（$\beta = 0.06, n.s.$）。与领导-部属交换所得 2 项调节效应相比，领导-部属关系（LMR）的调节效应要比之多出 5 项，表明领导-部属关系（LMR）更为敏感于文化价值观的影响，支持研究假设 6-5。

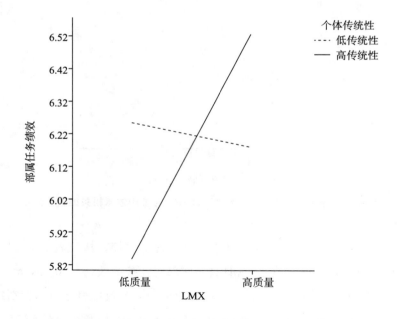

附图 5-5　传统性对领导-部属交换与任务绩效相关的调节效应

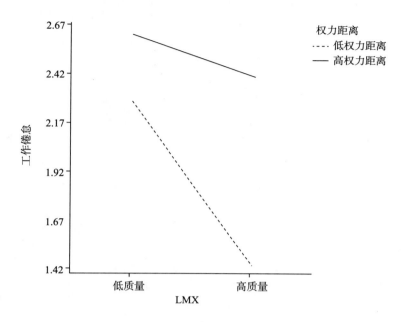

附图 5-6　权力距离对领导-部属交换与工作倦怠相关的调节效应

参考文献

白芳. 2003. 论秦汉时期"君臣"称谓的社会内涵[J]. 河北师范大学学报(哲学社会科学版), 26(2): 122-127.

边燕杰. 2011. 关系社会学及其学科地位[M]//边燕杰. 关系社会学: 理论与研究. 北京: 社会科学文献出版社: 1-14.

布劳(BLAU P M). 2012. 社会生活中的交换与权力[M]. 李国武, 译. 北京: 商务印书馆. (原著出版于1964年)

蔡松纯, 郑伯埙, 周丽芳, 姜定宇, 郑弘岳. 2009. 领导者上下关系认定与部属利社会行为: 权力距离之调节效果[J]. 中华心理学刊, 51(1): 121-138.

曹爱华. 2007. 女博士生成就价值观的质性研究[J]. 中国高教研究(12): 31-34.

陈壁生. 2005.《论语》诠释传统中的时代张力—以《论语》中的"事君"及其历代解释为例[G]//陈明. 原道(第12辑). 北京: 北京大学出版社.

陈抗行, 任伟礼. 2007. 君臣契约[M]. 北京: 红旗出版社.

陈向明. 2000. 质的研究方法与社会科学研究[M]. 北京: 教育科学出版社.

陈小华. 2012.《管子》中的治国思想及其现代意义[J]. 河南师范大学学报(哲学社会科学版), 39(6): 182-185.

陈尧, 云国霞. 2002.《论语》中孔子的君臣父子观[J]. 西南民族学院学报(哲学社会科学版)(8): 75-77.

程恩富, 任传普. 2019. 香港修例风波的政治经济根源分析[J]. 管理学刊, 32(6): 1-7.

当年明月. 2011. 明朝那些事儿[M]. 杭州: 浙江人民出版社.

邓昕才, 潘枭骁, 董霞. 2017. 国内领导-成员交换理论研究进展[J]. 贵州师范大学学报(社会科学版)(4): 86-96.

刁纯志. 2013. 西方文化源流[M]. 成都: 电子科技大学出版社.

段锦云, 黄彩云. 2013. 个人权力感对进谏行为的影响机制: 权力认知的视角[J]. 心理学报, 45(2): 217-230.

樊浩. 2009. 当前中国伦理道德状况及其精神哲学分析[J]. 中国社会科学(4): 27-42.

费孝通. 2013. 乡土中国［M］. 上海：上海人民出版社.（原版出版于1948）

冯必扬. 2011. 人情社会与契约社会—基于社会交换理论的视角［J］. 社会科学(9)：67-75.

福山(FUKUYAMA F). 2012. 政治秩序的起源：从前人类时代到法国大革命［M］. 毛俊杰，译. 桂林：广西师范大学出版社.（原版出版于2011年）

高日光，王碧英，凌文铨. 2006. 德之根源—领导理论本土化研究及其反思［J］. 科技管理研究(6)：144-147.

关四平. 2005. 君忌而臣危—论唐人小说中君臣关系的异化形态［J］. 求是学刊，32(6)：90-94.

管宗昌. 2013.《吕氏春秋》的君臣和谐理念及其文学意义［J］. 学术论坛(8)：57-61.

郭晓薇. 2006. 权力距离感对公平感与组织公民行为关系的调节作用［J］. 心理科学，29(2)：433-436.

郭晓薇. 2011. 中国情境中的上下级关系构念研究述评—兼论领导-成员交换理论的本土贴切性［J］. 南开管理评论，14(2)：61-68.

郭晓薇，范伟. 2018. 基于整合构念的中国情境下员工上下级关系量表开发与检验［J］. 管理学报，15(1)：20-29.

郝国英. 2014. 澳洲漫步［J］. 照相机(12)：6-9.

何新田，时晓飞. 2014－06－09. 今日舆情解读：官员自杀背后的舆论质疑值得重视［EB/OL］. 人民网. http://yuqing.people.com.cn/n/2014/0609/c212785－25124473.html.

何友晖，彭泗清. 1998. 方法论的关系论及其在中西文化中的应用［J］. 社会学研究(5)：34-43.

赫拉利(HARARI Y N). 2017. 人类简史［M］. 林俊宏，译. 北京：中信出版社.（原版出版于2012年）

侯杰泰，温忠麟，成子娟. 2004. 结构方程模型及其应用［M］. 北京：教育科学出版社.

胡宝华. 2008. 从"君臣之义"到"君臣道合"—论唐宋时期君臣观念的发展［J］. 南开学报(哲学社会科学版)(3)：26-34.

黄光国. 1988. 中国人的权力游戏［M］. 台北：巨流图书公司.

黄光国. 2006. 儒家关系主义［M］. 北京：北京大学出版社.

黄杰，鲍旭辉，游旭群，周丽敏. 2010. 个体资源对JD-R模型与工作倦怠关系的中介作用［J］. 心理科学，33(4)：963-965.

黄丽，陈维政. 2015. 两种人际取向对下属工作绩效的影响—以领导-成员交换质量为中介［J］. 管理评论，27(5)：178-187.

黄仁宇. 2006. 万历十五年［M］. 北京：中华书局.（原著出版于1982年）

姜定宇. 2005. 华人部属与主管关系、主管忠诚、及其后续结果：一项两阶段研究［D］. 台北：台湾大学博士学位论文.

姜义华. 2011. 中国传统家国共同体及其现代嬗变(上)［J］. 河北学刊, 31(2)：48-54.

姜义华. 2011. 中国传统家国共同体及其现代嬗变(下)［J］. 河北学刊, 31(3)：53-58.

金瑜. 2005. 心理测量［M］. 上海：华东师范大学出版社.

郎艺, 王辉. 2017. 基于同事视角的领导-部属交换研究［J］. 管理学报, 14(1)：33-43.

李超平, 时勘. 2003. 分配公平与程序公平对工作倦怠的影响［J］. 心理学报, 35：677-684.

李超平, 时勘. 2005. 变革型领导的结构与测量［J］. 心理学报, 37：803-811.

李晨阳. 2005. 道与西方的相遇——中西比较哲学重要问题研究［M］. 北京：中国人民大学出版社.

李剑宏. 2009. 王权论［M］. 北京：社会科学文献出版社.

李可. 2007. 杜拉拉升职记［M］. 西安：陕西师范大学出版社.

李锐, 凌文辁, 柳士顺. 2012. 传统价值观、上下属关系与员工沉默行为——一项本土文化情境下的实证探索［J］. 管理世界(3)：127-150.

梁漱溟. 2010. 中国文化的命运［M］. 北京：中信出版社.

廖建桥, 赵君, 张永军. 2010. 权力距离对中国领导行为的影响研究［J］. 管理学报, 7(7)：988-992.

凌文辁, 陈龙, 王登. 1987. CPM领导行为评价量表的构建［J］. 心理学报, 2：199-207.

刘耀中, 雷丽琼. 2008. 企业内领导-成员交换的多维结构对工作绩效的影响［J］. 华南师范大学学报(社会科学版)(4)：28-32.

诺思豪斯(NORTHOUSE P G). 2002. 领导学——理论与实践［M］. 吴荣先, 朱永新, 译校. 南京：江苏教育出版社. (原版出版于2000年)

欧立德(ELLIOTT M C). 2014. 乾隆帝［M］. 青石, 译. 北京：社会科学文献出版社. (原版出版于2009)

潘静洲, 王震, 周文霞, 苗仁涛, 赵郁轩. 2017. LMX差异化对创造力的影响：一项多层次研究［J］. 管理科学学报, 20(2)：108-126.

彭丽娟. 2012. 群体文化启动情境下流动儿童的文化身份认同及其对心理适应的影响研究［D］. 重庆：西南大学硕士学位论文.

彭正龙, 梁东, 赵红丹. 2011. 上下级交换关系与知识员工反生产行为——中国人传统性的调节作用［J］. 情报杂志, 30(4)：196-200.

钱穆. 2001. 中国历代政治得失［M］. 北京：生活·读书·新知三联书店.

邱立波. 2006. 秦汉时期君臣关系性格的演化［J］. 社会科学(11)：104-115.

任孝鹏,王辉. 2005. 领导-部属交换(LMX)的回顾与展望[J]. 心理科学进展,13:788-797.

任真,崔红,王登峰. 2009. 用实证研究推动领导科学的发展—中国领导实证研究的发展状况分析[J]. 理论探讨(1):169-171.

任真,王登峰,陆峥. 2017. 文化价值观对领导-部属关系与工作结果、心理健康的调节机制:"关系相处"和"社会交换"视角的比较[J]. 管理评论,29(3):157-167.

任真,王登峰. 2008. 中国领导心理与行为实证研究二十年进展[J]. 心理学探新,28(1):67-71.

任真,杨安博,王登峰,林颖. 2014. 中西方文化差异视角下领导-部属关系的结构模型[J]. 心理学报,46(9):1355-1377.

任真,杨安博,王登峰. 2010. 领导-部属交换关系的本土化分析[J]. 心理科学进展,18(6):1004-1010.

邵汉明. 1998. 原始儒家君臣观的历史演变[J]. 社会科学战线(4):95-102.

苏力. 2017. 较真"差序格局"[J]. 北京大学学报(哲学社会科学版),54(1):90-100.

苏亦工. 2019. "八议"源流与腹边文化互动[J]. 法学研究,41(1):171-192.

孙健敏,焦长泉. 2002. 对管理者工作绩效结构的探索性研究[J]. 人类工效学,8(3):1-10.

唐少莲,唐艳枚. 2010. 道家"分"论及其影响[J]. 广西师范大学学报(哲学社会科学版),46(6):1-5.

汪林,储小平. 2008. 心理契约违背与员工的工作表现:中国人传统性的调节作用[J]. 软科学,22(12):137-140.

汪向东,王希林,马弘. 1999. 心理卫生评定量表手册(增订版)[M]. 北京:中国心理卫生杂志社.

王登峰,崔红. 2003a. 中西方人格结构的理论和实证比较[J]. 北京大学学报(哲学社会科学版),40(5):109-120.

王登峰,崔红. 2003b. 心理卫生学[M]. 北京:高等教育出版社.

王登峰,崔红. 2006a. 中国基层党政领导干部的工作绩效结构[J]. 西南师范大学学报(人文社科版)(1):1-8.

王登峰,崔红. 2006b. 中国基层党政领导干部的胜任特征与跨文化比较[J]. 北京大学学报(哲学社会科学版),43(6):138-146.

王辉,牛雄鹰,LAW K S. 2004. 领导-部属交换的多维结构及对工作绩效和情境绩效的影响[J]. 心理学报,36:179-185.

王瑞来. 2009. 将错就错:宋代士大夫"原道"略说—以范仲淹的君臣关系论为中心的考察[J]. 学术月刊,41(4):126-132.

王瑞来. 2015. 君臣—士大夫政治下的权力场 [M]. 北京：北京联合出版公司.

王岫. 2011.《韩非子》中"臣"的角色定位与政治心理研究 [J]. 东北师范大学学报(哲学社会科学版)(5)：52-56.

王威威. 2012. 韩非思想研究：以黄老为本 [M]. 南京：南京大学出版社.

王新建. 2005. "道"、"礼"之辩—庄子礼学研究 [J]. 哲学研究(6)：43-48.

王震,孙健敏,赵一君. 2012. 中国组织情境下的领导有效性：对变革型领导、领导-部属交换和破坏型领导的元分析 [J]. 心理科学进展,20(2)：174-190.

王自亮,陈洁琼. 2016. 科层理性与人情社会的冲突与平衡 [J]. 浙江学刊(6)：137-140.

魏义霞. 2012. 兼以易别—儒家仁爱与墨家兼爱比较 [J]. 江淮论坛(2)：79-85.

温忠麟,侯杰泰,马什赫伯特. 2004. 结构方程模型检验：拟合指数与卡方准则 [J]. 心理学报,36：186-194.

吴钩. 2010. 隐权力：中国历史弈局的幕后推力 [M]. 昆明：云南人民出版社.

吴莹,杨宜音,赵志裕. 2014. 全球化背景下的文化排斥反应 [J]. 心理科学进展,22(4)：721-730.

向楠. 2012-02-14. 83.7%受访者坦言如今上下级关系最难处 [N]. 中国青年报(7).

肖伟. 2010-08-17. "杜拉拉"10亿元升"值"记 [N]. 辽宁日报(A03).

谢俊,储小平,汪林. 2011. 效忠主管与员工工作绩效的关系：反馈寻求行为和权力距离的影响 [J]. 南开管理评论(2)：31-38.

阎云翔. 2006. 差序格局与中国文化的等级观 [J]. 社会学研究(4)：201-246.

杨国枢. 1993. 中国人的社会取向：社会互动的观点 [G] // 杨国枢,余安邦. 中国人的心理和行为—理念及方法篇. 台北：桂冠图书公司：82-142.

杨国枢. 2008. 心理传统性与现代化 [G] // 杨国枢,黄光国,杨中芳. 华人本土心理学. 重庆：重庆大学出版社：687-720.

杨适,易志刚,王晓兴. 1992. 中西人论及其比较 [M]. 北京：东方出版社.

杨适. 1993. "友谊"(friendship)观念的中西差异 [J]. 北京大学学报(哲学社会科学版)(1)：31-38.

杨帅,黄希庭,王晓刚,尹天子. 2012. 文化影响自我解释的神经机制 [J]. 心理科学进展,20(1)：149-157.

杨文博. 2011. 文化启动的研究综述 [J]. 文学界(理论版)(3)：277-278.

杨中芳,彭泗清. 2008. 人际交往中的人情与关系：构念化与研究方向 [G] // 杨国枢,黄光国,杨中芳. 华人本土心理学. 重庆：重庆大学出版社：469-498.

易萱,方澍晨. 2014. 我给官员治"心"病 [J]. Vista看天下(16)：1-3.

易中天. 2015. 中华史：隋唐定局 [M]. 杭州：浙江文艺出版社.

于雪棠. 1996.《庄子》寓言故事中师友型君臣关系模式 [J]. 东北师范大学学报（哲学社会科学版）(6)：65-69.

余泓波. 2017. 变动中的差序：农民人际信任变迁及其影响因素—基于 2002—2015 年江西 40 村五波问卷调查数据的分析 [J]. 华中师范大学学报（人文社会科学版），56(5)：1-10.

余英时. 1987. 中国思想传统的现代诠释 [M]. 台北：联经出版公司.

翟学伟. 2005. 人情、面子与权力的再生产 [M]. 北京：北京大学出版社.

翟学伟. 2007. 关系研究的多重立场与理论重构 [M]. 江苏社会科学(3)：118-130.

翟学伟. 2011. 中国人的关系原理：时空秩序、生活欲念及其流变 [M]. 北京：北京大学出版社.

张文彤. 2002. SPSS 11.0 统计分析教程（高级篇）[M]. 北京：北京希望电子出版社.

张燕，怀明云. 2012. 威权式领导行为对下属组织公民行为的影响研究—下属权力距离的调节作用 [J]. 管理评论，24(11)：97-105.

赵敦华. 2005. 中国古代的价值律与政治哲学 [J]. 北京大学学报（哲学社会科学版），42(5)：33-38.

赵武，高樱，何明丽. 2014. 集体主义与个人主义视角下科技人员文化价值取向与薪酬满意度研究 [J]. 中国科技论坛(2)：124-130.

赵园. 2006. 原君原臣—明清之际士人关于君主、君臣的论述 [J]. 中国文化研究，夏之卷：12-33.

赵志裕，邹智敏，林升栋. 2010. 文化与社会赞许反应：社会个人互动的观点 [J]. 心理学报，42：48-55.

郑伯埙，黄敏萍. 2008. 华人企业组织中的领导 [G] // 杨国枢，黄光国，杨中芳. 华人本土心理学. 重庆：重庆大学出版社：723-760.

郑伯埙，周丽芳，樊景立. 2000. 家长式领导量表：三元模式的建构与测量 [J]. 本土心理学研究，14：3-64.

郑伯埙. 1995. 差序格局与华人组织行为 [J]. 本土心理学研究，3：142-219.

郑任钊. 2010.《春秋公羊传》的君臣观念 [J]. 前沿(22)：24-27.

仲祖文. 2005. 要重视和关心干部的心理健康 [J]. 求是(16)：49-49.

周炽成. 2009. 从不两立到双赢—论韩非子的政治哲学 [J]. 哲学研究(12)：41-46.

周桂钿. 2000. "德才兼备"的历史考察 [J]. 新视野(4)：71-74.

周浩，龙立荣. 2004. 共同方法偏差的统计检验与控制方法 [J]. 心理科学进展，12(6)：942-950.

朱贻庭. 1992. 传统道德文化与社会主义道德建设 [J]. 学术月刊(3): 1-6.

庄贵军, 席酉民. 2003. 关系营销在中国的文化基础 [J]. 管理世界(10): 98-109.

邹文篪, 田青, 刘佳. 2012. "投桃报李"——互惠理论的组织行为学研究述评 [J]. 心理科学进展, 20(11): 1879-1888.

佐斌. 2002. 中国人的关系取向: 概念及其测量 [J]. 华中师范大学学报(人文社会科学版), 41(1): 74-80.

AIKEN L S, West S G. 1991. Multiple regression: Testing and interpreting interactions [M]. Newbury Park, CA: Sage.

ANDREWS F M, WITHEY S B. 1976. Social indicators of well-being: Americans' perceptions of life quality [M]. New York: Plenum.

ATWATER L, WANG M, SMITHER J W, FLEENOR J W. 2009. Are cultural characteristic associated with the relationship between self and others' ratings of leadership [J]? Journal of Applied Psychology, 94: 876-886.

BAUER T N, LIDEN R C, WAYNE S J. 2006. A longitudinal study of the moderating role of extraversion: Leader-member exchange, performance, and turnover during new executive development [J]. Journal of Applied Psychology, 91: 298-310.

BERNERTH J B, ARMENAKIS A A, FEILD H S, GILES W, WALKER F. 2007. Leader-member social exchange (LMSX): Development and validation of a scale [J]. Journal of Organizational Behavior, 28: 979-1003.

BERNERTH J B. 2005. Putting exchange back into leader-member exchange (LMX): An empirical assessment of a social exchange (LMSX) scale and an investigation of personality as an antecedent [D]. Doctoral dissertation. Auburn University.

BERRY J W. 1989. Imposed etics-emics-derived etics: The operationalization of a compelling idea [J]. International Journal of Psychology, 24: 721-735.

BOCHNER S, HESKETH B. 1994. Power distance, individualism/collectivism, and job-related attitudes in a culturally diverse work group [J]. Journal of Cross-Cultural Psychology, 25: 233-257.

BOTERO I C, DYNE L V. 2009. Employee voice behavior: Interactive effects of LMX and power distance in the United States and Colombia [J]. Management Communication Quarterly, 23: 84-104.

CASHMAN J, DANSEREAU F, GRAEN G B, HAGA W J. Organizational understructure and leadership: A longitudinal investigation of role-making process [J]. Organizational Behavior and Human Decision Process. 1976,15: 278-296.

CHEN C C,CHEN X,HUANG S. 2013. Chinese guanxi: An integrative review and new directions for future research [J]. Management and Orgnization Review,9: 167-207.

CHEN N Y,TJOSVOLD D. 2006. Participative leadership by American and Chinese managers in China: The role of relationships [J]. Journal of Management Studies,43: 1727-1752.

CHEN N Y,TJOSVOLD D. 2007. Guanxi and leader member relationships between American managers and Chinese employees: Open-minded dialogue as mediator [J]. Asia Pacific Journal of Management,24: 171-189.

CHEN Y,FRIEDMAN R,YU E,FANG W,LU X. 2009. Supervisor-subordinate guanxi: Developing a three-dimensional model and scale [J]. Management and Organization Review,5: 375-399.

CHEN Z X,FRANCESCO A M. 2003. The relationship between the three components of commitment and employee performance in China [J]. Journal of Vocational Behavior,62: 490-510.

CHENG B S,CHOU L F,WU T Y,HUANG M P,FARH J L. 2004. Paternalistic leadership and subordinate responses: Establishing a leadership model in Chinese organizations [J]. Asian Journal of Social Psychology,7: 89-117.

CHENG Y Y. 2010. Social psychology of globalization: Joint activation of cultures and reactions to foreign cultural influence [D]. PhD Dissertation. University of Illinois at Urbana-Champaign.

CHEUNG F M,VAN DE VIJVER F J,LEONG F T. 2011. Toward a new approach to the study of personality in culture [J]. American Psychologist,66: 593-603.

CHEUNG M,WU W P,CHAN A,WONG M. 2009. Supervisor-subordinate guanxi and employee work outcomes: The mediating role of job satisfaction [J]. Journal of Business Ethics,88: 77-89.

CHIU C Y,MALLORIE L,KEH H T,LAW W. 2009. Perceptions of culture in multicultural space: Joint presentation of images from two cultures increases ingroup attribution of culture-typical characteristics [J]. Journal of Cross-Cultural Psychology,40: 282-300.

CLUGSTON M,HOWELL J P,DORFMAN P W. 2000. Does cultural socialization predict multiple bases and foci of commitment [J]? Journal of Management,26: 5-30.

COOPER C L,SLOAN S J,WILLIAMS S. 1988. Occupational stress indicator management guide [M]. Nfer-Nelson,Windsor.

COYLE-SHAPIRO J,CONWAY N. 2005. Exchange relationships: Examining psychological contracts and perceived organizational support [J]. Journal of Applied Psychology,90: 774-781.

CROWNE D P,MARLOWE D. 1960. A new scale of social desirability independent of psychopathology [J]. Journal of Consulting Psychology,24: 349-354.

CUDDY A J C,FISKE S T,GLICK P. 2008. Warmth and competence as universal dimensions of social perception: The stereotype content model and the BIAS map [G] // Zanna M P. Advances in Experimental Social Psychology (vol. 40). New York: Academic Press: 61-149.

DANSEREAU F,GRAEN G,HAGA W J. 1975. A vertical dyad linkage approach to leadership within formal organizations: A longitudinal investigation of the role making process [J]. Organizational Behavior and Human Performance,13: 46-78.

DAVIES H,LEUNG T K P,LUK S T K,WONG Y H. 1995. The benefits of 'guanxi': The value of relationships in developing the Chinese market [J]. Industrial Marketing Management,24: 207-214.

DE HOOGH H B,DEN HARTOG D N. 2009. Neuroticism and locus of control as moderators of the relationships of charismatic and autocratic leadership with burnout [J]. Journal of Applied Psychology,94: 1058-1067.

DEMEROUTI E,BAKKER A B,NACHREINER F,SCHAUFELI W B. 2001. The job demands resource model of burnout [J]. Journal of Applied Psychology,86: 499-512.

DIENESCH R,LIDEN R. 1986. Leader-member exchange model of leadership: A critique and further development [J]. Academy of Management Review,11: 618-634.

DORFMAN P W, HOWELL J P. 1988. Dimensions of national culture & effective leadership patterns: Hofstede revisited [G] // MCGOUN E G. Advances in International Comparative Management (Vol. 3). Greenwich,CT: JAI: 127-149.

DUCK S. 1996. Handbook of personal relationships: Theory, research and interventions (Second edition) [M]. New York: John Wiley & Sons.

DUNEGAN K J. 2007. Giving voice to the 'out group' with a little negative LMX [C]. Organizational Behavior Conference Paper Abstracts.

EPITROPAKI O,MARTIN R. 1999. The impact of relational demography on the quality of leader-member exchanges and employees' work attitudes and well-being [J]. Journal of Occupational and Organizational Psychology,72: 237-240.

EPITROPAKI O,MARTIN R. 2005. From ideal to real: A longitudinal study of implicit leadership theories, leader-member exchanges and employee outcomes [J]. Journal of Applied

Psychology,90: 659-676.

ERDOGAN B,ENDERS J. 2007. Support from the top: Supervisors' perceived organizational support as a moderator of leader-member exchange to satisfaction and performance relationships [J]. Journal of Applied Psychology,92: 321-330.

EVANS J. 2007. Your psychology project: The essential guide. London: Sage Publications Ltd.

FAN Y. 2002. Guanxi's consequences: Personal gains at social cost [J]. Journal of Business Ethics,38: 371-380.

FARH J L,EARLEY P C,LIN S C. 1997. Impetus for action: A cultural analysis of justice and organizational citizenship behavior in Chinese society [J]. Administrative Science Quarterly, 42: 421-444.

FARH J L,HACKETT R D,LIANG J. 2007. Individual-level cultural values as moderators of perceived organizational support-employee outcome relationships in China: Comparing the effects of power distance and traditionality [J]. Academy of Management Journal,50: 715-729.

FARH J L,TSUI A S,XIN K R,CHENG B S. 1998. The influence of relational demography and guanxi: The Chinese case [J]. Organization Science,9: 471-488.

FARH J L,ZHONG C,ORGAN D W. 2004. Organizational citizenship behavior in the People's Republic of China [J]. Organization Science,15: 241-253.

FISKE A P. 1992. The four elementary forms of sociality: Framework for a unified theory of social relations [J]. Psychological Review,99: 689-723.

GELFAND M J,EREZ M,AYCAN Z. 2007. Cross-cultural organizational behavior [J]. Annual Review of Psychology,58: 479-514.

GERSTNER C,DAY D. 1997. Meta-analytic review of leader-member exchange theory: Correlates and construct issues [J]. Journal of Applied Psychology,82: 827-844.

GHARMAZ K. 2000. Grounded theory: Objectivist and constructivist methods [M] // DENZIN N K,LINCOLN Y S. Handbook of Qualitative Research (2nd ed.). Thousand Oaks, CA: Sage Publications Ltd: 509-535

GLASER B G,STRAUSS A. 1967. The discovery of grounded theory: Strategies for qualitative research [M]. Chicago: Aldine.

GOODWIN V L,BOWLER W M,WHITTINGTON J L. 2009. A social network perspective on LMX relationships: Accounting for the instrumental value of leader and follower networks [J]. Journal of Management,35: 954-980.

GOULDNER A W. 1960. The norm of reciprocity: A preliminary statement [J]. American Sociological Review,25: 161-178.

GRAEN G B,CASHMAN C J. 1975. A role-making model of leadership in formal organizations: A developmental approach [G] // HUNT J G,LARSON L L. Leadership Frontiers. Kent,OH: Kent State University Press: 143-166.

GRAEN G B, NOVAK M, SOMMERKAMP P. 1982. The effects of leader-member exchange and job design on productivity and satisfaction: Testing a dual attachment model [J]. Organizational Behavior and Human Performance,30: 109-131.

GRAEN G B,SCANDURA T A. 1987. Toward a psychology of dyadic organizing [J]. Research in Organizational Behavior,9: 175-208.

GRAEN G B,UHL-BIEN M. 1995. Relationship-based approach to leadership: Development of leader-member exchange (LMX) theory of leadership over 25 years: Applying a multi-level multi-domain perspective [J]. Leadership Quarterly,6: 219-247.

GRAHAM L N,WITTELOOSTUIJN A V. 2010. Leader-member exchange,communication frequency and burnout [EB/OL]. Working Papers from Utrecht School of Economics,No 10-08. www.uu.nl/SiteCollectionDocuments/REBO/REBO_USE/REBO_USE_OZZ/10-08.pdf.

GREGOIRE M B, AGENDT S M. 2004. Leadership: Reflections over the past 100 years [J]. Journal of the American Dietetic Association,104: 396-403.

GREGURAS G J, FORD J M. 2006. An examination of the multidimensionality of supervisor and subordinate perceptions of leader-member exchange [J]. Journal of Occupational and Organizational Psychology,79: 433-465.

HAN Y,ALTMAN Y. 2009. Supervisor and subordinate guanxi: A grounded investigation in the People's Republic of China [J]. Journal of Business Ethics,88: 91-104.

HARRIS K J,KACMAR K M. 2006. Too much of a good thing? The curvilinear effect of leader-member exchange on stress [J]. Journal of Social Psychology,146: 65-84.

HOBFOLL S E. 2001. The influence of culture,community,and the nested-self in the stress process: Advancing conservation of resources theory [J]. Applied Psychology: An International Review,50: 337-421.

HOFSTEDE G. 1991. Culture and organizations: Software of the mind [M]. London: McGraw-hill.

HOFSTEDE G. 2001. Culture's consequences [M]. Beverly Hills,CA: Sage.

HOFSTEDE G,MCCRAE R R. 2004. Personality and culture revisited: Linking traits and dimensions of culture [J]. Journal of Comparative Social Science,38: 52-88.

HONG Y Y,CHIU C Y,MORRIS M,MENON T. 2001. Cultural identity and dynamic construction of the self: Collective duties and individual rights in Chinese and American cultures [J]. Social Cognition,19(3): 251-268.

HOOPER D T,MARTIN R. 2008. Beyond personal leader-member exchange (LMX) quality: The effects of perceived LMX variability on employee reactions [J]. Leadership Quarterly, 19: 20-30.

HU H H,HSU W L,CHENG B S. 2004. Reward allocation decisions of Chinese managers: Influence of employee categorization and allocation context [J]. Asian Journal of Social Psychology,7: 221-232.

HUANG X,WRIGHT R P,CHIU W CK,WANG C. 2008. Relational schemas as sources of evaluation and misevaluation of leader-member exchanges: Some initial evidence [J]. Leadership Quarterly,19: 266-282.

HUI C,GRAEN G B. 1997. Guanxi and professional leadership in contemporary Sino-American joint ventures in mainland China [J]. Leadership Quarterly,8: 451-465.

HUI C,LEE C,ROUSSEAU D M. 2004. Employment relationships in China: Do workers relate to the organization or to people [J]? Organization Science,15: 232-240.

ILIES R,NAHRGANG J D,MORGESON F P. 2007. Leader-member exchange and citizenship behaviors: A meta-analysis [J]. Journal of Applied Psychology,92: 269-277.

JIANG D Y,CHENG B S. 2008. Affect- and role-based loyalty to supervisors in Chinese organizations [J]. Asian Journal of Social Psychology,11: 214-221.

JIANG J Y,LAW K S. 2007. Is LMX a potential stressor [C]? The moderating role of leader integrity. Organizational Behavior Conference Paper Abstracts.

KELLY T L. 1939. The selection of upper and lower groups for the validation of test items [J]. Journal of Educational Psychology,30: 17-24.

LALWANI A K,SHRUM L J,CHIU C Y. 2009. Motivated response styles: The role of cultural values,regulatory focus,and self-consciousness in socially desirable responding [J]. Journal of Personality and Social Psychology,96: 870-882.

LAW K S,WONG C S,WANG D,WANG L. 2000. Effect of supervisor-subordinate guanxi on supervisory decisions in China: An empirical investing [J]. The International Journal of Human Resource Management,11: 751-765.

LAWRENCE E R,KACMAR K M. 2012. Leader-member exchange and stress: The mediating role of job involvement and role conflict [J]. Journal of Behavioral and Applied Management, 14: 39-52.

LIDEN R C, MASLYN J. 1998. Multidimensionality of leader-member exchange: An empirical assessment through scale development [J]. Journal of Management, 24: 43-72.

LIN W P, WANG L, CHEN S. 2013. Abusive supervision and employee well-being: The moderating effect of power distance orientation [J]. Applied Psychology: An International Review, 62 (2): 308-329.

LOVETT S, SIMMONS L C, KALI R. 1999. Guanxi versus the market: Ethics and efficiency [J]. Journal of International Business Studies, 30: 231-247.

LU L, COOPER C L, KAO S F, ZHOU Y. 2003. Work stress, control beliefs and well-being in Greater China: An exploration of sub-cultural differences between the PRC and Taiwan [J]. Journal of Managerial Psychology, 18: 479-510.

MARTIN R, THOMAS G, CHARLES K, EPTROPAKI O, MCNAMARA R. 2005. The role of leader-member exchanges in mediating the relationship between locus of control and work reactions [J]. Journal of Occupational and Organizational Psychology, 78: 141-147.

MASLACH C, SCHAUFELI W B, LEITER M P. 2001. Job burnout [J]. Annual Review of Psychology, 52: 397-422.

MEYER J P, ALLEN N J, SMITH C A. 1993. Commitment to organizations and occupations: Extension and test of a three-component conception [J]. Journal of Applied Psychology, 78: 538-551.

NG S H, HAN S, MAO L, LAI J C L. 2010. Dynamic bicultural brains: A fMRI study of their flexible neural representation of self and significant others in response to culture priming [J]. Asian Journal Social Psychology, 13: 83-91.

PAULHUS D L. 1984. Two component models of socially desirable responding [J]. Journal of Personality and Social Psychology, 46: 598-609.

REYNOLDS W M. 1982. Development of reliable and valid short forms of the Marlowe-Crowne Social Desirability Scale [J]. Journal of Clinical Psychology, 38: 119-125.

ROTUNDO M, SACKETT P R. 2002. The relative importance of task, citizenship, and counterproductive performance to global ratings of job performance: A policy-capturing approach [J]. Journal of Applied Psychology, 87: 66-80.

ROUSSEAU V, CHIOCCHIO C A F, BOUDRIAS J S, MORIN E M. 2008. Social interactions at work and psychological health: The role of leader-member exchange and work group integration [J]. Journal of Applied Social Psychology, 38: 1755-1777.

SAHLINS M. 1972. Stone age economics [M]. New York: Aldine de Gruyter.

SCANDURA T, GRAEN G B. 1984. Moderating effects of initial leader-member exchange status on the effects of a leadership intervention [J]. Journal of Applied Psychology, 69: 428-436.

SCHAUFEIL W B, LEITER M P, MASLACH C, JACKSON S E. 1996. MBI-General survey [M]. Palo Alto, CA: Consulting Psychologists Press.

SCHRIESHEIM C A, CASTRO S L, COGLISER C C. 1999. Leader-member exchange (LMX) research: A comprehensive review of theory, measurement, and dataanalytic practices [J]. Leadership Quarterly, 10: 63-113.

SCHRIESHEIM C A, WU J B, COOPER C D. 2011. A two-study investigation of item wording effects on leader-follower convergence in descriptions of the leader-member exchange (LMX) relationship [J]. Leadership Quarterly, 22: 881-892.

SIN H P, NAHRGANG J D, MORGESON F P. 2009. Understanding why they don't see eye to eye: An examination of leader-member exchange (LMX) agreement [J]. Journal of Applied Psychology, 94: 1048-1057.

SMITH P B, BOND M H, KAGITCIBASI C. 2006. Understanding social psychology across cultures: Living and working in a changing world [M]. London, UK: Sage.

SPARR J L, SONNENTAG S. 2008. Fairness perceptions of supervisor feedback, LMX, and employee well-being at work [J]. European Journal of Work and Organizational Psychology, 17: 198-225.

SPARROWE R T, LIDEN R C. 1997. Process and structure in leader-member exchange [J]. Academy of Management Review, 22: 522-552.

STEELE L G, LYNCH S M. 2013. The pursuit of happiness in China: Individualism, collectivism, and subjective well-being during China's economic and social transformation [J]. Social Indicators Research, 114: 441-451.

STRAUSS A, CORBIN J. 1990. Basics of qualitative research, grounded theory procedures and techniques [M]. London: Sage Publications Ltd.

TANGIRALA S, GREEN S G, RAMANUJAM R. 2007. In the shadow of the boss's boss: Effects of supervisors' upward exchange relationships on employees [J]. Journal of Applied Psychology, 92: 309-320.

THOMAS C H, LANKAU M J. 2009. Preventing burnout: The effects of LMX and mentoring on socialization, role stress, and burnout [J]. Human Resource Management, 48: 417-432.

TIMLIN-SCALERA R M,PONTEROTTO J G,BLUMBERG F C,JACKSON M A. 2003. A grounded theory study of help-seeking behaviors among white male high school students [J]. Journal of Counseling Psychology,50: 339-350.

TRIANDIS H C. 1995. Individualism and collectivism [M]. Boulder,CO,Westview.

TRIANDIS H C,GELFAND M J. 1998. Converging measurement of horizontal and vertical individualism and collectivism [J]. Journal of Personality and Social Psychology,74: 118-128.

TSE HH M,DASBOROUGH M T,ASHKANASY N M. 2008. A multi-level analysis of team climate and interpersonal exchange relationships at work [J]. Leadership Quarterly,19: 195-211.

TSUI A S,FARH J L. 1997. Where guanxi matters: Relational demography and guanxi in the Chinese context [J]. Work and Occupations,24: 56-79.

TSUI A S,PEARCE J L,PORTER J W,TRIPOLI A M. 1997. Alternative approaches to the employee organization relationship: Does inducement in employees pay off [J]? Academy of Management Journal,40: 1089-1121.

TYLER T R,LIND E A,HUO Y J. 2000. Cultural values and authority relations: The psychology of conflict resolution across cultures [J]. Psychology, Public Policy, and Law, 6: 1138-1163.

VIDYARTHI P R,LIDEN R C,ANAND S,ERDOGAN B,GHOSH S. 2010. Where do I stand? Examining the effects of leader-member exchange social comparison on employee work behaviors [J]. Journal of Applied Psychology,95: 849-861.

WU J B,HOM P W,TETRICK L E,SHORE L M,JIA L,LI C,SONG L J. 2006. The norm of reciprocity: Scale development and validation in the Chinese context [J]. Management and Organization Review,2: 377-402.

YAMMARINO F J,DANSEREAU F. 2008. Multi-level nature of and multi-level approaches to leadership [J]. Leadership Quarterly,19: 135-141.

YAN Y. 2010. The Chinese path to individualization [J]. The British Journal of Sociology, 61: 489-512.

YANG K S. 2003. Methodological and theoretical issues on psychological traditionality and modernity research in an Asian society: In response to Kwang-Kuo Hwang and beyond [J]. Asian Journal of Social Psychology,6: 263-285.

后 记

十年磨剑。领导-部属关系是一个有意思、有意义、小视角、大格局的议题。我从2007年立项校级科研课题，到写北京大学的博士论文，再到主持国家社科基金项目《中西方文化差异视角下领导-部属关系结构模型及影响机制》，最后到在北京大学出版社出版，一晃十年多时间，对领导-部属关系研究的热忱和思考始终未变。丑媳妇终要见公婆。从博士论文即可联系出版，却一再踌躇，到国家社科基金项目结项，又斟酌再三，为经世致用而重新撰写，直至今日。十多年的研究历程，恰似一篇文章的起、承、转、合。

倚天万里。虽是心理学科班出身，但个人的体会是，既要立足心理学，又要跳出心理学。立足心理学，让本书有了比较坚实的实证研究基础，避免坐而论道、流于清谈。跳出心理学，让本书有了比较厚重的历史文化支撑，避免陷于技术、跟风求洋。我虽主要从事干部教育的相关行政管理工作，但十几年的寒、暑假都用于研究，未敢懈怠。也许正是这样的经历，给了我更多的机会了解各级领导、思考社会现实，给了我更多的时间不求职称评审、但求厚积薄发。好的研究应是顶天立地、经世致用，希望本书如《礼记·大学》所言，"心诚求之，虽不中不远矣"。

锋自磨砺。可能让人汗颜，本书内容十年来经历了大小近20次专家评审，实为一路评审磨砺而出。其中多数大咖未曾谋面，却提供真知灼见、金玉良言，真可谓良师益友。比如，阶段性成果《中西方文化差异视角下领导-部属关系的结构模型》经历了6次专家评审，才得以发表在权威期刊《心理学报》上，"浪费"了学报23页的版面。幸运的是，我的国家社科基金项目结项专著《领导-部属关系的结构与机制——中西方文化差异的视角》一次性通过专家评审，以"良好"等次顺利结项。有人说，你自己没当过什么领导，怎好奢谈领导-部属关系呢？确实是这样的。我想本书要能经得起实践检验，经得起读者检验，才是硬道理。

梅香苦寒。书虽不厚，却凝聚了多少人的精心指导、热心参与和真心帮助！衷心感谢导师王登峰教授在心理学本土化研究上的指导与鼓励，我将努力传承好导师开创的研究道路。真诚感谢华东师大桑标教授，北大苏彦捷、吴艳红、谢晓非、侯玉波、方文教授，国防大学徐辉少将，北师大郑日昌教授，中科院心理所王二平、时勘研究员。感谢杨梦璐、葛冰清同学，她们全身心参与第四章、第五章研究，卓有成效。感谢领导和同事何立胜、赵世明、柏学翥、王石泉、林颖、李娜、唐灿明、李菁华、刘璐、王晓明、周易、杨小凤的无私帮助，感谢好朋友杨安博、高旭辰、俞宗火的鼎力支持。感谢1100多名研究的参与者，更要感谢我热爱的中浦院给我提供研究平台！最后，衷心感谢清华彭凯平教授、中央党校刘峰教授欣然作序，感谢北大出版社彭松建老社长的厚爱，感谢北大出版社胡双宝编审的肯定认可，感谢编辑老师陈小红、赵晴雪的专业意见、耐心细致与精益求精，北大出版社历时两年的评审与修改让本书非凡增色。还有老师和朋友未能在此提及，一并表示由衷谢意！

任　真
于中国浦东干部学院
2020年4月